中工書坊

经济学原理

Principles of Economics

[英] 阿尔弗雷德·马歇尔/著
高建刚/编译　舒燕飞/审定

全新插图
普及本

中国工人出版社

图书在版编目（CIP）数据

经济学原理／（英）阿尔弗雷德·马歇尔著；高建刚编译. —北京：中国工人出版社，2016.9

ISBN 978-7-5008-6533-9

Ⅰ.①经… Ⅱ.①阿… ②高… Ⅲ.①经济学 Ⅳ.①F0

中国版本图书馆CIP数据核字（2016）第213576号

经济学原理

责任编辑	葛忠雨　李　倩
责任校对	董春娜
责任印制	黄　丽
出版发行	中国工人出版社
地　　址	北京市东城区鼓楼外大街45号　邮编：100120
网　　址	http://www.wp-china.com
电　　话	（010）62350006（总编室）　（010）62005039（出版物流部） （010）62379038（社科文艺分社）
发行热线	（010）62005049　（010）62005042（传真）
经　　销	各地书店
印　　刷	北京市密东印刷有限公司
开　　本	710毫米×1000毫米　1/16
印　　张	18.25
字　　数	288千字
版　　次	2016年10月第1版　2021年10月第4次印刷
定　　价	36.00元

推荐序

阿尔弗雷德·马歇尔是英国近代著名且影响深远的经济学家，是新古典学派的创始人。在他之前，威廉·配第、亚当·斯密、大卫·李嘉图、魁奈、西斯蒙第、让·巴蒂斯特·萨伊、托马斯·马尔萨斯、约翰·穆勒、门格尔、杰文斯、瓦尔拉斯、威克塞尔、庞巴维克等都对经济学某些领域都做了相关研究，但是他们的研究没有成为综合体系。阿尔弗雷德·马歇尔在前人工作的基础上，深入研究了供求理论、效用理论、生产论及市场理论，创造性地将前人及自己的研究成果综合起来，出版了不朽名著《经济学原理》，进而被称为经济学的集大成者，奠定了自己在当时经济学界的学术地位及经济学史中的历史地位。

从学术角度看，国内众多的《微观经济学》教材与研究著作的编写逻辑和顺序都是供求理论、效用理论（消费者行为理论）、生产论、成本论、完全竞争市场、不完全竞争市场、生产要素理论（分配论）、一般均衡理论和福利经济学、市场失灵。可以看出，这些教材及著作的编写都是基于阿尔弗雷德·马歇尔的《经济学原理》，借用了其理论框架。因此可以说，阿尔弗雷德·马歇尔的《经济学原理》构建了现代《微观经济学》的基础。如果没有阿尔弗雷德·马歇尔的《经济学原理》，就没有现代的《微观经济学》，而且其研究思想和研究成果对于现代经济学的发展和进步具有十分重要的指导意义和参考价值，因此，翻译阿尔弗雷德·马歇尔的《经济学原理》并把它介绍给读者，具有较高的学术价值。

从理论角度看，阿尔弗雷德·马歇尔的《经济学原理》重点研究了个人欲望（效用）理论、生产要素理论、市场理论、国民收入理论、人口理论、土地地租理论、分工理论等。虽然从现在的角度看，它研究的领域覆盖面并不完善，但是在120多年前，这本书所研究的内容已经涉及到当时最为前沿的内容，而且综合了当时经济学理论的主要研究成果。就其理论特色来看，阿尔弗雷德·马歇尔的《经济学原理》具有独创性。例如，阿尔弗雷德·马歇尔在《经济学原理》中指出："任何东西的价格都可以被看作是它与一般物品比较时的交换价值的代表，或换句话说，代表着它的一般购买力"。这样的论述不但从学术上创新地定义了价格，而且还创造性地将交换价值与一般等价物纳入价格理论中。阿尔弗雷德·马歇尔的《经济学原理》还具有前瞻性。例如，阿尔弗雷德·马歇尔在《经济学原理》中研究分配理论时指出："企业管理工作的代价是低廉的，也许在将来还将更加低廉，它对生产的促进要远远大于它的报酬。所以企业家就像熟练的工匠一样，所提供的是社会所需要的服务，如没有这种服务，那么取得这种服务的效果所花费的社会成本，恐怕就要增大很多"。这种描述前瞻性地分析了企业理论及企业治理理论，为包括科斯在内研究企业治理的经济学家奠定了坚实的基础。此外，阿尔弗雷德·马歇尔的《经济学原理》还具有综合性。正如前文所说，阿尔弗雷德·马歇尔的《经济学原理》综合了托马斯·马尔萨斯、约翰·穆勒、门格尔、杰文斯、瓦尔拉斯、威克塞尔等经济学家的研究成果，并将它们综合起来，构成了一个较为完整的经济学体系。

从当前的指导思想上看，阿尔弗雷德·马歇尔的《经济学原理》对于我国当前经济运行仍然具有十分重要的指导意义。阿尔弗雷德·马歇尔的《经济学原理》对于财货的解释和阐述、对于国家财富及价值的论述、对于营业资本及资本收入等的分析仍然能够紧扣社会现实，对于理顺我国资本市场及促进我国经济增长，具有十分强大的现实指导意义。

总之，无论从学术价值和学术地位角度，还是从研究内容和对当代的指导意义而言，阿尔弗雷德·马歇尔的《经济学原理》都是一本具有巨大价值的著作，对它进行编译并以通俗的语言介绍给读者，让读者了解并研读经济经典名著，能够提高读者的经济学修养，这对于我国国民素质的提高具有十分重要的现实意义。

舒燕飞

2016年9月

编译者序

1776年，亚当·斯密享誉世界的著作《国富论》出版，从《国富论》开始，人类迎来了一个新的学科——经济学。作为经济学公认的鼻祖，亚当·斯密在总结前人经验的基础上，独立地提出了一系列关于社会经济问题的思考，为经济学的出现和发展奠定了基础，《国富论》也因此在很长一段时间被视为经济研究领域的“圣经”。

不过，亚当·斯密虽然为经济学奠基人，但他并没有使经济学体系化。亚当·斯密之后的跟随者大都和他一样，注重对经济现象的研究，而不是很重视对经济规律的归纳，即便有人涉足经济规律的研究，也往往局限于某个具体的问题，没有对经济学作一个整体性的归纳。直到1890年，任教于剑桥大学的阿尔弗雷德·马歇尔出版了这本《经济学原理》。在这本书中，马歇尔对之前经济学家的研究进行了总结和摘取，剔掉了很多错误的、陈旧的观点，吸收了如供需理论、边际效益理论等正确的理论，从而第一次对经济学有了一个整体性的归纳和概述。可以这样说，正是从马歇尔这本《经济学原理》开始，经济学形成了一个有严谨逻辑结构的学科体系。因此，在经济学的发展史上，马歇尔功不可没。

马歇尔一生都从事经济的研究和教育工作，在剑桥一直任教到66岁退休，在马歇尔研究的黄金年龄，正是世界第二次工业革命风起云涌的时期，人类经历了史无前例的财富大爆炸，西方资本主义国家纷纷崛起，劳动者开始登上历史舞台展现自己的呼声和权力，工人运动在西方各国愈演愈烈。在这种情况下，马克思主义应运而生，《资本论》的出版，拆穿了传统庸俗经济学为资本主义所作的辩护。

而作为经济学领域翘楚的马歇尔，并没有直接站在《资本论》的对立面上，他甚至吸收了一些《资本论》中的观点，在整体思想上，马歇尔宣传的是一种改良的思想，认为经济方面的冲突应该取一个折中的道路，采取渐进改良的方式，共同推进社会的进步。从这个观点来看，马歇尔的观点虽然有些偏于保守，但却是非常有远见的，当代西方福利社会的出现，在很大程度上验证了马歇尔这些主张的重要性。

到今天，马歇尔的《经济学原理》问世已超过120年了，因为科学技术的发展，使我们面对了很多前人根本想不到的问题和局面，因此，对照着今天的问题，马歇尔的《经济学原理》不免有些落后，但作为西方经济学奠基著作之一的《经济学原理》，对于我们了解一百多年前的经济世界，以及了解经济学发展的过程，仍有着非常重要的意义。

从内容上讲，《经济学原理》一书主要由六大部分构成。

第一部分是绪论，作者在绪论里面论述了经济学的存在方式和社会意义，并讨论了经济学分析和研究所要遵循的逻辑线；第二部分是对一些基本经济概念的解析，这些概念包括：财富、价值、土地、收入、报酬、地租、准地租等；第三部分，马歇尔论述了个人欲望的出现和满足，以及个人欲望与生产、消费等一系列经济现象之间的关系；第四部分马歇尔着重论述了生产理论，以及各种生产要素在生产中所扮演的角色和生产要素之间的关系；第五部分是关于市场与供需之间一般关系的论述；第六部分马歇尔则着重总结了国民收入是如何在不同阶级中进行分配的，并论述了分配理论。

需要指出的是，在《经济学原理》一个重要的部分，即第五部分供需关系中，本译本删除了马歇尔有关边际成本、垄断等方面的内容，之所以将这部分内容删去，一方面是因为这部分内容多由难以理解的长论述和晦涩的术语组成，很难为一般经济学爱好者所理解（关于这一点，原作者马歇尔也作出了论述），另一方面则是因为关于这方面的内容，在本部分最后有更为简略的总结，用通俗易懂的方式，对这些内容进行了简明扼要的讲解（关于这一点，原作者马歇尔也作出了论述），因此并不影响读者对全书的阅读和理解。

而在本书的第六部分，译者也删去了一些马歇尔对于未来经济发展方向的预言，这些预言一方面与本书大部分内容并没有重要的补充关系，另一方面因为原著出版时间已超过120年，因此预言不免有些武断和过时之处，将其删去也不影响本书的阅读。

总而言之，作为介绍一门学科的入门级读物，马歇尔的《经济学原理》基本做到了全面概括且通俗易懂，读者以本书作为学习经济学的开始，培养对经济研究的兴趣，可以说是一个正确的选择。

高建刚

2016年9月

目　录

第二章 经济学的基本概念

第三章 个人的欲望

第四章 生产要素

第六章　国民收入

前 言

在人类世界中，经济状况总是不断变化着的，每一个时代的人们，总是用他们具有时代烙印的方法来观察自己的问题。在当前的英国、欧洲大陆以及美国，人们对于经济学研究的努力要比以前所有的时代更深入，但这反而恰恰说明了经济学必然是一种缓慢而不断发展的学科。在当代最优秀的著作中，我们会看到一些似乎与传统的经济学研究有矛盾的观点，不过如果我们看到这些著作在日后成熟的时候，对一些模糊的地方作出修正，我们就会了解，它们其实并没有违反经济学发展的连续性。事实上，新的学说只是在补充旧的学说，并在它的基础上将经济学扩大和发展了，有时新的学说还修正了旧的学说，那是因为着重点的不同使旧的学说必须具有新的解释，但新的学说却很少推翻旧的学说。

在研究我们这个时代的新著作的基础上，联系到我们当下遇到的新的经济问题，我的这本著作打算给旧的学说加以新的诠释。在本书的第一章中，我会着重阐述本书总的范围和目的。除此之外，在第一章结束时，我也会对于经济研究的主要问题，以及与经济研究有关的主要实际问题作简短的叙述。依照英国学者的传统观点，我们认为，经济学的职能是收集、整理和分析经济事实，并用从观察和经验中获得的知识，去指导经济领域出现的各种问题。而且我们认为，经济学的运行规律应是以直接叙述语气表达的倾向叙述，而不是用命令语气表达的道德上的告诫。经济规律和在规律上的推论，实际上不过是出于良心和常识，用来解决实际问题和树立可以指导生活的那些法则的资料之一部分而已。

不过，作为一个经济学者，也应该考虑到道德的力量。曾经有人有过以“经济学人”的活动为内容，建立一种抽象经济学的打算。这里所谓的“经济学人”，指的就是不受道德的影响，而是机械地追求利益的人。但是，这种打算最终并没有获得成功。因为，它们从没有把“经济人”真正当作完全利己的。一个怀有利他愿望、甘愿忍受辛劳和牺牲自己以赡养家庭的人，绝不会是完全利己的，他的正常的动机也常被默认为包括家庭情感在内。那么，他的动机既然包括家庭情感在内，为什么它就不能包括其他一切利人的动机呢？这个问题似乎是没有理由的。而在本书中，我们要把正常的活动看作一个产业集团的成员在一定条件下会有的活动，而不去考虑任何动机的影响，只是因为这种动机是利人的，所以本书也不打算这样去做。这本书如果说有独特之处的话，那就在于注重对连续原理的各种应用。

这个原理不但可以应用到动机的道德特性，也就是人在选择他的目的时会受到这种特性的影响，而且还可以应用到人追求目的时所有展现出来的才智、努力和进取心。这样，我们就要重视以下的事实：从基于精明和有长远打算的计划和行动，到没有意识毫无长远打算的活动，是具有连续的程度上的差别的。正常的节省资源、为某种货币报酬而做出的努力，或者找寻买卖的最好市场，或者为自己或孩子寻找最有利的职业之正常的欲望，必然与在一定地点和时间的某一阶级的成员有关。在了解了这一点之后，正常价值的理论就可同样应用于非营业性的阶级活动中，虽然在细节问题上没有像应用于商人或银行家的活动那样准确。

正常价值与“现行的”或“市场的”或“偶然的”价值相比起来，往往没有显著的区别。后者虽然是偶然事件占优势的价值，前者是在计算内的经济条件所带来的价值，但这两者之间其实并没有不可逾越的鸿沟。当我们考虑商品交易所中时时刻刻出现的变化时，我们会认为这是正常价值的变化，但如果我们将考虑的维度放大到一个较长的阶段中，我们就会发现，这种价值不过是在表明现行的变化而已。这是因为，时间本身是绝对连续的，自然不会把时间分割为长期和短期，但由于不知不觉程度上的差别，正常价值和偶然价值是互相结合的，一个问题的短期对于另一个问题来说很可能便是长期了。

在这个基础上，我们分析一些经济元素的区别，如地租和资本利息的区别，在很大程度上就要靠我们自己设定的时间长短来决定了。有时候，一件物品被视为“自由的”或“流动的”资本或新投资的利息是合适的，但如果将它视为旧的投资的一种地租则更为合适。流动资本与已被“固定”在某一个特殊生产部门上的资本没有明显的区别，新的投资与旧的投资之间也没有明显的区别，于是，在人们看来不同类型的资本逐渐结合在一起了。

此外，人与人使用的工具虽然有明显的区别，人的努力和牺牲的供给和需求虽然各有特征，并与有形的物品的供应和需求有很大的不同，但后者本身也是人努力和牺牲的结果。所以，劳动价值理论和劳动产品价值理论是不能分开讨论的。这两者同属于一个整体的两部分，虽然在细节上有所差异，但大部分只是程度上的差别而已。

与此同时，连续原理还可应用到很多经济学名词的使用上。人们往往会作出这样的尝试，即对经济货物进行明确的分类，从而满足逻辑上的准确。但是，这种尝试的分类并没有在自然中找到可以引证的材料，所以当我们把这种人为的分类应用到实际当中就会造成很大的混乱。事实上，在实际的经济生活中，资本与非资本物品之间、必需品与非必需品之间，或生产性劳动与非生产性劳动之间，都没有明显的区别。

对于经济学研究来说，经济发展的连续性是非常重要的，无论对于什么派别都是如此。而在考虑这种连续性时，我们往往需要借助于数学的方法。这是因为，数学符号、图标等这些数学方法往往能够让我们将观点更清晰地表达出来。比如，当社会对于某一物品的需求是一个连续的函数，这种连续性导致它具有一个边际的平衡点，如果不用数学的方法，我们很难将这个点很好地描述出来。

使用数学方法并不需要特殊知识，而且图表比数学符号往往能更准确和更直观地表明经济生活的情况。对于许多完全是理论范围内的问题，如果知道可以应用数学的方法，我们也就不愿再用其他方法去解决了。

数学方法在经济研究上的主要用途，在于帮助一个人将他的思想的一部分迅速地、简短地并正确地记录下来，并使他确信他对他的结论已有足够的支持。但是，当我们必须使用许多数学符号时，除了作者之外的其他人可能都会觉得麻烦，因为，一旦我们将经济发现以数学符号的方式表达出来之后，是否有人会认真阅读和分析这些并不是由他自己改写的数学符号，这往往是有些疑问的。不过在本书中，我依然使用了大量的数学语言，并且我也证明了对我自己的目的来说，数学语言是非常有效的一种工具。

阿尔弗雷德·马歇尔

1890 年 9 月

第一章

导论

Principles of Economics

本书作者将大量的篇幅用在导论当中，其目的在于，扭转一些在当时被认为是理所应当的，但已经被现实证明是错误的经济学理论和大众观点，作者想要以此来帮助读者树立起一个正确的经济学观念，因为只有先解决掉观念当中的固有偏差，才能够接受作者正确的新理论。

在导论当中，作者解析了经济学的实质，探讨了经济规律和经济原理，并解释了经济学研究的最终目的。在作者生活的那个时代，经济学研究还没有形成一个完整的体系，所有经济学者的工作，还仅仅停留在片段式的解决实际问题上，因此，作者的这种构想，其实是一种具有超前意识的尝试。

绪论

较为传统的理论将经济学定义为：研究财富的生产、分配、交换和消费的科学。但从后人研究和使用经济学的经验来看，分配和交换是如此密切，以至于我们不应该将它们在学科内部分割开来。在本书的写作中，有意将分配和交换放在一起来讲，就是基于这种经验的考虑。

传统学者对于需求和供给的研究多处于推论阶段，这种推论被看作研究价值问题的基础，而在这个基础上，很多经济学推论都得以深入的发展。但传统学者认为，需求和供给的推论涉及需求和分配的问题，这种推论往往与实际问题截然不同。因此，本书在讨论需求和供给理论后，会在此基础上对分配和交换进行更加深入的讨论。

不过，在进行需求和供给、分配和交换的讨论前，本书要先讨论一下人的欲望和欲望的满足，因为我认为这直接关系到需求和消费。在此之后，我们还要讨论一下生产要素和社会资本，这些是被我用来作为满足欲望手段的要素进行研究的。在这部分中，本书列举了差不多所有英国的在关于一般经济学的著作中占重要地位的那种生产的研究。这些内容也是本书重点的内容之一，虽然它与需求和供给问题的关系没有被十分清楚地说明。

需求和供给一直是经济学研究的重点，然而在最近几年，经济学者又发现了一个重要的课题，那就是需求和消费之间的关系。

在传统的经济学研究中，需求或消费这个问题往往是被忽视掉的。因为单就个人的生活成本而言，如何最好地利用资源的研究虽然重要，但并不在经济学方法的研究范畴。个人对于自己经济生活的常识，往往比经济学研究更有指导价值。而传统的经济学者之所以很少涉足这个领域，原因就是他们的结论往

▶ **大卫·李嘉图**

英国古典政治经济学的主要代表之一，也是英国古典政治经济学的完成者。其研究的领域主要包括货币和价格，对税收问题也有一定的研究。著有《政治经济学及赋税原理》等书。

往也来自个人的常识，没有什么具体的经济学分析。但是，当前由于下面几个原因的出现，经济学关于需求和消费问题的研究开始越发深入了。

第一个原因是：经济学家们开始越来越相信，大卫·李嘉图重视生产费用方面的理论习惯，对于分析决定商品交换价值的原因变得越来越不够严谨。因为李嘉图和他的追随者虽然知道需求和供给在决定商品交换价值上有很重要的影响，但却没有进行深入地研究和表述，这方面的缺失往往会误导读者。

第二个原因是：经济思维的渐渐成熟，使学者更加注意产生结论的前提。这种思维的成熟，一个重要的原因是数学语言和数学思考在学者中被广泛应用。复杂的数学公式对经济学研究究竟有多大的好处还没有一个定论，但数学的思考习惯对于经济学的影响，则是十分明了的。

这种数学的思考习惯，使我们对经济学所有重要的概念，尤其是对需求的概念，不得不作出更为仔细的分析。因为仅仅是企图清楚地说明怎样衡量对一样商品的需要，就已开辟了经济学主要问题的新方向。当前，关于需求的理论研究虽然还处在萌芽阶段，但我们已知道收集和整理消费统计来解释对公共福利极为重要的困难问题是有可能的。

第三个原因是：时代的精神使我们对以下问题更为关心：我们日益增长的财富是否可用来更进一步地增进社会一般福利？这个问题迫使我们去研究财富，财富的任何因素的交换价值，准确地代表它对幸福和福利增加到怎样的程度。

第一节
论经济学的实质

1. 经济学研究的起点

经济学主要的研究对象是经济活动的动机和阻力，这种动机和阻力的数量是可以用货币来衡量的。

经济学是一门研究人们在日常生活事务中如何进行经济选择的学问，研究的核心是日常生活事物中促使人类作出不同选择的动机。人的情感道德等方面的不同，会促使人作出很多不同的选择，但总体来看，人的行为的最直接的动机还是利益。人在日常工作中，最坚定的目的就是获得报酬，而在得到报酬之后，在如何将它消费掉时，往往会出现一些性质上的差别。但无论如何，人的动机都是由一定数额的货币引起的，正是可以用货币衡量的经济行为的动机和结果，才促使了经济学的出现。

▶ **亚当·斯密**

《国富论》的作者，经济学的奠基人，被后人称为“经济学之父”。

就像是化学家拥有精良天秤可以让化学比其他大多数自然科学更为精确一样，经济学家也拥有这种天秤，虽然现在还不是很完善，但也让经济学相对其他任何一门社会科学更为准确。不过在本质上，经济学不能和精密的自然科学相提并论，因为它研究的毕竟是人类本性的不断变化和细微的力量。

经济学特殊的工作范围，使它比其他任何一

门学科更有可能采用精密的方法，这是塑造经济学优势的重要原因。经济学主要研究的是人的本性、欲望和对未来的期许，而它们的外部表现则是以这样一种形式成为活动的种种动力，以至于这些动力的力量或数量能够相当正确地加以估计和衡量。所以，我们便可以采取科学的方法对这些动力进行研究。

当我们可以衡量一个人的动机促使他为一定数量货币而付出一定成本时，经济学的方法便可以得到验证了。

在这里，我还要特别提出一点，那就是经济学本身并不能衡量人的情感①，而只能以人的行为来倒推人在某种情感下的决策。也就是说，一个人在不同的心情下作出的不同决定，经济学没有办法进行准确的衡量和比较，而只能衡量和比较他们这些决定本身。

举一个简单的例子，两个人从吸烟中所得到的愉快是不能直接比较的，而即便是同一个人在不同的时间从吸烟中得到的愉快，我们也是不能够直接比较的。但是，如果我们看到一个人为用吸烟的钱去购买一瓶酒或者坐车回家而犹豫不决，我们就可以说他从这三件事上能得到同样的愉快。

同理，即便对同一件事情，我们也无法直接比较它们带给个人的满足感，而必须间接地从这种满足感给人的动机的程度来比较。

假设，这里有两种可能达到的愉快，为了达到它们任意一种，人刚好都要在一个同样的条件下进行一小时的工作，那么我们便可以说，这两种愉快是相同的，因为对于它们来说，同样的人表现出了同样的动机。

这样一来，就像人们在日常生活中所做的那样，我们用激发活动的原动力或刺激物来衡量一种心态，虽然在我们所要考虑的动机中会因为人本身的不同而不同，但也不会引起新的困难。

这是因为，如果我们看到一个人在几种小的愉快的选择中犹豫不决，他的心情会因为他的选择的倾向而不同。哲学家研究的便是这种心情，而经济学家研究的则是他作出的选择，而并非心情本身。如果这个人认为不同的心情对活动提供相等的动力的话，那么经济学家们出于研究的目的便把这些心情算作相

① 经济学一个重要的前提便是假设参与经济的人都是理性且自私的，虽然具体到个人可能有所差别，但从整个社会的角度来看，这种整体性的假设是正确的。

等的。这种经济学思路，其实跟我们日常生活中分析他人的思路并没有太大的不同。

所不同的只是在于，经济学家研究问题的时候，在分析他知识的范围方面往往是更加谨慎的。经济学家在对普通人的观察中，得出暂时性的结论，而并不打算探求个人的心理和精神的特征。但与此同时，经济学家也不会忽视生活的心理和精神方面。

这种特质导致了经济研究拥有非常广泛的用途，在更广泛的用途上，经济学研究会被应用到实际问题上去。这是因为，经济学家也像普通人一样，必须关心人类的最终目的，并考虑各种满足的实际价值之间的差异，这些价值的研究便是经济学的起点。

2. 经济学研究的两个前提

经济学需要用货币来衡量人的动机，但在进行这样的工作之前，我们还要了解一些限制性的条件。

第一种限制性的条件是，经济学者必须考虑同等数量货币所代表的愉快或满足[①]，在不同的环境中对不同的人是不同的。而且即便对于同一个人来说，同等数量的货币所衡量的愉快或满足，在不同的情况下也是不同的。

因此，我们绝不能说，任何有相同收入的两个人，能够因为将等量的收入消费掉便获得了同样的利益。例如，政府从每年固定收入三百镑的两个人中各征一镑税，虽然对于他们两个人来说，一镑价值的金额是相同的，但他

▶ 先令

英国的传统的辅助货币单位，一镑等于二十先令。

① 经济学上的愉快和满足，并不仅仅包括文字层面的意义，也代指一切的精神或物质的收益，如有些活动带给人的是痛苦，但这种痛苦却正好是人所需要的。

们放弃的愉快或满足却不一定是相同的。

第二种限制性的条件是，我们必须清楚等量的愉快或满足，对于不同的人会有不同的动力。比如，一先令的收入，可能会促使穷人愿意付出很大的努力，但富人可能根本不愿意动一动手指。这是因为，对富人而言，一先令带给他们的愉快或满足，要比穷人小很多。富人不会为一先令的花费犹豫不决，但穷人却可能会为此考虑很久。

不过，当我们考虑大多数人的活动和动机时，造成这种差错的原因也会减少。假设我们了解到，一家银行的倒闭让利兹城①的居民损失了二十万镑，而让谢菲尔德②的居民损失十万镑，那么我们就可以认为，在利兹城所造成的损失，比在谢菲尔德城大一倍。

在经济学所研究的问题上，大多数都是以大约相同的比例影响整个社会的。所以，如果我们能够判定两件事情所带来的愉快或满足的货币价值相等的话，那么我们就可以认为这两件事情的愉快或满足是相同的。

更进一步说，如果从这个世界上的任意两个地方，随机地抽出两群人来，他们会将金钱以大约相等的比例，作为生活的较为高尚的用途，因此，甚至就有这样一种表面上的可能性：他们的物质资源如有相等的增加，他们生活的美满和人类的真正进步也将有大约相等的增大。

3. 习惯对于选择的重要性

这里还要提到另外一点，即便我们用经济学的思维来分析人的行为，人的行为也未必一定是符合经济学规则的，也就是说，人很多行为的动机往往是很随意的。所以，经济学有些研究往往建立在人不是预先考虑每一个活动的结果上。

而现在，经济学研究比较关心的是，人的行为都是经过深思熟虑的，且在他没有开始行动之前，他总是会先考虑行动的利害得失。而在他生活的这一面

① 坐落于英国西约克郡城，国际大都市，位于奔宁山脉东麓，艾尔河畔，是英国早期重要的煤、铁产区。

② 坐落于英国南约克郡城，早期著名的钢铁之城，目前为英国的第四大城市。

上，他作决定的时候如果没有经过深思熟虑，而是下意识地去做的话，那么他一定是遵照某种风俗习惯。风俗习惯本身就是一种对生活规律的总结，对行为利害得失的一种总结。

比如，一个人在作某个决定时，会说“这样做不合适”，这种“不合适”的看法未必是经过深思熟虑的，也不一定是处于某些物质的利益，而只是出于一种来自风俗习惯的判断。

当然，在某些情况下起作用的某种风俗习惯，是否在其他情况下仍然影响人，这一点我们还没有定论。但总体来说，在落后的经济体内，风俗习惯是相对影响较大的，这些风俗习惯在历史研究者的眼中是充满深意的，而且社会的管理者也必须加以考虑。但在经济较为发达的社会中，这种习惯的影响则会越来越小。

经济并不是完全以利己为动机的，读者应该明白，赚钱的欲望本身并不是因为低俗的动机，即便仅仅是为了自己而赚钱，也不能说这种动机是低俗的。金钱只是帮助人达到目的的一种手段，如果这个目的是高尚的，那么手段自然也就不是卑鄙的。

这样一来，虽然经济学所研究的中心问题是“货币”“一般购买力”或“物质财富的掌握”，但这并不是因为货币或物质财富被当作人类努力的主要目标，甚至也不是因为它是经济学家的研究课题的主要来源，而是因为在我们这个世界里，它是能够简便且大规模地衡量人类动机的唯一方法。如果以前的经济学家们了解到了这一点，他们就能够避免很多可悲的误解和错误。

而且，当我们提到一个人的动机是为能赚到更多的金钱所激发时，这其实并不是说他一定是一个唯利是图的人。因为即使是经济社会中最纯粹的营业活动，也是要讲究诚实与信用的。有些经营活动即便不那么慷慨，但至少也没有卑鄙之心。

这样说来，即使是看上去索然无味的营业活动，由于它帮助我们发挥了自我才能和努力拼搏的本性，往往也能够产生较大的愉快。这就像一匹比赛中的马或一个运动员，他总是竭尽全力地要战胜他的对手，并对这种紧张感到愉快一样。一个商人或制造者，受到胜过他的竞争者的希望的鼓舞而产生的动力，往往要比受到增加财产的欲望的激励提供的动力大得多。

经济学家研究的是人生活的一个方面，但这种生活必须是一个真实的人的生活，而不是一个虚拟出来的场景。对此，我们可以暂时下一个结论：经济学家研究个人的活动，但角度却是从个人活动与社会生活的关系来入手的，所以经济学家不太关注人性格上面的特点。经济学家主要关注的是人的行为，有时是一个人的行为，有时是一群人或一个社会的行为。

靠数学或其他方法的帮助，经济学家可以了解到他设定的目标人群中的经济信息，如某一个集体中的成员平均愿意为一件物品支付多少钱。这种经济信息在大致上是准确的，它足以帮助经验丰富的经济学家预测出他想要揭示的经济问题的结果。

第二节 论经济规律和经济原理

1. 科学研究的方法

经济学研究需要使用归纳法和演绎法，但出于不同的目的，这两种方法在实践中使用的比重也是不同的。就像其他科学一样，经济学工作的主要内容也是以收集、整理和解释事实，得出学术结论为主的。观察、分析、定义和分类都是经济学工作的准备内容，但我们最终的目的必然是由此得到经济现象互相依赖的知识。

那么，在这个体系化的工作流程中，我们就必须采取归纳法和演绎法这两种必不可少的科学手段。在科学研究中，一切寻求因果关系的方法，经济学家都需要采用，但前提是每一种方法都用在正确的地方。

在经济研究的某些部门，为了某些目的，对新事实的研究往往比探讨已有事实更加重要。而且，事实表面所表现出来的直接原因，究竟能否帮助我们彻底剖析问题，这一点也是不确定的。所以，我们必须对事实进行深入的推论。

因为上述原因和其他一些理由，具有不同才能和拥有不同目的的研究者，会分头进行他们各自侧重的工作。有些人更侧重于事实，有些人则更侧重于科学的推想。我们所希望的并不是这两派合二为一，而是希望这两派能够各自发展，相互利用对方的工作成果，这样才能够帮助我们得到最准确的信息，并对未来进行最可靠的指导。

2. 规律的性质

建立在古希腊人的伟大成就之上，人类获得了很大的科学进步，但严格来说，那些并不都是“精确的科学”，不过它们至少都是以精确为目的的。

也就是说，科学全部以把观察的结果归纳为暂时性结论为目的，这种结论的精确性足以经得起自然验证。不过，在一个结论刚刚出现时，它很难在较短的时间内便树起权威来。但在很多独立的观察验证了它的正确性之后，它也就慢慢变成了规律。

▶ 色若芬

古希腊学者，毕生研究人类的交换行为，被视为人类最早的经济学研究者。

科学的进步在于，被确定为规律的结论越来越多，规律的准确性越来越高，规律的范围越来越广，广泛的规律替代了原本狭隘的规律。所有科学都是沿着这条道路发展起来的，对于某些进步的科学主题，我们虽然不能够用这种方式准确地总结出来，但至少从目前来看，科学体系的建立都要依靠许多学者广泛的合作，从而才使规律越来越多。

我们研究的经济学也希望能够在这一类科学中占有一席之地，[①] 因为，经济学的结论虽然很少

① 在经济学出现的早期，它并不被认为是一种科学，而只是一种类似于哲学的人文学科，包括后来的心理学也是一样的。

精确，但对结论的追求确实没有停止。这种行业内学者不懈的追求，最终会让经济学的结论越来越具有普适性，并最终形成经济规律。

那么在这里，再让我们深入地讨论一下经济规律的性质和它的限制条件。如果没有限制条件的话，一个原因必然会导致一个结果。就如同引力可以让东西落在地上一样，但当引力小于物体向上的力，如充满气的气球，那么引力就不起作用了，不过引力并不是不存在的，只要向上的力消失了，引力一样会让气球掉落。所以，引力的规律是一种关于倾向的结论。

这种结论往往是非常精准的，精准到可以直接作用在生活实践上。不过，就目前来说，还没有一个经济学理论能够像引力规律那样，在任何条件下都会不变地存在。

相对于简单而精确的引力规律，经济学规律其实更像是潮汐规律。因为，人们的经济活动总是非常多样化的，以至于在研究人类行为的科学中，我们所能作的关于倾向的最好的叙述，往往并不非常精确，这一点也许会被人当作无法对人类行为进行规划的原因。

在经济学研究中，我们虽然要面对这种困难，但只要尽可能的耐心研究，利用最先进的科学经验，并尽我们所能作出关于人类行为倾向的研究，那么我们还是能够归纳出一些暂时性的规律的。

3. 规律的前提条件

就像其他学科的规律往往需要一个前提一样，我们说的经济规律有时也是需要一定的假设作为前提的。经济学研究的是什么行为会导致怎样的结果，但这种因果关系并不总是稳定的，在有些时候，它们需要受到两个条件的限制：

条件一：除了在考虑之中的变量之外，我们需要假设其他情况是不变的；条件二：我们要假设这些原因会不受任何限制地产生某种结果。

我们只有在先假设我们提到的原因的作用是孤立的，清楚地说明在原因之外的别的原因不能随意加入进来，才能够确保规律的成立。但是，原因产生结果往往是需要经过一定时间的，这个问题又给经济学研究增加了很大的变数。

因为，如果时间间隔过长，原因所依据的材料甚至原因的本身都可能会发生变化；而如果时间间隔过短，则规律很有可能还没来得及发挥作用。

对于一个规律所包含的前提假设，研究者并不需要不断地重复说明，但读者应该有判断这个前提是否存在的常识。而在经济学理论，我们往往会比其他学科更多地提及我们所重视的前提，因为，经济学说比其他任何科学的学说更容易被那些没有科学训练的人所误用。

最后需要指出的是，有些经济分析和一般规律虽然应用得很广泛，但每个时代和每个地域都有它自己的问题，社会情况发生变化，那么经济规律就会有新的发展，而我们则要适应这种变化和发展。

第三节
论经济学研究的目的

1. 本书前几节的梗概

事实本身并不能说明问题，但作为经济学家，却要以事实为出发点，才能说自己的话。历史叙述的是连续发生的事件，而运用推理的手段，我们便能够从历史中得到经验教训。

经济学要做的工作是多种多样的，这导致很多工作必须使用专门的常识，这种常识是每个实际问题的最终解释。而所谓的经济学，不过是将这些常识合理地运用，并进行有组织的分析和一般的推理。

虽然，我们往往把经济学的范围限制在某些问题上，但这些问题也需要有尝试的帮助，否则经济学研究便成了无源之水。经济学家提出的经济规律，是在一定条件下，对人经济活动倾向的总结。经济规律作为一种假设，就如同自然科学规律作为一种假设的意义是一样的，因为自然科学规律往往需要一些前

▶ 以物易物市场

以物易物是人类最原始的经济行为，直到今天，在某些货币崩溃的地域，人们依然保持着以物易物的传统。

提条件作为基础。不过问题在于，经济规律的前提假设，往往比自然科学规律的前提假设更难弄清楚。因为，人类规律是很难捉摸的，所以研究起来是很复杂的。

而经济学作为一种独立的学科存在的理由在于，经济学主要是研究人类活动中最容易衡量的动机所支配的那一部分，所以这一部分的活动比其他部分更能够接受有系统的推理和分析。

当然，我们无法衡量人的动机，无论这动机是怎样的，我们都无法衡量清楚，我们能够衡量的，只是动机带给人的动力。而经济学最喜欢使用的货币也并不是衡量这种动力最好的尺度，除非我们已经考虑好动力发生作用时的一般情况，尤其是他们的活动正在研究中的那些人的贫富情况，否则，货币甚至不是一种比较好的尺度。

需要指出的是，对于理论的探寻必须要与事实的研究同时进行，对于大多数近代问题的研究，我们当然要在分析近代事实的基础上，这是因为过去的经济记载在有些时候是过时的和不可靠的。

2. 经济学研究的目的

所以读者应该了解，经济学的目的：第一是为了追求新的知识，第二是为了解释实际问题。我们在作经济学研究之前，首先要考虑的是，这个研究会有什么样的用途。不过，我们也没有必要直接根据这些用途来计划我们的工作，因为一旦这样做的话，当某种思想与我们早先心中的特殊目的没有直接关系时，我们就会打断这种思想。

直接去追求实际的目标，会促使我们将各种知识汇集在一起，这些知识可能仅仅是在作研究的目的时汇聚在一起，除此之外别无联系。这样一来，我们的精力就会消耗在从一种知识到另一种知识的转化上面，很难彻底想出什么实质性的东西，也就必然不会得到真正的进步。

所以出于科学的目的，我们对一个学科最好的分类方法，就是把一切性质上相类似的事实和推论汇集在一起。这样在研究一种东西时，就可以触类旁通地明了与它有关的所有东西。对于某一类问题长期地这样研究，我们便能够逐渐了解被称为自然规律的那些基本的统一性。

探索一门学科，我们首先要做的就是探索这门学科中的规律单独发生的作用，然后探索它们合在一起时发生的作用，这样慢慢深入下去，我们便可以取得实质性的进展了。

研究经济学的人，对于经济学研究的实际用途应该非常注意，但归根结底，他工作的实质是研究和解释种种事实，以及找出不同的原因单独地和合在一起发生作用时的结果是怎样的。

3. 经济学研究的主要课题

下面，我们需要列举一些经济学家们研究的主要问题，借以指出经济学研究的主要课题是什么。

对于经济学研究的课题，有些人会问这些问题：是什么影响了财富的消费和生产、交换和分配？雇主和雇工的关系是怎样的？工业和贸易组织、金融市场有什么关系？市场元素如何互相影响？他们最终的倾向与当前的倾向有何不同？

除此之外，还有任何物品的价格作为想要获得该物品欲望的尺度，到底受什么因素的影响？社会中任何人财富的增加，会直接造成怎样的社会福利增加？任何人首付的减少，又会怎样对社会效率产生影响？任何人收入的增加如果是因为效率的提高而实现的，那么这种增加应该如何来保持？

更深一步的还有，社会层面的经济自由可以达到何种地步？对于社会经济最有影响力的元素有哪些？它们是如何发挥作用的？在经济自由的环境下，垄断组织是怎样出现的？经济自由是如何一步步实现的？社会上每种人会受到经济自由的怎样影响？社会各种税赋将由谁来承担？国家收入又是如何来完成的？

以上这些是经济学必须直接面对的主要课题，经济学的主要工作也应该根据上述主要问题来展开。

虽然社会上的实际问题大部分都是在经济学的范畴之外，但对经济学家的工作却可以起到极大的推动作用。那么，经济学家必须要考虑何种实质性的问题呢？对于此，我的想法是根据当前英国的情况，将问题汇总起来：

首先，最重要的问题是如何让经济自由发挥它好的作用而不是坏的作用？如何制定合理的财产政策？如何将社会财富分配得更加合理？如果我们暂且认为财富的分配是比较合理的，那么这种分配是否会对企业造成影响，是否会对社会总财富造成影响？

其次，比较重要的问题有：我们是否要满足于现有的分工形式？大部分产业工人没有职业上的上升渠道是否正常？是否要培养工人的职业能力？给他们提供走向管理层的机会？在经济活动中，个人的活动和集体的活动关系是怎样的？社会将允许怎样的集体活动存在？哪些社会事务应该由社会本身来决定？政府应该从哪些领域退出？政府对自己退出的领域应该如何监管？政府应该怎样约束垄断性企业？政府是否要保留一定的市场权利？

最后，当下流行的财富使用方法是否完全正当？政府是否要对个人消费进行干预？政府是否要发动社会舆论和道德压力来限制个人的自由？在什么情况下，一国的经济问题会造成国际性的影响？①

以上这些，便是对英国的政治、社会和私人生活的经济方面和经济情况的研究，这种研究着重注意的是社会生活方面的问题。这种研究的目的是为求知识，并且是为了获得生活上的尤其是社会生活上的实际行为的指导。我们当下十分迫切地需要这种指导，下一代的人或许会有更多的空闲从事研究工作。

▶ **金银**

在漫长的历史时期，金银一直是作为财富的象征被人类追逐的。

不过，经济学虽然是在很大程度上受到实际需要的影响，但却要尽可能避免讨论党派组织的紧急问题与对内外的政治决策问题。诚然，经济学的目的在于帮助人们作出决定，这当中自然也包括政治家，但服务于政治并不是经济学的目的。经济学研究要避免讨论有实际经验的人所不能忽视的许多政治问题，所以归根结底，经济学只是一种纯粹的和实用的科学，而不是一种科学和方法。所以，用“经济学”这个具有更广泛含义的名词来说明它，比用“政治经济学”这个意义较为狭小的名词更好。

① 在马歇尔的时代，正是资本主义蓬勃发展和工人运动风起云涌的时代，很多社会学者都保持一种观点，那就是资本主义都是罪恶的，而当时的经济学家，则主要是针对这种观念为资本主义进行辩护。

4. 经济学家必须具备的素质

在论述了经济学研究的目的和课题后，我们需要讨论经济学家必须要具备怎样的素质，才能更好地完成经济学研究。

我认为，经济学家至少需要在三个重大的智力方面有所突破，它们是：知觉、想象力和推理能力。其中最重要的就是想象力[①]，想象力可以帮助我们探索事件表面下的深层次原因，并帮助我们了解直接原因之下隐藏着的不易发现的结果。

自然科学往往是由观察和实验来推动的，尤其是物理学更是如此。但这种观察不能流于表面，如果只分析表面问题的话，学科是不可能获得进步的。一丝不苟的物理学家，不会仅仅满足于一般表面的分析，他会不断努力使这种分析成为定量的分析，并且对他面对的问题进行深入的剖析，直到解构出每一因素为止，给予每一因素适当的比重加以研究。

分析表面之下的和不易被察觉到的原因和结果，把复杂的情况分解成为各个因素，与把许多因素重新建成一个整体相比，前者无疑是更为简单的。

对于较细微的事情，我们只用简单的经验便可以将那些不显明的因果关系提炼出来。例如，一个普通人的经验会告诉他，是不应该考虑去帮助一个浪费成性的人的。但对于复杂的问题，情况就完全不是这样了。比如，要研究提高就业的稳定性计划可能导致的经济后果时，我们就需要做很大的努力，用有远见的眼光和丰富的想象力。为了最终将这个问题弄清楚，我们可能需要了解信贷、对内贸易、对外贸易竞争、农作物收获和价格等各种因素的变化，以及这一切变化对就业稳定性的影响。

除了智力方面的素质，经济学者还需要有较强的道德素质，这包括同情心和责任感。所谓同情心，指的是经济学者不但能为本阶级的利益谋划，而且还

---

① 马歇尔这里所提到的想象力，并不是科学和文艺领域的创造力，而是一种发散思维的能力。

能够为其他阶级的利益谋划。

经济学者在进行经济研究时，往往会事先选定一个立场，但即便有立场存在，也应该尽量保持客观，只有这样，才能够不因为利益而扭曲研究的科学性，才能够为整个社会带来有价值的结论。

与此同时，经济学者在作研究时，还要尽量保持谨慎和含蓄，具体表现就是具有社会责任感。在上个世纪初，一些所谓的经济学家完全是站在雇主和冷酷的政客角度，为他们的特权进行辩护。即使在我们这个时代，那些反对把大量费用花在大多数人的公益事业上面的人，也往往用这个头衔自称，这些人其实很难称得上是有责任的经济学者。

事实上，近代真正的经济学者们，差不多都是性情温和、富有同情心和为人道热诚所感动的人。他们研究的目的并不是为自己谋取财富，而是为了肩负起一定的社会责任感，为整个社会服务。

正因为肩负着这样的社会责任感，经济学者往往是勇气和谨慎的结合体。他们在探索上是富有勇气的，但在分析问题和提出观点时又是非常谨慎的。因为他们不愿担负起提倡向没有人走过的道路急速前进的责任，而对这种道路的安全的唯一保证就是人们的具有信心的希望。有时，他们的谨慎甚至有些过度，但对于负责任的学者来说，这正是他们应该具备的素质。

第二章

经济学的基本概念

Principles of Economics

任何学科，从入门的角度来讲，第一步便是弄清最常见术语的定义和一些基本的概念。对于经济学的研究，是从研究财富的形态、产生以及消耗开始的。所以在本章中，作者将主要的精力放在对财富的基本概念的讲解和辨析上，图为读者构建起一个清晰的经济学理论框架，并在这个框架之上，展开进一步的经济问题讨论。

本章第一节主要讲财富以何种形态存在于人类社会之中，以及人在不同的情况下，是如何对财富进行定义的。之后两节的内容，则围绕人与财富之间的各种关系，以及因为关系的不同，而导致的财富形态的变化。

绪论

正像大家所知道的那样，经济学是一门研究财富的科学，同时，它也是研究人类行为的社会科学的重要组成部分。经济学对人类行为的研究，仅仅以满足欲望的行动为限，这种行为和欲望一般可以用财富和货币来衡量。

▶ 约翰·穆勒

英国著名的哲学家和经济学家，19 世纪影响力很大的古典自由主义思想家，功利主义的主要代表人物。

在读者将要看到的这本书中，我也想着力研究人的欲望和行为，并探讨欲望的价格和行为的价格实现平衡的条件。出于这个目的，我会在后面的章节中对财富与欲望的关系，财富与生产财富的行为进行详细的探讨。而在本章中，我所要研究的是，财富到底是什么？应该如何分类？在这个过程中，有一组与财富和资本有关的名词，我们的研究就从对这些名词[①]的解析开始。

在对这些名词和它们背后的经济学问题进行探讨时，我们当然必须考虑各种不同的欲望和行为；不过对于那些不是很明确的、常识外的东西，我们是不必特别考虑的。这样看来，我们所要做的工作似乎是比较简单的，但真正的困难在于，对于我们所要研究的名词，读者或多或少会有一些了解，但这种了解有时候与经济学要讲的具体内容是有着细微的差

① 经济学领域的名词，其涵盖的意义比这些名词的一般用法要宽广，所以需要作出特别的解释。但从马歇尔时代到今天，有些名词的意义又发生了很大的变化，所以读者在分析当前的经济学问题时，仍旧需要对这些名词作进一步的了解。

别的。

就像约翰·穆勒说的那样，"如果将研究的对象归入不同类别，关于这些类别能够作出许多一般的命题，而这些命题比这些对象也能归入的其他种类所能作的命题更为重要，那么就能达到最科学的分类的目的"。不过，在现实生活中，我们会遇到这样的问题，那就是当一个命题对经济发展的某一个阶段十分重要时，在另一个阶段，它可能会变得无足轻重。比如，"租金"这个名词的范围在某些方面正在扩大，而在另一些方面正在缩小等。对于这个问题，我们需要借鉴来自生物学的经验，就是研究一个名词在所在的经济制度中最能够使它适应当下所必须做的工作的特性。

不过，我们也不能够忘记我们所用的名词的历史。这是因为一方面历史是非常重要的，另一方面在于，即便我们研究经济学的目的是指导实践工作，但我们仍然应该尽量使我们的名词的用法符合过去的传统，以便迅速了解历史中的经验，并从中获得教训。

除此之外，我们的经济学研究还必须遵循日常生活的实践。经济学不能像自然科学那样，对新发现给出新的定义，即便有新的经济学理论诞生出来，也必须用大众所能够理解并接受的语言来表达。因此，经济学必须让自己与日常生活中惯用的经济名词和经济思维相吻合，而且在可能的范围内，必须像平常所用的那样来使用这些名词。

其实，经济领域中名词的区别，大多数不是种类上的差别，而是程度上的差别。当遇到一个新的解释是对自己所理解的名词定义的颠覆时，很多人会下意识地认定这种区别是种类上的，但如果仔细思考一下就会发现，经济学的进步实际上没有发现过任何新的种类上的差别，它是不断地将表面上的种类差别化为程度的差别。在自然界里到处都有未发现的东西，但在经济学范畴却很少。

最后，读者还应该了解，为了清晰地表达观点，经济学家使用的经济学名词一定会清楚地加以说明，但是，这些名词的用法却并非固定不变的。所以，经济学者必须仔细分析要研究的各种事物的真正特性。我们一般会感觉到，每个名词都有一些主要的用法，这种用法指的是它的特性比其他方面的属性更符合科学研究的目的。但在有些情况下，这个名词其他的特性也需要被提出来，以适应不同的讨论内容。

即使最谨慎的思想家，也常会对一些事情的分界线表现出不同的意见，这种不同一般都来自对不同形势和情况的判断。在经济学领域，类似这样的问题还有很多，而我们最终的期望是，能够逐渐建立起一个获得学者们公认的理论，从而彻底避免这些无谓的争论。

第一节
论财富

1. 财货——具有财富意义的货物

人们要得到的东西构成了这世上的一切财富，所以，当我们对财富下一个定义时，它就是能直接或间接满足人类欲望的东西。然而，并不是人们要得到的一切东西都可算作物质的财富。例如，每个人都想得到友谊，但友谊并不是物质财富。所以，讨论具体的财富时，我们需要先对人们要得到的东西加以划分，然后再从中挑选出那些应该被算作财富的东西。

以前人们的印象中并没有一个简短的通用名词来代指人们要得到的一切东西，也就是能够满足人类欲望的所有东西，那么在这里，我打算用一个新名词来表示它，那就是财货。

▶ **私人的住宅**

住宅是一种有形的财货，人通过使用它来获得收益。

在这个世界上，财货有以实物形式存在的，也有以非实物形式存在的。实物财货包括一切有用的有形的东西，人们拥有或使用它能够获得一定程度上的收益。来自自然的物质和来自生活中的物品都是有形的财货，如土地、空气、农产品、矿产品、工业品、建筑物、机械、工具、证券、股票、专利权等。

非实物财货则主要可以划分为两类：一类是人自身的特性，如管理能力、智力、职业技能、鉴赏力等，这一切都是在人身之内的，所以称为内在的财货；另一类则来自他与别人的关系，如过去的统治者经常向农奴索取的各种劳役和义务，这种叫作外在的财货。

按财货的流转来分，财货又可以分为可转让财货和不可转让财货。不可转让财货，往往与内在财货有关。再有就是一些自然或社会赋予个人的财货，如空气、阳光、公民的权利等。

财货还可以分为自由财货和私人财货。凡是不被私人占有，并自然供给而不需要人努力去争取的财货，我们就可以称为自由财货。比如，土地在原始的状态下是自然的赠予，在一些国家的原始森林中，木材也可以看作自由财货，公共海洋里的鱼类，也可以被看作自由财货。但如果木材是私人种植的，土地是私人开垦的，鱼类是私人养殖的，那么它们便是私人财货。

不过，需要指出的是，即使是私有财产，从国家观点来看，它仍然是自由的财货。只不过国家已经准许它们可以让私人所有，那么从私人观点来看，它们就不是自由的财货了。

2. 财货与财富

在了解了财货之后，我们便可以讨论财货与财富的问题了。对于一个人的财货中，到底哪些可以算作他财富的一部分，不同的学者会有不同的看法。而在对比了不同学者的看法之后，我认为，以下的答案似乎是最为妥当的。

首先，当财富单独出现，而不存在任何上下文的语境时，它可以指两种财货。第一种是他的私有财产中那些物质财货，它们是可以转让和交换的。比如，土地和房屋、家具和机器、股票和债券等。不过，如果是他作为当事人欠别人的债务，则可被看作负财富，必须从他的财产总数中扣除，然后才算是他真正的净财富。

第二种则是他所有的可以直接用作获取物质财富手段的财货。因为个人特性和才能属于内在的财货，所以并不包含在这第二种之内。这第二种主要有：他的企业组织、劳役所有权等。

如果我们像上面这样使用财富这个名词，那么是符合日常习惯中用法的。同时，财富包括那些属于经济学范围以内的财货，所以这种财货可以称为经济财货。而作为经济财货，它有两点特质是非常关键的：第一，为某一个人私人所有；第二，能够直接用货币来衡量。

经济财货，必须是属于私人的，而不能够同样地属于其他人公有。而以货币来衡量，则代表了为获得财货所必须作出的牺牲，以及它对人欲望的满足。

不过，出于一些目的，我们对于财富也可以采取一种较为广泛的定义，但为了避免混淆，我们还必须采用一些特殊的解释语句。举个例子：木匠的职业技能可以帮他去满足别人的物质欲望，因而能间接地满足他自己的欲望，这就像他做木工需要的工具一样。如果有一个名词可以把这种技能包括在内，进而作为更广义的财富的一部分，那么对于我们以后的讨论当然是最为便利的。

亚当·斯密以及大多数欧陆经济学家都曾经给财富下过定义，他们认为个人的财富包括一切能够直接帮助人们获得产业效率的精力、才能和习惯在内。除此之外，我们在前面算入狭义财富的各种营业联系和联合，也可列入个人财富当中。产业的才能被看作经济的另一个因素，因为这种才能的价值通常能够间接地衡量出来。那么这种才能是否应该被划入财富当中呢？对于这个问题的讨论有很多，以至于让人觉得它已经成了一个原则性的问题。

我们如要把一个人的产业才能包括在财富当中的话，那么财富这个名词当然会引起混淆。不过，有时候我们使用“物质的与个人的财富”这句话，似乎不会造成太大的理解混乱，有时还可能会带来一些好处。

3. 共同财货与个人财货

这里有一个问题，我们还需要讨论一下，那就是个人与他人所共有的物质财货。因为是共有财货，所以在比较他的财富与他人的财富时，我们不必提及它。但在某些情况下，尤其是分析历史中的经济状况时，提一提它也许是必要的。

▶ 道路

在几乎所有的国家，道路都是作为公共财货出现的。

共有财货往往是将人和地域或社会联系起来的，它包括了公民的人身安全、公民的社会保障、各种公共财产和设备等权利和机会，以及免费教育的权利。在城市或乡村居住的人，都能够拥有一些不需要付出代价的利益，但对于处在这个城市或乡村之外的人，要想享有的话则往往需要付出一些代价。

例如，一个城市中有较好的公路、下水道、路灯，拥有较好的媒体、娱乐设施、教育机构，拥有较好的气候和环境，从广义上说来，处在这里的人就比别人享有较多的真正财富。房屋、食物和衣着在天气寒冷时会有不足，而在天气温暖时也许充足；另外，炎热的气候虽然可减少人们的物质需要，虽使人们只要有少许物质财富的供给就会富足，却使他们获得财富的精力衰弱了。这些东西有许多是共同财货，自然也就不是私人所有的财货。分析这些，我们就需要从与个人观点相反的社会观点来研究了。

4. 国家财富

现在，再让我们来研究一下，国家财富中那些通常被人忽视的因素。这种财富的突出形态，就是所有的物质财产，包括道路、建筑物、公园、自来水厂等。不过问题在于，这当中有一些并不是用公共储蓄建设的，而是来自公共借款。所以，在计算这种财富时就要扣除大宗债务的巨大“负”财富。

德国的经济学家[①]往往比较看重国家财富中的非物质因素，在关于国家财富的有些问题上这样做是正确的，但也并非在所有情况下都是如此的。例如，科学发明和科学知识，它当然可以被看作国家财富，但在发明被普及之后，它便会变成整个世界的财富，而不仅仅是一国财富了。

同样的问题还有：机械和技术上的发明和改良、音乐艺术上的突破、文学上的新发现等。而有时，一个自由的、有组织的国际组织，在某种情况下也可以被看作国家财富的一个重要因素。

不过，国家财富包括个人的财产和公民的共同财产在内。所以，在计算国民的个人财产的总和时，我们省去一国国民相互之间的一切债务和其他义务，就可以省去一些麻烦。

世界财富不同于国家财富，就像国家财富不同于个人财富一样。在计算世界财富时，一国人民与他国人民之间的债务，为了计算的方便，可以从收支双方减去。而且，就像河流是国家财富的重要因素一样，海洋是世界最有价值的财产之一。所以，从这个角度来看，世界财富不过是扩大到整个地球的国家财富而已。

个人和国家对于财富的所有权，是以国内和国际的法律为根据的，或者至少是以具有法律效力的风俗习惯为依据的。所以，研究任何时间和地域的经济情况时，我们必须要研究这个时间和地域的法律和风俗习惯。不过，因为我们

---

① 此处的德国经济学家指的是以弗雷德里希·李斯特为代表的一批德国经济学者，他们认为国家应该在经济生活中起到重要作用，强调国家主导工业化。

讨论的经济学的范围已经很广，所以当财产作为历史和法律的概念名词时，我们最好在其他的书中再行讨论。

5. 价值与财富

价值与财富总是密切相关的，关于价值的问题，我们可以先在这里简单地说一下。

亚当·斯密曾说："价值这个词有两种不同的意义，有时它是表示某一特殊物品的效用，有时则表示因占有这一物品而得到的购买他物的能力。"但是，历史经验向我们表明，把价值用作前一种意义其实是不妥当的。

一个东西的价值，也就是它的交换价值，可以在任何时间和地点用另一种事物表现出来，所以价值是一个相对的名词，表示在某一时间和地点的两样东西之间的关系。

文明的国家通常采用黄金和白银作为货币。而在表示一个物品的价值时，我们不是用铅、锡、木材、谷物这些可以交换的东西作为衡量①，而是用货币来表示它们的价值，并称这样表示的每样东西的价值为价格。

就像是一吨铅在任何地点和时间可换十五镑，而一吨锡可换九十镑，我们便可以说铅的价格是十五镑，锡的价格是九十镑。与此同时，我们也能够知道，一吨锡的价值如用铅来表示便是六吨铅，但我们不会说锡的价格是六吨铅。

物品的价格总是不断变化的，所以如果我们仅仅以某一件物品为参照物，我们便会发现货币的购买力总是在变化。但一个社会的财富不仅仅是一件物品，所以我们会发现，货币的购买力对某些物品相对提高的同时，也会对某些物品相对降低，这样一来，货币的购买力在总体上其实是保持不变的。关于这一点的具体解释，我们在之后的章节再另行展开。

但现在，我们可以用普通含义来理解这句话，这句话的含义就很清楚了，在本书中我们可以始终不问货币一般购买力可能发生的变化。这样，任何东西

---

① 因为货币在商品交换过程中起到的衡量双方价值的作用，货币又被称为一般等价物。

的价格就都可被看作它与一般物品比较时的交换价值的代表，换句话说，代表着它的一般购买力。

但是，如果人类的创造和发明增强了人类对自然的控制能力，那么为了某些目的，货币的实际价值用劳动来衡量比用物品衡量起来还要更准确一些。不过，这种问题不会影响我们在本书中的讨论，因为本书不过是经济学的“基础”研究而已。

第二节 论生产和消费

1. 生产与效用

人类可以在道德和精神方面进行创造，但人类并不能创造物质的东西，一切物质都来自自然的赠予，而人类不过是在实现物质的生产效用而已。换句话说，人类努力的结果只不过是改变了物质的形态和排列，使它们能够为人类的欲望服务。例如，用木头做成一张桌子，或者播种种子以获

▶ 油画中的商人

商人往往获得比生产者更多的财富。

得粮食。

有人说，商人是不从事生产的。制造家具的工人生产了家具，而家具商人只是出售他人生产出来的东西而已。但这种区别其实是没有科学根据的。商人也在生产效用，工人让木材变成了家具，商人则搬运和重新整理了家具，这也是一种生产。在这种情况下，商人的数量往往比现实中需要的要多，这是一种人员的浪费。但试想一下，如果两个人去做一个人就能够胜任的耕种工作，那么这不也是一种浪费吗？

所以，那些攻击商人说他们不从事生产的人，其实是攻击错了对象，他们应该批判的是贸易的不完善的组织，尤其是零售贸易的组织。

消费可以被看作负的生产，就像人所生产的只是效用一样，人消费的也只是效用而已。人类能够生产服务及其他非物质的东西，人类自然也能够消费它们。人生产物质不过是对物质的重新整理，在消费这些物品的时候，也不过是打乱了物质的排列，或破坏它的效用而已。

这里，还有一种曾经比较重要，但现在已经有些模糊了的区别，那就是直接满足人欲望的是消费者财货，也可以被称为消费财货或第一级财货，如食物、衣服等。与此同时，还有一些财货是来满足人生产的，如耕犁、织机和原棉等，这些可以被称为生产性财货或工具财货。

2. 生产的释意

劳动是为了产生某种结果。虽然有的时候，劳动的目的仅仅是为了行动或者是为了娱乐[①]，但这些行动并不能够被算作真正意义上的劳动。因此，我们可以对劳动作出如下定义：劳动是包括心智活动和身体活动在内的一切努力，它部分或全部地以获得某种有益的结果为目的，而不是以直接从这种努力中获得愉快为目的。

---

① 在古代的中国和中世纪的欧洲，不从事生产的贵族阶级，都有以偶尔的生产作为取乐活动的行为。

换句话说，当我们在划定劳动的范畴时，除了那些无助于所要达到的最终目的因而不生产效用的劳动之外，我们可以将一切劳动都看作生产的。但是，“生产的”这个词汇经历了无数的变迁，以至于它的意思已经非常广泛，在广泛的意思中，它的意义与积蓄起来的财富特别有关，而比较忽视眼前的和暂时的享乐，有时甚至不包括这种享乐在内。

这种对“生产的”根深蒂固的印象，使我们将这个词汇的中心含义看作将来的而不是现在的欲望得到满足的意思。

需要指出的是，不论奢侈与否，一切有益的享乐都是公共和私人活动的正当目的；而且奢侈的享乐也确实会为努力提供动力，并在许多方面促进生产的进步。但如果对产业的效率没有特别影响的话，那么放弃获得暂时奢侈的欲望，去致力于那些较为坚固和持久资源的获取，这些资源就会帮助产业的将来工作，并将从各个方面使生活更为丰富，通常也就能够增进一国的真正利益。

这种具有普遍性的观念，似乎在经济理论的一切阶段之中都被研究过了，很多著名的经济学家也借此对行业作出了划分，并将某些行业看作是不“生产的”。

所以，每当我们要使用“生产的”这个词汇时，我们要知道它是相对生产资料和耐久享乐的生产而言的。但即便如此，“生产的”仍然是一个难以捉摸的名词，所以在需要精准讨论的地方，我们会尽量规避这个词汇。而且，如果我们要把“生产的”用作不同的意义，我们一定会提前加以说明：例如，我们可以说生产必需品的劳动等。

这里还有一个术语是“生产的消费”，它通常被解释为使用财富以生产更多的财富。这个词汇应当包含的并不是生产工人们的所有消费，而是维持他们的效率所必需的那种消费。

在研究物质财富的积累时，“生产的消费”或许是有用的。但与此同时，它又非常容易让人产生误解，因为消费是生产的目的，一切有益的消费都是产生利益的，而其中有许多最有价值的利益却都不直接有助于物质财富的生产。

3. 必需品[①]

在这里，我们还必须了解一下“必需品”这个名词。所谓必需品，是与舒适品和奢侈品相对应的，它们的区别在于，必需品包含了满足人欲望当中所必需的一切东西，后两类则包含满足必需品之外的欲望需求的东西。

问题在于，这里又出现了模糊的地方，那就是当我们说到一种必须满足的欲望时，如果欲望没有得到满足，那么最终的结果会是怎么样呢？这种结果是不是包括死亡呢？还是这种结果只是造成力量和精力的丧失呢？换句话说，必需品究竟应该是维持生存所必需的东西，还是维持效率所必需的东西呢？

▶ 英国矿工

对于工业革命时期的英国工人阶级而言，每日辛勤劳作的所得，不过仅仅能够用来购买维持自己生活的必需品。

作为一个名词，必需品就像“生产的”一样，是要被谨慎使用的，每当使用它的时候，读者都要明确它具体指的是什么，但因为每个人对于这个词汇的理解不同，往往会出现读者误会作者意图的问题，所以，我们必须要对必需品作出最准确的解析。

必需品作为一个名词，较为传统的解释是：限于足以让劳动者大体上能维持自己和家庭生活的那些东西。不过在经济较为发达的幸福时代，如果我们仔细分析一下就会明白：在大多数情况下，对于每一种产业，有一种较为清楚的

① 这里的必需品是以大众层面来讨论的，而并非个人，如生重病的个人急需某种药物，这种药物可以说是他的必需品，但却并非整个社会的必需品。

行业平均收入线，这个收入往往仅能够维持这一产业从业人员的生活所必需的，但与此同时，还会有一种较大的收入，是维持这产业的充分效率所必需的。

大多数产业劳动者，如果能够较为理智地花费他们的工资，那么他们的工资也许是能够维持较高的效率。但是，对于必需品的定义往往是有条件限制的，必须是在某个地域的某个时间段内，因为现实中的问题总是在变化的，有时候是经济的变化，有时候是人们消费习惯的变化等。

当我们研究影响有效劳动供给的因素时，我们必须对维持工人必要生产效率的必需品进行深入的研究。那么，如果我们在这里考虑一下什么是维持这一代英国普通农业劳动者或城市工人及其家庭的效率的必需品，这或许就能够给我们带来较为清晰的认识。

在这里，我们可以说必需品应该由以下的东西构成：一所有数个房间和良好下水道的住宅、可以保暖的衣物和一些可供调换的内衣、干净的饮用水和充足的食物、适当的肉类、牛奶以及少量的茶、一点教育和娱乐等。

对于大多数生产者来说，以上这些如果缺少任何一样，他的效率都可能受到影响。就像一匹马没有充足的草料或者一架蒸汽机没有充足的煤炭供给一样。达到这种限度的一切消费都是严格的生产消费，这种消费是不应该也不能够被节省的，否则会对社会造成损失。

除了上述这些物质，烟酒、时髦的衣服在许多地方也慢慢成为一种习惯了，因此它们也可以说是习惯上的必需品，因为为了获得这些东西，普通的劳动者需要牺牲掉一些维持效率所必需的东西。所以，他们的工资就要少于实际上维持效率所必需的了，除非他们的工资不但可以满足严格必需品的消费，还可以满足一定数量的习惯上的必需品的消费。

按照习惯，生产者习惯上的必需品的消费通常被列入生产消费这一类，但准确来说这是不正确的，所以在书中关键的地方，我会加上一些特别的解释来说明习惯上的必需品是否包括在内。

但我们还需要注意，有些毫无疑问是奢侈品的物品，在一些特殊的情况下也可以被视为必需品。在那种特殊的情况下，当这种奢侈品是被生产者所消费的时候，它们的消费也是生产的。

第三节
论收入和资本

1. 营业资本

原始社会的家庭几乎都是自给自足的，无论是食物还是衣服，往往都来自他们家庭的内部，在这个时候，如果偶有收入的剩余，是可以用来进行实物交换的。但随着货币经济的发展，收入的概念便渐渐被限定在了以货币形态存在的事物上，也就是货币工资，与此同时还有一些替代货币工资的“实物工资”。

那么按照收入的这种意义，经济学中的解释是把一个人的资本看作他的财富中用来获取货币收入的那一部分，或者一般地说，就是以营业的方法获得收入的那一部分，有时为了方便起见，我们称这一部分为营业资本。

营业资本是由人用来营业的外在货物构成的，营业资本的运作方式，或者是持有它用来出售而换得货币，或者是用他们来生产可以出售以换取货币的东西。显而易见的是，属于这种资本的要素是工厂和制造商的营业设备，也就是它的机器、原料等。

对于营业资本，我们还要加上那些个人权利和由此获得收入的东西，如以抵押或其他方法所放的贷款以及在“金融市场”上的融资等。而与此同时，个人所欠的债务必须从营业资本中减除。

上述这些是从个人或营业的角度来解释资本这个名词的，而在之后我们讨论关于一般营业问题时，我们都将采取以上的观点。

2. 营业收入和利润

一个从事营业活动的人，必须要为自己的营业负担如原材料、地租等成本。那么，他真正的收入就必然是营业所得减去这些费用的剩余。

一个人的名义收入，是按照他获取的报酬来决定的，而当一个人为自己的事付出努力时，尽管这些努力放在别处可能会给他带来报酬，但却不能算作他的名义收入。但是，为了考虑问题的一致性，我们还是应该将这种个人的行为等同起来的。例如，一个为自己做衣服的女子，或是一个在自己的园中掘地或修理自己房屋的男子，都是获得收入的，正像雇用裁缝、园丁做这种工作也能获得收入一样。

在这里，我还可以介绍一个在以后的讨论中会经常出现的名词。这个名词的使用需要在这样一个前提下展开：任何一种职业，除去不能免的工作疲劳之外还存在其他的不利因素，而每种职业除了货币工资的收入之外还有其他方面的收益。那么，一种职业为劳动者提供真正的报酬，就必须是它的所有利益减去所有不利的以货币来衡量的价值。对于这种真正的报酬，我们可以称它是这种职业的纯利益。

借款人为了使用贷款所必须承担的成本，说明了这种成本与贷款的比率，我们将这个比率称为利息。利息通常表明对于贷款资本额的某一百分比。而一个人如果对具有一定货币价值的货物拥有毫无限制的支配权，那么我们通常会将这种货物称为"自由"资本或"流动"资本。

当某人从事营业活动时，他一定时期的利润，就是在这个时期内，他从营业中所得的收入超过他为营业负担的成本之间的差额。他拥有的设备、材料等的价值，在年终和年初的差额，依照价值的增减而成为他的收入或支出的一部分。

然后，再从他利润中减去使用资本所要支付的利息，剩下的就是他的经营收入。在一个时期内，他的利润与资本的比率，我们称作他的利润率。不过，利润率的说法同利息的说法一样，是建立在构成资本的种种物品的货币价值已经确定的基础上，然而在现实当中，这种价值往往是很难估算准确的。

当我们出租一栋房屋、一架钢琴或一架缝纫机时，承租人为它所付的报酬被称为租金。在考虑总体的社会经营时，我们似乎也应该将租金这个名词的含义扩展到一切来自自然的赠予。

出于这个理由，从机器及其他人工所做的生产工具中所得的收入，在我们之后的讨论中，我也将用准租金这个名词来代表。也就是说，任何特殊的机器可以产生一种具有地租性质的收入，而有时也称为租金，虽然称它为准地租似乎是更有利的。

当我们讨论经营的时候，我们并不能说机器产生利息，我们如果使用利息这个名词，它必然不是与机器本身有关，而是与机器的货币价值有关。

举个例子，一架价值一百镑的机器所做的工作如果一年产生四镑的净值，那么这台机器就产生四镑的准租金，它等于原来成本的4%的利息。但如果这机器值八十镑，那么它就产生机器现在价值的5%的准租金。关于这些问题的后续讨论，我会在之后的章节逐渐展开。

3. 资本的分类

这里，我们再深入展开一下关于资本的讨论。资本可以被分为消费资本和辅助资本或工具资本两类。对于这两类资本，我们虽然很难划出清楚的界限，但如果了解它们的意义是含糊的，那么在使用这些名词的时候，我们就会避免一些麻烦。在需要明确含义的地方，我们应该避免使用这些名词，如果非要使用，也应该进行明白的阐述。而对于这两者的区别，我可以作一个简单的定义：

消费资本往往由能够直接满足欲望的物品构成，也就是直接维持人们生活的物品，如食物、衣物等。

辅助资本或工具资本往往是由能够在生产上帮助劳动的一切物品构成。属于这一类的资本有原材料、工具、机器、工厂、铁路、码头、船舶等。

但显而易见的是，衣服对于一个人的工作自然也是有所帮助的，至少它能够帮人保暖；同时，一个人从工厂劳动保护中获得的直接利益，与从他房屋的保护中所得的直接利益也是一样的。

所以，在这里我们可以遵循穆勒对流动资本与固定资本所作定义，流动资本是“使用一次就完成了将它用于生产的全部任务”，而固定资本则是“以耐久的形态存在，要经过相应耐久的年限才能还原为资本”。

4. 资本和收入

在我们讨论生产和交换时，商人们的观点总是最便于采纳的。但是在商人们研究支配整个社会物质福利的原因时，他们也和经济学家一样，都必须采取一种更为广泛的观点。

经济学家为了将问题说得更加透彻，必须指出观点和名词在用法上面的任何变动。因此，在下文中，我们会有意识地将个人观点与社会观点对比一下，来研究整个社会的生产，以及可用于一切目的的社会全部纯收入。

也就是说，我们要让自己回到接近于原始人民的观点，只去关心希望得到的东西以及这些东西的直接用途，而不去注意交换和买卖。

那么，从这个角度来讲，首先，收入被看作包括从最好地利用自然资源中获取的一切利益。当一个人为自己劳动的时候，他的劳动就是他的直接收入。而如果他是为他人而劳动，那么他就可以期望从劳动中获得一定的报酬。同样地，他生产或获得的有价值的物品，通常直接地或间接地成为他的物质利益的来源。而如果他将这些东西用于营业，那么它所获得的收入就通常表现为货币形态。

不过，有的时候我们也需要将收入的含义扩展到一个人从他的财产所有权中所得到的各种利益的全部收入。不论他如何使用财产，这些收入都应该囊括其中。比如，一个人使用自己的钢琴所得到的利益，与一个钢琴商人出租一架钢琴可得的利益同样包括在内。

一般资本这个名词的出现，旨在研究生产的三个要素，也就是土地、劳动和资本怎样有助于产生国民收入，以及国民收入怎样分配于这三个要素。这是使资本和收入这两个名词从社会观点和个人观点来看都是相互有关的另一理由。

所以，在我们的讨论中，除了土地之外，但凡能够产生在平常谈话中算作收入的那种收入，我们都要将其算作资本的一部分。这样一来，资本就囊括了一切以营业为目的所持有的物品，机器、原料或生产成品在其中，戏院、旅馆在其中，家庭农场、房屋也在其中。

不过需要指出的是，使用者所有的家具或衣服是不包括在其中的，这是因为上面那些通常是被人们看作产生收入的东西，但后者却并非如此。

这些名词的用法，是与经济学家们首先概略地论述社会问题，而将次要的细节问题留到之后再具体研究的通常做法是相符的。它也与经济学家们把被看作是广义的收入源泉的种种活动，包括在劳动之内的通常的实践是相符的。劳动和这样定义的资本和土地是计算国民收入时通常被考虑的一切收入的来源。

无论是一个国家还是一个集团，其总收入就是把内部的个人收入加在一起。但问题在于，我们不能够把一件物品算两次①。如果我们算了一条毛毯的全部价值，我们就不能够再另外算制造它需要的原材料和劳动的价值。而且，如果毛毯的原材料来自上个财务周期的结余，那么我们还必须对上一年的纯收入作出修改。类似这样的做法，其目的都是我们要遵循经济学的法则，也就是纯收入是从总收入中减去产生总收入的费用而得到的。

但是，对于这条毛毯后续增加的价值，如洗涤它的劳动，其价值是应该加在总收入里面的。否则，这种劳动的结果就会从构成国家实际收入的那些新生产的商品和便利的目录中完全遗漏。

其次，假如一个雇主每年有一万镑的收入，他以五百镑的薪水雇用了一个私人秘书，而秘书又以五十镑的薪水雇用了一个仆人。那么在计算国家收入时，我们是否要把这三个人的收入全部都计算在内呢？

有些人可能会认为，如果计算在内的话，一定是重复计算，但事实并非如此。雇主把自己所得的货币购买力的一部分移转给他的私人秘书，作为私人秘书的劳动报酬；而私人秘书又把其中的一部分移转给他的仆人，作为仆人的劳动报酬。在这里，雇主的所得、私人秘书的劳动以及仆人的劳动，都是国家真正纯收入的独立部分。因此，一万镑、五百镑和五十镑是这三个部分的货币，

① 马歇尔提出的这个观点，在早期的经济学者的研究中是明确的，但在现代的经济学当中，因为数学统计学的发展，使经济学领域出现了很多统计计量标准，而有些标准就明显违反了这一原则，将一项经济指标统计两次甚至更多，已经成了司空见惯的谬误。

都必须计入国家的收入。

但是，如果雇主每年给他的妻子五百镑的生活费，那这就不能算作独立的收入了，因为对这五百镑并没有作出什么贡献。

因为一个人从利息或其他方面所得的收入是他收入的一部分，所以一国从别国纯收进的货币和其他的东西，也是国家收入的一部分。

在很多时候，我们都把货币收入或财富流入看作一国繁荣的象征，虽然这种看法并没有太多的依据，但在某些方面，仍然要比用一国现有财富的货币价值来当作繁荣的象征更加准确。

国家财富大部分是由生产资料组成的，生产资料只是在其有助于生产供消费用的商品范围内，才对国家有所贡献。而且，作为消费的商品往往比较轻便，比用来生产它们的机器设备等要轻便得多，所以容易在全世界范围内流通，进而产生比较有规律的价格。例如，在马尼托巴和肯特的上等土地每英亩价格的差别，大于这两地所生产的一蒲式耳[①]小麦的价格的差别。

但是，如果我们主要是研究一国的收入，那么我们必须减去产生收入来源的折旧。如果我们用木材建了一栋住房，那么从它所产生的收入中所减去的折旧，必须比用石头建造的房屋大一点；因为石建房屋比用同样优良设备的木建房屋，对于一国的真正富裕价值较大。

最后，需要指出的是，在数学推理上资本和财富几乎是同义的名词，但在传统的用法上，人们习惯于将生产要素看作资本，而将消费对象看作财富。这样一来，对于资本的需求，往往就是由资本的生产性和它所提供的服务而发生的。与此同时，资本的供给往往需要人抑制消费，让人懂得“节俭”和“等待”，人们必须要为了将来而牺牲现在。

在本章最开始的地方，我们已经指出：经济学家必须放弃求助于一整套术语的想法，而只能根据所讨论的内容，给那些经济名词作出最准确的定义，只有这样，才能够将自己的观点准确地表达出来。所以，像收入和资本这样的名词，我们如何去选择一种正常的用法，这就必须要到实践中去检验了。

---

① 蒲式耳是一个以定量容器得名的计量单位，类似于我国历史上的斗、升等计量容器，一蒲式耳在英国等于八加仑，相当于36.268升，在美国则相当于35.238升。

第三章

个人的欲望

Principles of Economics

个人欲望是支配人进行经济活动的主要原因，对于经济学的深入研究，其实就是对人的社会行为的研究。个人欲望塑造需求，并因此让物品拥有了使用价值和交换价值，从而在此基础上诞生了价值理论。

在本章中，作者着重研究个人欲望和欲望的满足，具体就是社会需求和消费，并探讨了在财富匮乏的情况下，因为个人欲望而导致的交换、分配、节约等经济行为。第五节是本章的重点，在第五节中，作者详解了消费剩余理论，该理论在经济学发展史上，具有极其重要的地位。

第一节
个人欲望与经济活动

1. 欲望的复杂性

人类的欲望是无穷无尽且多种多样的。在原始社会，人的欲望和野兽的欲望没有太大的差别，但随着人类社会的步步前行，人的欲望以及满足欲望的方式也变得越来越多样化。人不仅希望自己习惯于消费的东西在数量上变得更多，而且也希望那些东西能够有较好的质量，与此同时，人还希望有更多的东西可以供其选择，以满足人新的欲望。

这样一来，人和野兽的区别便越来越大，对于稀少而精美的物品，人和野兽一样，不会太注意多样化。但随着人类文化程度的提高和智力的发达，人的欲望很快便变得十分精细。尤其是在人能够使用或享用的物品越来越多之后，很难在长时间内以较为单调的物品来满足自己的需要。

▶ 原始人狩猎

对于原始人来说，食物是最大的欲望所在。

因此，一个人获得了更多的财富时，他的欲望也就变得更大了，尤其是当一个人的食欲达到了奢侈的地步之后，他便会开始放纵自己的其他感觉器官，进而需要更多样化的需求。

关于这一点，西尼尔[①]曾经说过：“多样化的欲望尽管是强烈的，但与优越感的欲望相比却是微弱的，如果我们考虑后一种欲望的普遍性和永久性，就是：它在一切时间影响一切的人，从我们生下地它就随之而来，直到我们进入坟墓它才会离我们而去，则这种情感可以说是人类情感中最有力的了。”

西尼尔的话可以被看作近似真理，对于这句话，我们从人类对精美和多样食物的欲望与对精美和多样衣服的欲望的比较中便能够看出来。

2. 高层次的欲望和需求

对于衣物的需求，往往是要随着气候和季节的变化而变化的，并且因为人从事工作的不同而有所差异。但是当发展到一定的程度后，人对于衣物的需求便逐渐受习惯上的欲望影响了。

在几乎所有文明的早期，关于衣物的规格都是有法令严格控制的，法令规定了什么样的阶级可以穿着什么样的衣物，或者穿价值多少的衣物，整个社会都不允许越轨。这些法令现在已经渐渐消失，但在一些细节上面，我们还能够看到它的影子。

比如，在亚当·斯密的时代，苏格兰很多地方的风俗都是不允许人穿鞋袜出门的，现在，苏格兰这样的风俗已经渐渐消失了，但很多苏格兰人却仍然保留着这种习惯。再如，当今的英国，一个比较富裕的工人在星期天穿着黑色上装出门，有时还会戴上帽子，这些都是很正常的事情。但将时间追溯到二十年前，这样的装束就必然会遭到他人的讥笑。

对于服装而言，社会风俗所规定的最低限度的那种多样化和奢侈在扩大，与此同时，风俗所容许的最高限度的多样化和奢侈也在不断地增大。当下，较为广大的英国中下层阶级，正渴望着从衣服上得到自豪感。

同样的现象还出现在住宅上，人对于住宅的原始需求在于遮风避雨。但是，

---

① 纳索·西尼尔，19世纪英国著名古典经济学家。

随着社会的发展，人对于住宅开始有了更多的附加需求。例如，一间小屋可以遮风避雨，但如果它的空间狭小，影响了空气的流通，而且非常的不整洁，这些都势必给人带来身体上和精神上的伤害，并限制人们更为高尚的活动。当这些活动增加时，更大更好的住宅需要就变得非常迫切。

因此，较为宽敞且完善的住宅，即使对于处在社会最低等级的人，也是一种“维持效率的必需品”，而且是在物质上获得社会声誉的最便利和最立竿见影的方法。即使在那些已有足供自己及家庭做较为高尚活动的房屋的社会阶级中，仍然希望住宅环境有进一步的、没有限制的增加。

3. 自我肯定与欲望

除了上面讲到的几种欲望，整个社会各阶层的人还有一种普遍的欲望，那就是发挥才能和发展自己。这种欲望的存在，导致了科学、文学和艺术的出现，并导致了很多人将这些作为职业去追求。在这种情况下，仅仅是为了休息而让自己空闲下来的情况越来越少了，整个社会对于发育活动，如运动比赛和旅行，而不是放纵感觉器官的娱乐活动，有了一种日益增长的欲望。

▶ **华丽的衣服**

中世纪的贵族需要大量华丽的衣服，以满足自己在社交场合的虚荣。

这种现象的出现，主要是因为人有获得优越感的欲望，这种欲望与自豪感的欲望差不多同样宽泛。自豪感的欲望可以分等级，有些人希望名垂青史，有些人则只希望在舞会上崭露头角。获得优越感的欲望也是如此，上至牛顿那样的优越感，下到渔夫对于驾驶船舶的优越感，这些都会给他们带去心理上的享受。这种欲望可以促使人提高自己的才能并去努力做一些发明创造。

而整个社会，正是因为个人才能的提升以及发明和创造的出现，才获得了最根本的推动力。所以，我们可以说人类社会的前进就是因为欲望引起了人类的活动，然后活动又引发了新的欲望。

在这个基础上，我们便可以判定“消费理论是经济学的科学基础”这句话是错误的。这是因为，在研究欲望的学问中具有主要兴趣的东西，很多都是从研究努力与活动的学问中得来的。这两者是互相补充的，缺少一个就不完整了。但是，如果两者之中有可以称为人类历史的解释者，那必然是研究活动的学问，而不是研究欲望的学问。

休·麦卡洛克[①]在研究“人类进步的本性”时，解释了这两者之间的关系，他说：“一个欲望或希望的满足不过是向某一新的追求前进了一步而已。在人类进步的任何一个阶段里，人类注定是要发明创造出新的东西，从事新的事业，而在完成这些新的事业之后，还要以新的精力从事其他更新的事业。”

由此我们得出一个结论，那就是在我们工作的当前阶段中所能作的关于需要的研究，必须限制在一种形式上的初步分析。关于消费的深入研究，必须放在经济分析的主体之后，而不是在它之前。这种研究虽可在经济学固有的范围内开始，但却不能从那里得出结论，而必须远远超出那个范围。

第二节
需求几个层次

1. 边际效用

当商人进行生产或转卖活动时，他的出发点是预期由生产和转卖的活动获

① 休·麦卡洛克，美国著名经济学者，曾在林肯内阁担任美国国家财政部部长。

得一定的利润。在任何情况下，这种利润都要考虑到投机的风险等因素。不过，从长期来看，商人对一件商品制定的价格，也要考虑到购买者的支付欲望。因此，一切需求的最终调节者都是购买者的需要，这是本章中重点要研究的东西。

效用是与欲望相互有关的名词，我们在之前已经阐述了，人的欲望是难以衡量的，必须通过它们引起的外部物品加以间接地衡量。在经济学主要研究的问题上，这种衡量是以一个人为了满足他的欲望而愿意承担的价格来表现的。

人的欲望是没有止境且多种多样的，但具体到每一个欲望，却也是有其限度的，这就出现了欲望饱和或效用递减的规律。具体也就是：一个物品对人的效用，会随着人对此物所有量的增加而增加，但不会像所有量增加得那么快。如果人对这一物品的所有量是以一个规律的比率增加的，那么人由此而得的利益，则将是以递减的比率增加的。

举一个简单的例子：在某人购买一件物品时，他刚刚购买第一件，可以称作他的边际购买。他的边际购买的效用，就可以称为这件物品对他的边际效用。或者，如果他不购买这件物品，而是选择自己去制造它，那么这件物品的边际效用，就是他以为刚刚值得他去制造的那一部分的效用。这样，我们提到的规律就是：物品对人的边际效用，是随着他已有此物数量的每一次增加而递减的。

不过，这一规律中还有一个隐含的条件，那就是在人进行消费的时候，人的性情不会发生太大的变化，以至于影响到他对于同一物品的欲望。

2. 需求与边际效用

边际效用递减规律，我们可以用价格来具体说明一下。我们以茶的消费为例，比如我们用每磅二先令可以购买某种品质的茶。某人或许愿意为十磅茶支付二十先令，而他在一年之内也能够将这些茶消费掉，但如果增加到三十磅，他可能就不再需要了，因为他一年的消费量也不过只有十磅。

什么意思呢？就是说，这个人可能愿意为第九磅和第十磅之间这一磅支付一定的金钱，但不会愿意为第十磅和第十一磅之间的一磅支付金钱，这是因为第十一磅是他所不需要的。这就是说，一镑二先令衡量了处于他购买的边际或末端或终点上的茶对他的效用。如果他对任何一磅的茶刚好愿付的价格，称为他的需求价格，那么二先令就是他的边际需求价格。

对于这个规律，我们可以作如下说明：在其他情况不变的情况下，一个人所拥有的某种物品的数量越多，那么他对这件物品再多一点所愿支付的价格就越小。也就是说，他对此物的边际需求价格是递减的。只有当他愿出的价格达到别人愿意出售的价格时，他的需求才是有效的。

这最后一句话提醒我们，我们尚未考虑货币或一般购买力的边际效用。在同一时间中，如果一个人的物质财富不变，那么货币的边际效用对他而言就是一个固定的数量，因此，他对两样物品愿承担的价格的相互比率，就必然与那两样物品的效用的比率是相同的。

对于人们购买商品的行为来说，物品对于穷人的效用往往要大过对富人的效用。常识告诉我们，一个年收入一百镑的人，往往比年收入三百磅的人更有走着去工作的动力。虽然坐车的钱是一样的，但在富人的意识中，为坐车而支付的两便士成本的边际效用是比较小的。

换句话说，当一个人富有的时候，货币的边际效用对比他穷的时候，是要小很多的，而每当他资产有所增加，他对任何利益所愿付的价格就随之增加。同样地，每当他的资产有所减少，货币对他的边际效用就随之增大，他对任何利益所愿付的价格也就随之减少。

3. 个人的需求和市场的需求

为了完全了解人对某一物品的需求，我们来分析，在这件物品不同的价格上面，人的需求是如何变化的。这里，我们仍然以茶为例，来说明这个情况。

下面是一个人在茶的价格变化时所表现出的需求量：

每磅 50 便士时——6 磅

每磅 40 便士时——7 磅

每磅 33 便士时——8 磅

每磅 28 便士时——9 磅

每磅 24 便士时——10 磅

每磅 21 便士时——11 磅

每磅 19 便士时——12 磅

每磅 17 便士时——13 磅

分析以上的购买数量和对应数量的价格，我们就可以对此人的需要得出精确的说明。我们不能只用“他愿购买的数量”或“他要购买某一数量的渴望强度”来表明这个人对茶的需要，而不说明他要购买这一数量和其他数量的各种价格。我们只有列举他愿购买一物不同数量的各种价格，才能真正地表明他的需要。

当我们说一个人对一物的需要时，我们的意思是，如果价格不变，他对此物会比以前多买一点，如果价格较高，他会像以前买的一样多。人的需要总增加，就是他愿购买此物不同数量的全部价格的增加，而不仅仅是按现行价格他愿意多买一些。

个人需求是这样来表示的，那么市场需求呢？对于茶这类的物品，个人需求往往是能够代表市场总需求的。所以，我们可以借此来讨论一下市场需求。

茶是经常购买并可以少量购买的物品，所以它的价格变动，往往会影响到整个市场对于它的需求量的变动。不过，有些物品可能并非如此，有些物品的需求量并不会随着价格上的略微变动而有所变动，只有当价格大幅度变动时，人们才会试图增加或削减对它的需求量。例如，一块手表的价格略微有所下降，并不会导致人们大规模提高对它的需求量。

▶ 饮茶

19 世纪的欧洲，茶是最重要的消费品之一。

对于个人而言，他对于某种物品的需求是偶尔和不规律的，那么就没有必要建立个人的价格表，如对于婚礼蛋糕服务来说，建立个人价格表无疑就是荒唐的事情。

经济学家研究的不是个人生活中的特殊偶然事件，而是“在某些条件下会有的一个产业集团成员的活动过程”，而那种活动的动机需要总是能够以货币价格来衡量，在这些广泛的研究之中，个人活动的多样性和随意性，往往就被整体规律取代了。

所以，对整个市场而言，不同的需求对象、不同的消费心理以及不同的欲望特点，都是被整体规律所忽略的。只要其他的条件不变，在一般情况下，商品价格的下跌必然导致它的需求量增加。这就像有碍于健康的天气会增加一个城市的死亡人数，但并不是所有人都会受到它的影响而死去。因此，如果我们具有必要的了解，我们就能绘制出一张价格表，根据表上不同的价格，一样物品在任何数量上都能找到购买者。

比如，在某种情况下对茶的全部需要，就是这个情况下一切个人需要的总和。在这些人当中，有些人可能比较富有，有些人可能比较贫穷，有些人可能热衷于茶的消费，有些人可能只是用来招待他人，但这些都不是关键的问题。我们只是假定在这个情况下有一百万个购买茶的人，并假定他们的平均消费额在各种不同的价格上与他的消费额相等，那么这种情况下的需要就能以与上述相同的价格表来表明，我们只需要把一磅茶改为一百万磅就行了。

总体来说，我们就得到了一个普遍的需求规律：想要增加一件物品的销量，就必须增加它的需求量，而为了增加需求量，就必须降低这件物品的市场价格。换句话说，就是物品的需求量会随着价格的下跌而增加，并随着价格的上涨而减少。但在价格下跌与需求量增加之间并没有什么一致的关系。价格可以衡量某一物品对每一购买者的边际效用，但我们却不能说价格可以衡量一般的边际效用，因为每个人的欲望与实际情况都是不同的。

4. 替代需求[1]

不过在这里，我们还要简单地再解释一个概念，那就是替代需求。在我们前面的需求表中对应的需求价格，是在一定时期内和一定条件下，市场能够售出的同一物品在不同数量下的价格。

▶ 咖啡

作为茶的替代饮料，咖啡最早是由阿拉伯人发现并饮用的。

但是，如果某方面的条件发生了变化，那么价格必然也会发生变化。人们对于某一物品的欲望，会因为很多因素的改变而改变，这当中一个重要的因素就是，出现一种可以与之竞争的物品。

举个例子，人对于茶的需求可以被咖啡所替代，茶的需求价格表是在我们假定咖啡的价格已知的前提下做出的，但如果出现咖啡歉收或丰收，那么咖啡的价格就会发生变化，因此茶的价格也必然发生变化。或者说，社会对于煤气的需求会因为电灯的改良而减少，类似的事情在现实的经济生活中数不胜数。

因此，我们接下来就需要考虑，需求在某些准备立即消费的重要商品上的一般性质。这样，我们将继续关于欲望的多样化和饱和性的研究，不过我们将从一个较为不同的观点来研究这个问题。

① 随着人类社会的发展和商品经济的发展，我们会发现可以被替代的商品越来越多，以至于终有一天，所有的商品都不会是人类唯一所必需的，因此替代商品的概念是非常重要而值得记住的。

第三节
需求弹性

1. 需求弹性的定义

在前面我们指出了，在其他前提不变的情况下，人对于一件物品的欲望，会随着物品增加而递减。不过，这种递减的速度是不确定的，有时候比较迅速，有时候则会比较缓慢。如果是缓慢的递减，那么他愿意为这件物品付出的价格，就不会因为物品数量的增加有太大的下降幅度，而且一旦物品的价格出现下滑，那么他就会增加对物品的购买量。

但如果递减是迅速的，那么即便价格下降得很快，也只会让购买量有较小的增加。在前一种情况下，我们可以说人对于该物品的需求弹性比较大，而后一种情况下，自然是需求弹性比较小。

人是如此，整个市场的需要也是如此，我们可以说一个市场上的需求弹性的大小，是随着需求量在价格不同程度上所表现出来的变动频率。

2. 需求弹性与相对价格

有些物品，对于富人来说其价格可能是比较低廉的，但对于穷人来说，则相对较高，甚至高到让穷人完全没有满足需求的能力。

例如，一些精酿的葡萄酒，穷人可能从未品尝过它的滋味，但富人或许可以随意纵饮。因此，当我们考虑社会不同阶级的时候，我们就会得到有关于需求弹性规律最清楚的概念。当然，富人之间的富裕程度也是不同的，这就像穷人之中也有不同程度的贫穷一样，但就目前来说，我们是不用区分得如此详细的。

如果一件物品的价格对任何人来说都是相对较高的话，那么他们将只会购买很少数量的该物品，而在某些情况下，即在它的价格下跌的程度比较严重时，风俗和习惯也会让很多人不至于随便使用它。不过，这种情况虽然并不罕见，却没有成为一般法则。

▶ 超级市场

市场上，物品在短期内的价格总是在不断变动的。

一般的法则是，一件物品一旦成为日常用品，它价格的下跌就会使它的需求有较大的增加。需求弹性对高价的物品是大的，而对中等价格的物品也是很大的，但需求弹性会随着价格的下跌而下降，而且如果价格的下跌达到极限，需求弹性就逐渐消失了。

当然，这个法则也有例外，例外主要发生在两种情况下：第一种，高价终点和低价起点的水平对不同阶级的人是不同的；第二种，低价终点和更低价起点对不同阶级的人也是不同的。这些例外在细节问题上还有许多变化，而变化的发生主要是出于以下这个事实：

有些物品比较容易达到人们的饱和点，而有些物品则会勾起人们对它们无穷的欲望。对于后一种物品，无论它的价格怎样下跌，需求弹性仍是相当大的。

3. 需求的时效性

到目前为止，我们还没有考虑做出精确的需要价格表，并正确地解释这些价格表的种种问题。在这里，我们必须考虑的第一个问题是由时间因素引起的，时间因素是经济学上许多大问题的根源所在。

在其他前提条件不变的情况下，一个需求价格表就代表着一件物品能被售出的价格上的可能变动，这种变化是因为该商品被提供出售的数量上的变动而引发的。但问题在于，在一个较长的时间里，前提条件是不会没有变化的。

首先，我们要知道，货币的购买力总是在不断变化的，当货币的购买力发生变化时，我们就必须考虑到这个前提假设的稳定性，并根据变化作出修正。

其次，因为社会繁荣程度不同，整个社会所支配的全部购买力也是会不断变化的。这种变化的影响是非常重要的，但也没有一般想象的那样重要。因为，当社会繁荣程度有所减退时，物品价格会下跌，这样就增加了那些有固定收入的人的资财，而以那些依靠营业利润作为收入的人为牺牲。繁荣程度下滑，完全是以后一种人所遭受的显著损失来衡量的。但像茶、糖、牛油这些商品的全部消费量的统计，证明人们的全部购买力并不是同时很快地下降。当然，下降仍然是有的，但我们必须比较尽可能多的东西的价格和消费量，才能准确计算出这种下降的程度。

最后，对于人口和财富的增长所引起的变化，如果知道准确的数量的话，我们也是很容易作出数字改正的。

4. 需求与消费风潮

除了上述一些前提条件的变化，我们还必须考虑社会风俗、时尚和个人兴趣上的变化，此外，一件商品新用途的出现，以及它的替代品的出现等，也都是必须要考虑的因素。

在这一切的前提之下，我们很难来具体估算，从经济原因到产生结果之间需要经过多长的时间。因为，一件商品的价格上涨总是需要一定时间才能对消费产生它的全部影响，而消费者对于能够代用的代替品的认可也是需要时间的，生产者用生产大量代替品来取代现有的产品，往往也需要很长时间。

例如，当煤炭出现代替木材作为燃料时，让火炉适应煤炭是需要时间的，而煤炭贸易组织起来也是需要时间的。

与此同时，还有属于同一类型的另一个问题是由于以下事实造成的，那就是有许多需要购买的物品能够在短时间内获得延缓，但却不能总是拖延下去。例如，衣服即便在高价的压力下，也没有办法比平常用得更久一些，需要添置的时候，依然要添置。在19世纪中期英国[①]出现棉荒时，根据记录显示，棉花的消费量在瞬间变得很小了，这是因为零售商们减少了他们的存货，与此同时，大多数人们都尽量地缩减自己对棉织品的需求。然而到了1864年，很多人仍然无法避免地去购买了棉织品，尽管那时候棉织品的价格仍然居高不下，但那一年的棉花消费量却增加了很多。

▶ 中国海关标志

海关可以被看作划定市场的地理界线的最有代表性的表现形式。

5. 对于需求的统计

以上我们所讲的是一些最基本的问题所在，除此之外，还有其他种种问题与我们统计表上的问题是相关联的。

我们总是尽可能想要得到一系列的价格，在这一系列的价格上对应的每一个数量上面，物品都能够在一定时间内找到它的购买者。一个完全的市场就是或大或小的区域，在这区域里有许多销售者和购买者都是如此密切注意和熟悉彼此的情况，以至于同样商品的价格在整个区域中实际上总是相同的。不过，那些仅仅是为了个人消费而非出售的人，一般不会留心市场上的细微变化，我们暂且不考虑这个问题，但即便如此，也没有方法能够让我们正确地了解每一笔交易的价格。

① 19世纪70年代，因为自然气候、人为破坏等原因，英国出现了长达数年的天灾，粮食大幅度减产，农作物绝收，棉花作为英国当时主要的经济作物，也出现了严重的减产情况。

首先，除了以海洋或海关为边界来划分，我们也很难划出一个市场在地理上的界限。因此，没有一个国家对于本国生产供本国消费的商品具有正确的统计。

其次，在现有的统计之中，我们也经常会看到很多模糊的地方。当商人购入一件货物时，有些统计会把货物记在消费额中，因此商人存货的增加与消费的增加就不能容易地区别开来。但是，这两种增加是由不同原因决定的。价格的上涨会遏制消费，但这种上涨如果有希望持续下去的话，那么它反而会促使商人增加存货。

最后，我们无法保证我们所统计的商品，其品质总是相同的。以小麦为例，经过一个干燥的夏季，小麦仍然是小麦，但品质却要远远好于那些经过了一个雨季的小麦。对于这种问题的考虑，在农产品上可以指定出一个标准物来勉强实现，但对于多种类的工业产品却很难做到。

第四节
需求与商品的用途

1. 个人欲望与商品用途

传统的家庭主妇能够了解一年之中收获的羊毛大概可以打几卷毛线，在这之后，她便开始考虑全家所有的衣物需求，并会想方设法将这少得可怜的毛线分配在不同的需求之上，力求让全家人都能穿得暖。如果在进行分配之后，她懊悔自己没有多用一些毛线做一双袜子，而少用一些毛线做一件背心，她便会认为自己是失败的。

这个意思是说，这个家庭主妇算错了要用多少羊毛在袜子和背心的制造上面。她在背心上耗费了太多的羊毛，而在袜子上耗费得还不够。所以，在她实际停止之处，便是制成袜子的毛线的效用，这种效用是大于制成背心的毛线的效

▶ **纺织机械**

棉纺织业是英国工业革命后兴起的第一个行业，曾经作为英国工业化的代表，为英国资本主义的发展奠定了坚实的基础。

用的。另外，如果她刚好停止在适当之处，那么，她就刚好制成了这么多的袜子和背心，以至于她用于袜子的最后一卷毛线和用于背心的最后一卷毛线得到了同额的利益。

以上这个例子，是为了说明一个一般的原理，这个原理是：如果一个人有一件物品可以用在多种用途上，那么他应该把它恰好分配，让每一种用途都获得相同的边际效用。因为，如果这件物品在一种用途上会获得比其他用途更多的边际效用，他便应该从前一种用途上取物品的一部分用于后一用途，并因而获得利益。

在自由交换出现之前，经济社会的一个显著缺点是，一个人可能拥有某一种东西，其数量大到将它们用在每一种用途之中，它的边际效用都是很低的。与此同时，他可能还拥有另一种东西，其数量少到不可以满足任何一种用途。

如一个人有大量的羊毛，但却没有木材，而他的邻居有大量的木材，但却没有羊毛。如果他们互相放弃对他们来说效用较低的物品，而去交换对方手中效用较高的物品，那么每人都会因交换而得到利益。但是，这种以物易物是非常麻烦的。这个时候，就需要货币出现了。

所以，当社会产品变为非常多而且高度专门化的时候，社会就迫切需要货币或一般购买力的自由使用了。因为只有货币才方便在各种购买行为上使用，在货币经济中，良好的支配表现在调整每种支出，让其停留在适合的边际之上，以至于在每种支出上价值一先令的物品的边际效用都是相同的。事实上，只要经常注意自己的花费，每个人都可获得这种结果。

2. 当前需求与潜在需求

物品的不同用途，有一些是属于现在的，有一些则是属于将来的。一些对财物持有谨慎观点的人，往往会努力把他的财产分配在一切现在和将来的不同用途上，以确保他的财产在每一用途上都有相同的边际效用。但是，在对未来的用途进行规划时，我们必须要有双重的考虑：第一，考虑未来的不确定性；第二，未来的用途和当下的用途相比，在价值上是否有所差异。

如果一个人认为未来的利益与当下的利益同等重要，那么他们就会在他们一生中平均分配他们获得利益的资本。所以，如果有把握在未来得到同样的利益，他们通常会为了这种利益而暂时放弃当下的某些利益。

但是，人的本性决定了大多数人在估算未来利益的“现在价值”时，通常是以我们可以称为“折扣”的形式，从它的未来价值中再减少一部分，这个时间间隔得越长，所要减少的折扣就越大。一个人会把一种预期中未来的利益算作与现在的利益一样对他有相同的价值，而另一个人可能由于预期的能力较低，对于不是眼前的利益就不是很关心。

▶ 贵族盛大的舞会

中世纪的欧洲贵族将大量的财富用来支付盛大的舞会，这种现在的价值是促使他们这样做的原因。

而且，即便是同样的一个人，因为各种各样心理上、环境中的变化，也会出现各种各样变化的折扣。而不同的未来折扣率，不仅影响他们节省的倾向，也会影响他们对购买那种具有持久利益的物品的欲望。例如，有些人宁愿购买一件衣物，而不是用这笔钱来喝个烂醉，而有些人则正好相反。

3. 未来的愉快

刚刚讲过，即使是同一个人，我们也无法比较他们在不同时间所享受的两种利益的数量。当一个人有意延缓可以得到愉快的事件时，他其实并不是在延缓愉快，而是放弃了现在的愉快而选择未来的愉快，或者说选择了将来获得愉快的期望。

我们很难说他期望的未来的愉快是否能够大于他所放弃的愉快，因此，即使我们知道他对将来可得到的愉快事件的折扣率，我们也不知道他对未来愉快的折扣率。

不过，如果我们作出两个假设，就大致可以对他对未来利益的折扣率作一个估算。第一个假设是他期望在将来和现在获得同样的财富；第二个假设是他从货币可购买的东西中可以得到的利益的能力总体上保持不变，虽然有时可能会增加，有时则可能会减少，但大体上是保持不变的。

在这两个假设的前提下，如果他预计自己一年后会有一个金币的收入，并愿意从他现在的支出中节省一镑，那么我们就可以说，他对完全有保障的未来利益的折扣率是每年5%。而且在这两个假定下，他对未来利益的折扣率就是在金融市场上他对货币的贴现率。

以上我们已经单独地考虑了各种可能存在的愉快的情况。但如果一个人选择购买的东西大多是耐用品的，也就不是一次使用就消耗掉的物品。那么它对于购买者的价值，是使用或所有这些愉快对购买者的价值的总体，但对这些愉快的不能确定和预期的问题却是要加以考虑的。

第五节
价值与使用价值

1. 价值与效用

现在，我们可以考虑一个物品的实际支付价格和拥有此物品所产生的利益之间的关系了。这个问题在以往的经济学中很少被提及，但其实它是一个很广泛的问题，而且，只要提及它的论述，往往都是非常重要的。

我们在前面已经论述过，一个人愿意为一件物品支付的价格，不会超过他购买这件物品所能够获得的利益。这种以剩余满足作为标准的经济衡量，我们可以称为消费者剩余。

很明显的是，从某些商品所得的消费者剩余要比从另一些商品所得到的大得多。一些舒适品和奢侈品的价格，让很多消费者望而却步，这就是因为它的消费者剩余较少。而有些日用品，如火柴、食盐、报纸等，都是消费者愿意购买的，因为这些东西提供了很大的消费者剩余。

人们以较低的价格，购买他宁愿支付高价而想要得到的物品中获得的利益，我们可以称为一个人从机会或环境得到的利益。在本节中，我们的目的就是要应用消费者剩余这个概念，来帮助我们估计一个人从他的机会或环境中得到的某些利益。

2. 消费剩余与个人需求

为了让我们的概念更加明确，我们这里再以供家庭消费之用的茶作为考察对象。对一个人来说，如果茶的价格是二十先令一磅，那么他刚好可以购买一磅；而如果价格是十四先令，则他刚好可以买两磅，如果价格是十先令则买三磅，如果价格是六先令则买四磅，如果价格是四先令则买五磅，如果价格是三先令则买六磅，而实际上价格是二先令，他便买了七磅。在这里，我们就要研究他从以每磅二先令的价格购买茶的能力中所得到的消费者剩余。

在茶的价格是二十先令每磅时，他刚好购买了一磅，这就表明他从那一磅中得到的全部享乐与他把这二十先令用于购买其他东西所能得到的全部享乐是一样的。

但当茶的价格下降到十四先令时，如果他愿意的话仍可以只买一磅。此时，他就算是以十四先令得到了至少值二十先令的茶，那么剩余的六先令便是他的剩余满足，也就是他至少获得了六先令的消费者剩余。但事实上，他选择了购买第二磅茶，这样就表明他认为第二磅茶对他至少值十四先令，这一点代表第二磅茶对他所增加的效用。他以二十八先令得到对他至少值二十先令加十四先令，即三十四先令的东西。无论如何他的剩余满足都不会因购买第二磅茶而减少，这种满足对他至少仍值六先令。这两磅茶的全部效用至少是值三十四先令，而他的消费者剩余至少是六先令。每次增加的购买量对他以前所决定的购买量的效用发生相反的作用，这个事实在做出需求表时已被考虑，因而不能重复计算。

当茶的价格下降到每磅十先令时，如果他愿意的话，仍然可以只买两磅。这样一来，他便是以二十先令得到了至少值三十四先令的东西，并且得到至少值十四先令的剩余满足。但事实上他购买了三磅，这样一来我们就了解到，他买第三磅并未减少他的剩余满足，他现在以三十先令购买了三磅；其中第一磅对他至少值二十先令，第二磅至少值十四先令，第三磅至少值十先令。三磅的全部效用至少是值四十四先令。

那么接下来茶价格的变动和他购买量的增加便可以以此类推。最后，茶叶价格下降到了每磅二先令，此时他买了七磅，这七磅对他的价值不会少于二十、十四、十、六、四、三和二先令，或者总计是五十九先令。这个总数测量出这七磅对他的全部效用，而他的消费者剩余至少是这个总数超过他实际为这七磅所付的十四先令之数，也就是四十五先令。这四十五先令就是他从购买茶中获得的满足，超过他花这十四先令多买一点其他商品所能得到的满足价值，因为他认为以其他商品的现行价格多买一点这些商品是不明智的，如果以现行价格多买其他商品就不会使他得到消费者剩余。

3. 消费剩余是市场需求

在我们考虑大多数人平均数的时候，人们在性格上的差别便不是很重要的，如果这大多数人当中包括的富人和穷人的比例是相同的，那么，价格就变成对效用的一种正确的计量手段。同样地，如果我们暂且搁置相同数量的货币对不同人代表不同的愉快这个事实，那么我们可以根据茶的需求价格表中的价格超过茶的销售价格的综述，来衡量茶在这个人群中到底创造了多少剩余需求。

▶ 富人与穷人

在对市场需求的影响上，富人和穷人是显著不同的。

这个分析初看起来是非常费事且不容易准确的，但研究之后我们便可以知道，它其实并没有这方面的问题，它不过是对市场日常用语中潜在的假设加以说明罢了。因为在这种情况下、日常用语通俗的一面掩盖了它复杂的内涵，而我们做学术的目的，就是揭露这种潜在的复杂性。所以在以后的讨论中，我们可以坚决处理日常生活中模糊的思想和言语所不能彻底了解的种种困难。

在日常生活中，人们通常会说这样的话：某个物品对一个人的真正价值，不是以他对这些东西所付的价格来衡量的。例如，一个人用来购买茶的钱显然会比用来购买盐的钱要多，但盐对他的用处却比茶要重要。而我们在前面说，不能相信一样商品的边际效用可表明它的全部效用，这不过是把这种通俗的说法变为更加富有专业的味道罢了。

一件物品的真正价值，不能靠研究某个人来衡量，而应该以它在大众经济观点中的位置来衡量。这样，我们就自然要假设，对于某个人来说一先令的价值，必然要与另一个人的一先令价值相等。我们每个人都知道，只有假定茶的消费者和盐的消费者都是属于同一等级的人，而且将人们性格等其他方面的因素抛出去，这样的说法才是合理的。

总体来说，经济学所研究的都是大多数的事件，是以大约相同的比例影响社会上一切不同等级的人的事件。所以，由两个事件所造成的满足感的货币衡量如果相等的话，这两个事件的满足感就不会有太大的差异。也正因如此，我们对一个市场中消费者剩余的正确衡量才有很大的理论上的兴趣，而且这个正确的衡量也会有很大的实际重要性。

不过需要注意的是，我们对于每种物品的全部效用和消费者剩余的估算，是根据它的需要价格来确定的。只有在其他前提条件不变的情况下，一件物品的价格上涨才是他需求价格的上涨。而我们在根据同样的办法计算用于同一目的的两样商品的全部效用时，我们不能说两样商品合在一起的全部效用等于每样商品个别的全部效用的总和。

这里，人们往往提出这样一个事实，那就是一个人在一件物品上耗费的钱越多，他购买这件物品或其他物品的能力就越小，而货币对他的价值也就越大。但其实这个事实是不太重要的，它存在与否并不会影响到我们的论断。

4. 财富的效用

在估计社会福利所要依靠的物质财富时，我们需要考虑一个往往被人忽视的因素。那就是一个人的福祉往往建立在他的身心健康和道德之上，而且即便是外在的影响因素，很多也来自大自然的馈赠。如果自然环境对于每个人都是一样的话，那么我们是没有必要考虑的，但事实是由于地域的不同，每个人所处的自然环境也很不一样。

除此之外，还有一些共同财富的因素也是非常重要的，在计算个人财富的时候，这种共同财富也往往被人忽略。但当我们比较文明地横向和纵向发展时，共同财富就显得十分重要了。

所以，在我们研究的最后部分，我要对保证社会共同福祉的共同财富加以详细的研究。英国有比较先进的为个人消费而购买东西的合作社，但是那些为贸易目的而购买为农民及其他人所需要东西的合作社，直到最近才在英国发展起来。这两种合作社虽然都被称为消费者组织，但它们的本质其实都是为了让企业更加方便的组织，所以，与其说它们是属于消费的问题，不如说是属于生产的问题。

当我们说到社会福祉要依靠物质财富时，我们指的是以收入的财富和使用或消费这种财富的能力所产生的利益。使用或占有一个人现有的财富，由此产生了愉快的收获，这自然要计算在内。在他现有的财富总额与总的社会福祉之间没有什么直接关系。因为这个原因，我们在这一节和前几节中说到富人和穷人时，提到的都是他们各有大的、中的和小的收入而并非财产。

按照丹尼尔·贝诺意的观点来看，我们可以认为，一个人从他的收入中获得的满足，从他用收入维持日常生活时就开始了，在此之后，每当他的收入以相等的比例陆续增加时，他获得的满足也会有同额的增加，在收入减少时，满足也会随着相应减少。

但是过了一个阶段，新的财富的增加往往就会失去它原本应有的大部分吸引力。这种现象的出现有些是因为人已经习以为常，习以为常就使人们从惯用的舒适品和奢侈品之中不再会得到较多的愉快，虽然他们如果失去了这些东西就会感到更大的痛苦。另外，财富的增加往往会伴随着年老厌倦或至少是神经紧张的增加，甚至随着财富的增加还会让人养成降低身体的活力和减少对愉快的享受能力的生活习惯。

第四章

生产要素

Principles of Economics

个人的欲望需要生产来满足，对于生产活动的研究，历来是经济学最重要的版块之一。作者秉承一贯浅显易懂的风格，从最直观的生产要素入手，逐渐深入到对生产单位和生产方式的研究上来，由浅入深地帮助读者理解整个生产活动的进行。

在本章中，作者还在马尔萨斯之后，第二个将人口作为重要的生产要素加以讨论，并第一次将人口研究纳入整体的经济学体系当中。作者关于人口的观点，虽然较多取自马尔萨斯的《人口论》，但其中的深入研究，仍然值得读者思考。

绪论

生产要素一般可以分为土地、劳动和资本三类。土地指的是来自自然的赠予，劳动指的是人的主观活动，资本指的是为生产和获取财富而作出的物质储备。

▶ 土地

土地是最基本的生产要素，是来自大自然的赠予。

有些资本是私有的，有些资本则是公有的，它往往以知识和组织的形式出现，为我们提供最有力的生产力，让我们能够征服自然。组织有助于知识的整合与积累，经济社会中存在多种多样的组织，如企业、企业间协会、国家组织等。对于组织的研究，我们将在以后的章节中再另行展开，这里只是先稍作提及。

这样的话，社会生产要素实际上便只剩下了两个，即自然和人本身。因为资本与组织其实也是人在自然的帮助下获得的结果。就像必然的原因产生必然的结果一样，假如人的本性和力量是固定不变的，那财富、知识和组织就必定会随之增加或成长。而与此同时，人本身也是要依赖于自然而成长的。所以，对于生产来说，人才是最核心的问题，而生产的对立面——消费也是以人为核心的。

社会人群的数量、素质和能力，社会人群在面对不同情况时作出的选择，这些都是我们研究的目的。对于这个目的的研究，经济学所贡献的不过是一些重要的因素，所以从大的方面来看，这种研究应该属于经济学研究最后要探讨的内容，而在本书中，我也是将这部分放在最后的。

在很多时候，虽然工作本身就是工作的报酬，但我们必须要假设，工作的供给是受工作所能获得的报酬支配的。在这个基础上，我们能够略微说明一下供给和需求的一般关系，并探讨生产与消费的一般关系。而且这里，在我们尚对效用和价值有所了解的时候，我们再对价值与反效用的关系作一些说明也是很必要的。

在经济社会中，带来负效用的商品主要包括两类：劳动和延缓消费所引起的负效用。对于这些，我们只需要大致说明一下普通劳动者在供给方面所起到的作用就可以了。而对于经济管理工作和由于累积生产资料所造成的延缓生产的负效用，我们会在之后的章节另行论述。

劳动负效用出现的原因，有些是因为人身体和精神的疲劳，有些是因为所处的劳动环境的恶劣，有些则是因为劳动中人际关系的问题等。但无论这种负效用是怎样产生的，最终它的强度都会随着劳动的持续而不断加大。

当然，这里有很多劳动是为了它本身而进行的，如登山、竞赛、艺术创作等，对于这些工作来说，其负效用则是需要单独考虑的。

这里，我们既然使用了劳动这个名词，那么至少是意味着我们认可了劳动的动机就是在未来获得某种利益，这种利益往往能够表现为一定数量的货币。那么，一个人从劳动中获得的愉快，便只是这种货币收益带给他的愉快，以至于如果不工作便能够得到货币收益，对他来说便是莫大的幸福，不过这种情况是不存在的。

而当失业出现时，就人本身而言，当然不需要再负担劳动的负效用，但也失去了获得报酬的机会。所以，只要能够以正常的价格出售自己的劳动，人都是愿意工作的。不过，很多有了职业的人，往往便不再愿意更加努力，这主要是由人的本性决定的。但无论如何，人对劳动的态度，都是要与劳动报酬联系在一起的。

就一个社会的劳动就业量来说，经济是最直接的决定因素。任何行业的劳动供给都是要根据经济形势下该行业的劳动需求量来增减的。然而需要指出的是，劳动的供给和需求不会保持完美的平衡，甚至根本不可能平衡。因为一个人在成为某个行业中合格的劳动者之前，往往要经过很长时间的准备，而在这个准备期间，行业的形势往往就可以发生重大的变化。这种供给和需求的脱节，是经济工作研究当中非常困难的一项工作，我们在此后的研究中会另行详细阐述。

第一节 论土地

1. 作为生产要素的土地

我们前面讲过，生产要素分为土地、劳动和资本，那些依靠人类劳动而产生的有形的物品都是资本，而来自自然的物品则算作土地。这种笼统的说法，对于细分这两者之间的关系，显然是不准确的。

▶ 贫瘠的土地

贫瘠的土地必须经过改良，才能够被用来进行生产活动。

例如，一片土地原本是荒芜的，经过人的耕种可以被用于生产，那么这种状态其实是应该归于人类的努力的。人类没有创造出新的物质，但却能够让现有的物质发挥其效用，如果社会对这种效用的需求增加了，那么人类便有了更多的动力来增加这个效用的供给，于是效用便有了供给价格。

与此同时，还有一些来自自然的要素，因为是由自然以固定的数量进行供给的，所以这些要素是没有供给价格的，例如，风力、雨水、日照等。在研究土地作为生产要素的时候，我们需要看到的是，土地最基本的属性就是它的广袤性。使用一片土地，其实就是在使用它空间的支配权。但因为地球的面积是固定的，人无法支配这一点，所以土地也就没有所谓的生产费用，自然也就没有了它的供给价格。

使用一定面积的土地，是生产最初要做的事情。这样一来，便使人有了自己的活动场所，可以享受来自自然的其他赠予，并决定了他在多大程度上进行生产。对于土地的这些特性，以往的经济学者们并没有过多的重视，但将土地和其他生产要素分隔开来讨论，又是一个经济学者必须要做的事情。

土地作为要素对于生产的作用可以有很多种，但最初的讨论，一般都是从土地作为农业用地开始的。

2. 土地肥力

对于从事农业研究的人来说，一定面积的土地是维持一定数量的生命的必要手段。为了这个目的，土地必须要保持某种机械或化学的性质。

这种机械的性质表现为，能够促进植物的生长，同时也要便于耕种，不会产生严重的水土流失等问题。而化学的性质则表现为，需要为植物的生长提供必要的肥力。在传统农业当中，人往往只是改变土地的机械性质，而对于土地的化学性质则很少作出改变。但随着科技和农业科学的发展，人对于土壤化学性质的改变开始变得更加容易起来。

例如，人可以用天然的肥料来增加土壤的肥力，可以用某些形态的石灰来增加土壤的酸性，让很多不毛之地变成沃土，据说现在一些细菌肥料也被应用到了土壤的改良上面。

依靠这些方法，自然可以很好地控制土壤的肥力。在此基础上，再进行充分的劳动，人类便能够让任何土地成为农业的资本。

与此同时，人类还做着让农作物适应土壤肥力的尝试。人类选择培植作物，选择轮种、轮耕的方法，这些都可以使农作物更加适应土壤。但也正因为如此，我们越来越难以将土地看作完全的自然赠予，因为一块自然赠予的无差别的土地，很可能就因为人为的改变，变得肥沃或者贫瘠了。

3. 土地报酬递减

土地的肥力到底有多大的比重来自自然的赠予，而又有多少是来自人对土地的改变，对于这个问题的讨论，需要考虑我们从土地上获得的到底是怎样的成果。

对于我们来说，最不需要关心的是树木的生长，只要给予它足够的空间，树木丝毫不用人操什么心。而土壤肥沃的草场，其情况也差不多是同样的。而动物以这种不需要人照顾的草作为食料，并可以将它照顾的比人照顾得还要好。在这样的土地上，人获得的报酬差不多和耕地中获得的报酬一样大，但人并不需要进行努力的劳动。

然而耕地则不同，耕地需要人对原始的土地作出机械和化学上的改变，耕地上的瓜果蔬菜粮食作物需要人精心的照顾。在这种情况下，人要付出较大的劳动以获得成果，而这种劳动的终点便是资本和劳动的增加所产生报酬的增加变成递减。也就是说，即便人再多开垦一块土地，再多付出一份劳作，也无法让人的报酬进一步增加。

对于完全不需要人努力的土地，人的报酬自然是会一直增加下去的，但有些地方因为投入的劳动比较大，所以研究报酬递减规律就显得非常必要了。这里需要指出的是，我们研究土地报酬递减的对象是所获得的产物的数量，而和它可能存在的交易价格上的变化无关。例如，在土地旁边建设了一个工厂，则土地产物的价格很可能就会发生变化，而这些并不在我们考虑的范围内。

在我们根据报酬递减规律来研究人口的增加对生活资料的压力时，这种变化是一个非常重要的考虑要素。但就报酬递减规律本身而言，这种变化却没有考虑的必要。

对于土地的报酬递减规律，我们可以作如下的阐述：除非正好遇到农业技术的改良，否则用于耕种土地的资本和劳动的增加量，往往并不能导致土地所获得的农产物数量以相同的比例增加，而在比例上总是递减的。

经验告诉我们，任何情况下农民都希望得到耕种过的土地，即便必须为土地支付一定的代价，只要他们支付得起，他们就一定愿意支付。但如果他们认为，将所有的资本和劳动都投入一块固定的土地上去，如此便可以获得良好的结果，那么他们或许便不会再购置新的土地了。

当不需要开垦的土地能无代价地获得时，每个农民对土地面积的需求，只是以他持有的资本和劳动可以赚取的最大报酬为基准。此时，他往往不会选择精细耕种，而是选择广泛耕种。当然，在这种情况下，他可能拥有的耕种面积会无限加大，最终反而把资本和劳动集中用于较小的面积更有利。如果农民能支配较多的资本和劳动，以便对每一英亩的土地多用一些，那么土地就会给予他递减的报酬。

在这种情况下，他最好的选择就是刚好使用一定面积的土地，可以使他获得最大的报酬，而不需要再进行多余的投入。这对于经济学者来说，往往需要经过精确的计算，但对于农民自己，往往就是出于经验。我们经常能够看到一些农民作出最合理的购买或出租土地的选择，这些都是基于土地报酬递减的规律，虽然很多农民并不知道这个规律的存在。

但需要指出的是，人的贪心往往会让人耕种更多的土地，从而超过了他们本应该选择的面积。在合适的面积上，并不意味着人能够得到最多的产物，只是相对于他们的投入来说，这种产出的比例是最合适的。

这里作一个假设，如果一个农民需要将土地产出的四分之一作为地租，而他用在每英亩土地的资本和劳动的增加，使他所获得的报酬比他从以前的费用所获得的报酬，在比例上至少超过四分之三，那么他把资本和劳动集中用于较少的土地应该是比较明智的选择。

现在，我们可以对以上关于报酬递减规律的说明作出总结了，报酬递减规律是一种倾向的结论，这种倾向可能会因为生产技术的改良和土壤肥力的提升而出现变化，但总体来说，这个结论是正确的。

4. 边际量和边际报酬

詹姆斯·穆勒[①]提出过一个名词，即用于土地的资本和劳动是由等量的、被陆续使用的各种成分构成的。我们已经知道，最初使用的一些成分所产生的报酬也许是最小的，但之后许多成分就可以产生较大比例的报酬了。有的时候，成分所产生的报酬甚至可能出现不停的变化，但总体来说，按照报酬递减规律，早晚会出现报酬比例最高的一点，在这一点之后，报酬比例就会不断地下降了。

▶ **粮食**

来自土地最直接的财富，就是通过农业收获的粮食。

刚刚可以补偿耕作者费用的一个数量的成分，可以称为边际量，而边际量所产生的报酬我们称为边际报酬。如果在一片耕地的附近正好有已经耕种的土地，但这土地只是刚能抵偿它的费用，而没有剩余可以作为地租的产物，那么我们就可认为用这土地的就是边际量。这样一来，我们便可以说边际量就是用在耕作边际上的土地。

但是，这一论断并不需要假定存在这样的土地：我们所要注意的只是边际量所产生的报酬，不论它是用于贫瘠还是肥沃的土地都没有关系，必要的只是它应当是能被有力地用在耕作边际上土地最后的数量上。

当我们提到用于土地的边际量时，并不是说时间上最后的数量，而是边际的临界点。也就是在这个数量上，资本和劳动的获利刚好是回报率最高的。

---

① 詹姆斯·穆勒，19世纪英国著名的功利主义经济学家、功利主义伦理学家和功利主义教育思想家，穆勒的学术思维受李嘉图的影响巨大。

举一个形象点的例子：一位农民打算雇用两个人到自己的田地里去除草，他认为这样做是合适的，因为，除去杂草可以让庄稼长得更茂盛，两个人刚好可以在一天内把草除完。但如果他派三个人去，则是不合算的，因为他需要支付三个人一天的工资，但却不需要三个人干一天的活，而且因为除草而增加的粮食产量并没有变。于是，这两个人就成了最后的边际量。而因为除草增加的部分粮食，我们就应该称它为边际报酬。

但如果增加的粮食刚好可以支付那两个人除草的费用，也就是说用在耕作边际上所产生的报酬，仅仅可以补偿耕作者的费用，那么在这一点上，他使用各数量的总数所产生的各边际报酬的总和，也就仅仅能够补偿他的全部资本和劳动。

这里需要注意的是，如果这种边际报酬有所剩余，那么对剩余生产物的性质的讨论，则不应该算作地租理论。这里，我们只能说剩余生产物在一定条件下可以变为地租，而地租是土地所有者为了使用他的土地能向佃农强行索取的。

而且在以后我们便可以了解到，一个古老国家的土地产生的完全地租，是由三个因素构成的，它们分别是：自然所创造的土壤的价值、人类对土地的改良、社会带给土地的价值。

这里，还有一点需要特别注意的是，在一个古老的国家里，可耕种的土地都或多或少经过了人为的改良，这种改良以人劳动的形式已经固定在了土地当中。人为的改良与自然工作的结果是无法准确区分出来的，所以往往只能比较武断地来划分。

但是，出于大多数情况的考虑，我们最好是把对抗自然最初的困难，看作在我们考虑农民的耕作之前已经完全克服了。这样，我们当作最初使用的各种数量的资本和劳动所产生的报酬，一般便会是所有报酬中最大的，而报酬递减的倾向也立即会表现出来。

5. 其他土地的报酬规律

在前面，我们论述了土地作为耕种之用的种种情况，以及用作耕地的土地的报酬率是如何递减的。但就像我们说过的那样，经济学定义下的土地不仅仅包括耕地，还包括渔场、矿山等。那么在后面，我们将对不同形式土地的报酬规律进行一一讨论。

在渔场的领域，增加资本和劳动的投入以增加报酬，往往会表现出急剧的递减。在海洋捕捞方面，因为海洋的体量是比较大的，因此存在很多的意见分歧。

因为海洋面积宽广，所以有些人认为，我们能够从海洋中得到无限的供给，而不会显著地影响海洋中剩下的鱼类数量。换句话说，也就是报酬递减规律对于海洋捕鱼并不适用。但与此同时，还有些人认为，凡是尽最大努力的捕捞，尤其是用蒸汽拖网渔船捕捞的渔场，其生产力也是会下降的。

▶ **海洋捕捞**

有人认为，因为海洋体量巨大，所以海洋捕捞业并不天然受报酬递减规律的影响。

这个问题现在看来似乎还微不足道，但在可预见的未来，因为人口数量的增长和捕捞技术的成熟，我们将会显著地受到可有的鱼类供给的影响。

对矿山而言，报酬递减规律似乎也是存在着的，但这也往往让人产生误解。毫无疑问的是，除了依靠矿业技术的改良，以及关于采矿知识的进步，我们才能获得对自然蕴藏的更大的控制能力外，在获得矿产的进一步供给上，我们会遇到不断增加的困难。

这样一来，在其他情况不变的前提下，对矿山增加资本和劳动投入的结果必然会造成生产物的递减率。不过，这种生产物不是像我们在报酬递减规律中所说的报酬那样的纯产物，而是矿山本身的一部分。

对此，我们举个形象一点的例子就是：农产品和鱼类产品是可再生的，它们的供给是源源不断的。但矿山却像一个天然的蓄水池，每当蓄水池快要枯竭的时候，我们想要从蓄水池里抽出等量的水所要花费的劳动就比原来大很多。

最后，我们还要考虑土地在给人类以空间、阳光和空气方面所提供的服务。对于这方面的服务来说，它的确是严格依照报酬递减规律进行的，对于具有位置上的特殊利益的土地所用的资本不断增加是有利的。建筑物高耸入云，自然的光线和通风就以人为的方法来补充，而且电梯减少了房屋最高层的不便，对于这种支出，方便的报酬有了增加，但总体上仍然是递减的。建筑用地的地租不论怎样高，最后都要有一个限度，越过了这个限度，与其再一层一层地建上去，还不如支付较多的地租以使用较大的基础面积更加合算。由此可见，地皮地租与耕地地租在本质上是相同的。

建筑用地是这样，其他很多物品也是这样。假如一个制造商有三台刨床，他就不难用它们得到一定数量的作业。如果要用它们得到更多的作业，他就必须在平常工作时间内努力节省它们的操作时间，不浪费一分钟，有时或许还需要加班工作。这样，它们一旦被充分利用之后，接连每次利用它们，都给他以递减的报酬。最后，纯报酬是如此之小，以致他觉得与其硬要他的旧机器做很多工作，还不如购买第四台机器来得合算。

就像一位农民已经充分耕种了他的土地，觉得与其勉强让现有的土地生产更多的生产物，还不如再另行购买一块土地更加合适。对于这个观点，我会在本书的最后一部分进行说明。

6. 报酬递减规律的普遍性

在这里，我们要充分考虑一下，报酬递减规律这个概念的普遍性。因为，报酬递减规律不仅仅是土地资源方面的问题，还是本书大部分内容所要讨论的中心问题。所以在这里，我们要对这个概念的普遍性作一些讲解。

假如有这样一个机械制造商，他有大量的资本用于购置机械，结果导致很大一部分机械经常闲置；或者有一个房地产商，因为他拥有的建筑物面积过大，以致有很大一部分的地方没有被充分使用；再或者有一个大的企业主，他有大量的雇员，以至于有一些人其实没有能够做出值他们工资的事情。

对于以上这三种人来说，他就有一些过度支出的问题，在这些支出上，他没有收获到应该有的结果。这样我们就可以说，这种支出对他们产生了“递减的报酬”。

但问题在于，我们这样使用这个名词是很容易造成误解的。这是因为，用在土地上的劳动和资本的增加所产生的报酬递减倾向，往往会给人一种其他生产要素的供给是能够增加的印象。这就是说，人们很容易否认在一个古老国家里，现有的全部可耕土地的固定性这个条件的存在，而这个条件又恰好是我们刚才讨论的主要研究报酬递减律的古典经济学研究的基础。

我们可以假设某个农民，要购买自己田园附近的数十亩土地，那么他只有一种方式，就是出高过土地所有者心理预期的价格。而即使从个人观点来看，在这方面土地也是与其他大多数生产要素不同的。这种差别对个别农民是没有多大关系的，但从社会的观点来看，这种差别却是非常重要的。

但我们需要考虑的是，生产力要素是不可能无限增加的。也就是一个农民即便有再多的钱，也不可能一直去购买土地。所以在社会的每一个生产部门中，资本都要被合理地分配到各种支出上去，而某种分配的办法能比其他分配方法产生较好的结果，那么我们就应该采取那种分配方法。

当生产要素的报酬递减规律变为普遍时，报酬就比较易于用价值而不是数量来计算，然而这里存在一个问题，那就是以数量来计算报酬的方法，在遇到没有货币计量的帮助时，就无法正确描述一定数量的劳动和资本。而且，这个方法虽然有助于广泛性的初步讨论，但却不利于作深入的研究。

也正因如此，我们应该采取更为适当的方法来计量劳动和资本以及其他生产元素。在计量的时候，我们必须要考虑这样一个事实，那就是一定数量的劳动和资本的相对数值是有着很大不同的，所以在面对不同的情况时，我们必须要将它们区别对待，如何作出正确的衡量，需要视特殊情况而定。

第二节 论人口

1. 人口学说的历史

财富的生产说到底是人类生活的一种手段，其目的无非是满足人欲望上的需求。但人类本身又是一种以人类为最终目的而生产财富的手段，所以下面两节里，我们要对人类以及人口作一些简单的论述。

自然界中，动植物的繁衍是出于生存竞争的需要，但人类社会中，除了生存竞争还存在很多其他的因素，这就使人类的问题变得非常复杂了。对于人口的研究，似乎是最近几十年才有的事情，但在历史当中我们可以看到，很多古老文明中的立法者、道德家以及有名无名的思想家们，都早就已经开始注意这个问题了。只不过历史上对于人口问题，始终没有形成一个清晰而完整的理论体系而已。

在一些强盛的民族中，或在严重的军事冲突时期，一个社会总是力求增加能进入战场的男子供给，甚至不惜为此牺牲掉一些其他的社会成员。但是到了较高的进步阶段，社会反过来又谆谆教导对人类生活的神圣不可侵犯，对社会每个成员的尊重。

在历史上，古希腊和古罗马都曾有过为开拓殖民地而引发战争的情况，为了保证战争的后备力量，社会往往十分看重市民人数的增加，并将其看作一种公共力量的来源。在这种情况下，舆论会鼓励社会成员结婚生子，甚至有时会用法律加以鼓励。类似的情况在近代的英国、法国都曾经出现过。

但当一个社会面临发展和资源不足的问题时，人们往往又开始想办法抑制社会成员的增加，这是因为日益增加的人口会给国家造成巨大的困苦，无论国家是否强大，这种消耗社会大量资源的人口增加都是巨大的问题。而且国家的统治者无权以牺牲个人的幸福来扩大国家资源，于是便会出现很多严重的社会问题。

法国宫廷及其随从者为了保持自己的奢侈生活和军事上的光荣，进而选择牺牲人民幸福的这种自私的做法，曾经引起了极大的反抗，导致了长达几十年的流血骚乱。就像魁奈[①]说的那样："一个国家应该立志增加国民收入，而不应该立志于让人口无限制地增加，因为，从优厚的收入中所得到的较大的舒适情况，比人口超过收入而经常处于迫切需要生活资料的情况更为可取。"

对于人口问题的研究，亚当·斯密几乎没有作出什么贡献，这是因为他所处的时代，正好是英国工人阶级最繁荣的时代之一。在这个时代中，整个社会处于一种贸易繁荣的景象之中，人口问题并不突出。但是，当18世纪渐行渐远，人们进入19世纪后，一连串让人觉得惊讶的粮食歉收、让国家筋疲力尽的战争，以及在工业方法上打破旧日束缚的变化，再加上不妥当的救贫法，使工人阶级陷入空前的最大困苦当中。在这种情况下，庞大的人口就变成了社会的负担。

事实上，早在这样的问题出现前，就有远见卓识的人提出过这方面的问题，他就是马尔萨斯，在他所著的《人口论》中，我们能够找到很多对这个问题的研究。

2. 马尔萨斯的人口学说[②]

马尔萨斯关于人口的推论主要由三个部分构成，对于这三个部分，我们需要区别开来看。

---

① 弗朗斯瓦·魁奈，欧洲古典经济学派的代表人，法国重农学派的奠基者之一。

② 马尔萨斯在1798年出版了影响巨大的著作《人口论》，开启了人口研究的历史，在这本书中，马尔萨斯提出了一个观点，人口增长是按照几何级数增长的，而生存资料仅仅是按照算术级数增长的，多增加的人口总是要以某种方式被消灭掉，人口不能超出相应的农业发展水平。这个理论就被人称为"马尔萨斯陷阱"，验证了很多重大的历史事件，但随着科技的发展，"马尔萨斯陷阱"目前已经被人类共同打破了。

▶ **马尔萨斯**

英国经济学家，第一个将人口引入经济研究当中的经济学者。

马尔萨斯学说的第一部分是关于劳动的供给。在研究事实的基础上，马尔萨斯证明了，但凡有可靠历史的民族，都热衷于繁殖人口，如果不是出于某些原因如疾病、战争的遏制，这些民族的人口应该会保持一个持续的高增长态势。

马尔萨斯学说的第二部分是关于劳动的需要。仍然是在研究事实的基础上，马尔萨斯证明了，历史上没有任何一个国家，在领土上人口变得非常稠密之后，还能够保证生活必需品足以供给。人类通过努力从自然获取的生产物，就是自然对人口的有效需求。与此同时，他又证明了，人口已经有很大积累的社会，人口的迅速增加并不会引起这种需求的按比例的增加。

马尔萨斯学说的第三部分是出现在历史中的情况在将来也可能发生，即除非用自愿的节制来阻止人口，否则人口的增长就会受到贫困等因素的遏制。所以，马尔萨斯力劝人们采用这种自愿的节制，以避免出现灾难性的人口减少。

到今天，马尔萨斯关于人口供给的论断仍然是正确的，在本节中，只有这一部分与我们直接有关。形势的发展使人口学说所发生的变化，主要是关于他的推论的第二和第三阶段。我们了解到，上世纪英国经济学家们对于人口增加给生活资料带去的压力估计过高了。因为马尔萨斯不可能预料到，科技会有如此大的进步，海陆运输使用蒸汽会给经济社会带来如此重大的改革。这种进步和改变让现代的英国人能以非常小的费用，得到世界上最肥沃土地的生产物。

没有预料到这种事实的变化不是马尔萨斯的问题，但却让他论断的第二和第三阶段在形式上过时了。的确，除非在19世纪末所实行的对人口增加的遏制大体上得到增强，否则欧洲人不可能得到今天这样舒适的生活。但是对于这一点，我们以后还要再详细地讨论。

3. 结婚率与人口出生率

一个民族人口的增长主要有两个途径：第一个途径是人口的自然增加，也就是人口出生数量超过死亡的数量，第二个途径是外来移民。

一般来说，大多数的人口出生都与结婚的习惯息息相关。婚姻习惯在古代历史中是充满可研究的史料的，但这里我们所研究的，只限于文明国家的结婚状况。

一个很容易被忽视的现象是：气候对于结婚的年龄有着极大的影响。在气候较为适宜的地方，生育会较早开始和停止，而在气候寒冷的地方则刚好相反。但不论在哪一种情况下，如果将社会的结婚年龄延迟到这个地方的自然结婚年龄以上的时间越长，那么这个社会的人口出生率就越低。假设气候没有变化，那么平均结婚年龄主要是看年轻人能够自立组成家庭的难易程度。所以，平均结婚年龄对于身份不同的人也就不同了。对于一个社会的普遍人群来说，一个人的收入在他四十或五十岁之前很少达到其一生的最大值，抚养孩子的费用往往会很大并要持续许多年。

一个技术工人，除非升到管理阶层上，否则在二十一岁的时候，他的收入差不多是最大的了，但在二十一岁之前他却赚得不多。而如果他有一个孩子，那么在孩子长到十五岁之前，对他来说都是很大的负担。而一个仅仅是靠体力谋生的劳动者，他在十八岁的时候就差不多可以赚到人生的最高工资了。而假设他的孩子也要十五岁之后才能独立生存，那么这样算下来的话，一个社会的平均结婚年龄排行榜上，中等阶级最高，技术工人次之，而熟练的劳动者则最低。

在不考虑任何条件的情况下，不熟练的劳动者的人数往往能够在三十年内增加一倍，那么在六百年内就会增加一百万倍，在一千两百年内就会增加一万亿倍。但事实上并没有如此的增加，那就说明不熟练的劳动者的人数的增加受到了某些因素的遏制。

在历史上，我们能够看到这样“有趣”的风俗。在欧洲的一些地方，未婚的不熟练的劳动者通常住在田舍内或与父母住在一起，而已婚的夫妇通常需要自己住的房屋。当一个乡村能雇用尽可能多的工人时，房屋数却没有增加，年轻人不得不尽可能地等待。而即使是在现在，欧洲许多地方的风俗仍然还不许一家中有一个以上的儿子结婚。结婚的儿子通常是年长的那个，而如果有另外的儿子结婚，他必须离开这个乡村，以避免乡村的资源被他和他的后代占去。

那么，人口的迁移又该如何来分析呢？在传统的时代，这种风俗上的限制往往可以由人口迁移的力量来调和。但是在中世纪，人们往往受法律的限制，难以自由往来。虽然有一些自由的城镇鼓励乡村居民的移入，但行会的规矩对于要从故乡逃出去的人，在某些方面与封建地主所实行的法规差不多是同样残酷的。

随着社会的发展，农业劳动者开始转变为雇用工人，这个时候，城市对他和他的孩子便放开了限制。而且如果他是移民到新大陆去，他就可能比其他任何种类的移民获得更大的成就。

人口是重要的社会资源，所以从另一个方面来看，新的国家中农业区域似乎是最有利于人口增长的。在北美有大片荒芜的土地，铁路和轮船运出土地的生产物，运回新式工具以及许多生活舒适品和奢侈品作为交换，所以北美的农民们不会觉得大家庭是一种负担，反而觉得是一种财富。这些农民和家人过着健康的户外生活，没有什么会遏制人口的增长，反而会刺激人口的增长。外来的移民促进了人口的增加，这样一来，虽然美国大城市的居民中某些阶级的人仍然持有保守且谨慎的生育观念，但美国的人口却在近百年的时间里增加了十六倍。

总体来看，我们似乎已经可以得出这样的结论：富裕人群的人口出生率，比那些为自己和家庭的将来不作过多的准备与过着忙碌生活的人要稍微低一些，而且奢侈的生活习惯会让人不愿意生孩子，精神上的紧张恐怕也会使生殖力降低，这就是说，假定父母的固有的体力没有变化，他们对于有一个大家庭的期望，就会因精神紧张的大大增加而减少。当然，那些从事高度智力工作的人，如果我们将它们看作一个阶级的话，往往具有平均以上的体质和神经的力量，但他们又恰好都是选择晚婚的。

4. 人口健康的一般条件

在不考虑智力因素的情况下，一个身体状况堪忧的人，是不能为经济社会作出太大贡献的，所以我们在这里还要考虑一下人口健康的一般条件。所谓人口的健康，指的是身体的、精神的和道德上的健康。这种健康是工业效率的基础，是生产物质财富的源泉。而且，物质财富最终的使用，也是要增进人身体的、精神的和道德上的健康与强壮。

这个社会的一些初级工作，对从业者的要求往往只是身体的活力，包括肌肉的强壮、健全的体格和奋发有为的习惯。在估算肌肉力量或其他类型作用于工业目的上的力量时，我们必须考虑它在一日内能够工作的时间，以及在一年之中工作的天数和一生之中工作的年数。有了这方面的考虑，我们就能测量一个人肌肉的工作价值了。

维持大的体力操作的力量，虽然似乎有赖于体力和其他身体的条件，但意志的力量和性格的坚强也是必不可少的。这类精力并不属于身体而是属于道德层面，但是，它仍然要依靠神经强健的身体条件。我们将一个坚强的、有决心的、有精力的和有自制力的人，称为有“活力”的人，他们是一切进步的源泉，在伟大的事业和伟大的思想中，这种“活力”往往会表现得淋漓尽致。

“活力”可以以多种形式发挥作用。所以要对它进行简单的测量是不可能的。但现实当中，我们每个人都在不断估计自己和他人的“活力”，以为某人比另一人较为坚强，具有较多的优良品质。即使

▶ 老人社会

年龄结构的不合理，会导致整个社会的人口老龄化。

是从事不同行业的商人与从事不同研究的学者，也会估计彼此的力量。

在研究人口增长时，我们曾简单说了一些决定生命长短的各种原因，大体上来讲，那些原因也决定着体力和“活力”，对于这些，我们将在本节中另行研究。

决定体力和“活力”的第一个因素就是气候，在温暖的国家里，我们看到早婚和高出生率，因此就对人类的生命重视不够，这恐怕是大部分高的死亡率的原因，而高的死亡率一般是被归咎于气候不利于健康。与此同时，“活力”一部分还要看人种的特性而定，但是，这些特性似乎也要受气候的严重影响。

5. 生活必需品

气候对于人口的另一个影响在于，它决定着人的生活必需品。生活必需品最主要的组成部分便是食物。能够将获得的食物以最好的方式进行调制，这关系到一个人和一个家庭的健康程度。一般来说，在比较贫困的社会中，穷人中的婴儿死亡率总是非常高的，这就是因为食物的匮乏或者缺乏事物调制手段。

在历史的记录中，我们可以在任何时代找到因为食物的缺乏而导致大批人类死亡的记录。在17世纪和18世纪的伦敦，死亡率在粮食较为昂贵的年份比粮食较为低廉的年份也要高出8%。

随着社会的进步、社会财富的增加和交通工具的改善，现在差不多整个世界都感觉到饥荒出现的频率越来越少了。而在这个世界上最富裕的地域——欧洲和新大陆，因为气候而导致的饥荒几乎已经不存在了。在当前的英国，食物的缺乏已不是死亡的直接原因了，不过，一些食物缺乏仍然导致一些阶级处于身体衰弱的地步，并导致身体不能抵抗疾病，而这些也是工业没有效率的一个重要原因。

我们已经了解到，维持效率的必需品是随着要做的工作的性质的改变而有所不同的，那么现在，就让我们略为深入地研究一下这个问题。

一个人能获得的所有食物与他可用的力气之间有密切的关系，而在从事体力活动时尤其如此。如果一个人的工作是间歇的，像有些码头工人那样，那么价廉而有营养的谷类食物就够了。但是，对于一些繁重的连续紧张的工作者来说，如炼铁工人和铁路工人，则需要即使在身体疲劳时也能消化和吸收的食物。高级劳动者工作包含很大的神经紧张，他们的食物往往更需要具有这种质量，虽然他们所需要的食物在数量上一般是比较小的。

▶ 饥荒

经过工业革命的发展，人类的物质财富已经极大丰富，但即便在今天，在世界的某些地域，饥荒也依然存在。

除食物之外，另一种非常重要的必需品就是衣物、住宅和燃料。当一个人缺少这些必需品时，他的生活就绝谈不上质量，他的精神会变得迟钝，他的体质也会受到损害。当衣着非常缺乏时，一个人就只能被迫将一件衣服日夜穿在身上，这样一来他的皮肤就会受到污秽的侵入。当住宅或燃料缺乏时，他便只能生活在有害于健康和活力的污浊空气之中。并不良好的住宅，排水系统也不够完善，这都容易造成疾病，这些疾病即使较轻，对生命力的削弱也是惊人的。居住条件过度拥挤，往往会导致人道德的败坏，因而减少人口和降低人们的品质。

休息与食物、衣着及其他属于物质的必需品，同样是强壮人口的增长所必需的。各种过度的工作都会降低人的生命力。与此同时，忧虑、烦恼和精神过度紧张，对于损害体质、损伤生殖力和减少民族的活力都有非常大的影响。

6. 职业和城市生活对人的影响

工作的环境对人的身体健康也有着极大的影响，在19世纪最初的那段时间，工厂的工作条件可以说是极为差劲的，尤其是对于幼童，简直是难以忍受的。

但目前因为一些法律的颁布，已经让这些弊端从工厂中清除了出去，当然，在一些家庭工业和较小的工厂里，这些情况还依然存在。

一般来说，城市因为条件比乡村要好，城市人口的收入和知识水平也要比乡村人口高很多，城市的婴儿死亡率较乡村应该是要低的。但真实的情况却是，城市的婴儿死亡率更高。尤其是当一些身为母亲的家庭主妇，为了获得货币工资而忽视家务时，婴儿的死亡率就会更高。

差不多在一切的国家中，人口都是不断向大城市迁移的，而能够在大城市立足的人，往往是那些最优秀、最有进取心、具有最高才能的人。他们去大城市寻找机会，享受大城市的基础设施，而当他们拥有了一定的资本之后，他们便开始向郊外转移。郊外有优良的排水、供水和灯光设备，还有优良的学校和户外游戏的好机会，这些条件能增进活力，至少与乡村中所有的条件一样。

城市人口密度增大，往往会给生活带来各种各样的麻烦，虽然就目前来看，这种麻烦有减少的倾向。但工业向郊外迁移，甚至向新的田园都市迁移，以找寻和招用强壮工人的运动，似乎没有任何缓慢的迹象。

以上所叙述的，便是经济学对于人口健康应该考虑的种种问题，除了本节上述观点，这里还有一些问题需要另行补充。以下的这些结论，从表面上来看应该是正确的：人们在有能力给予孩子至少与自己所受的同样良好的身体和精神教育之前，不应该生养孩子；如果自制力足以使家庭保持在必要的限度内，则适当地早婚是正确的事情。

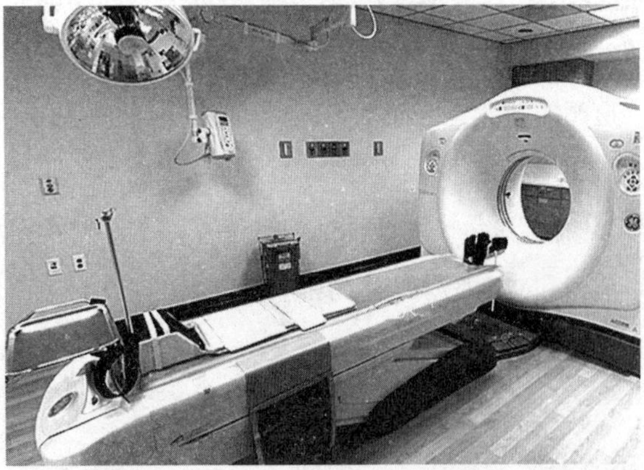

▶ **医疗设备**

发达的医疗是社会发展的标志，医疗能够显著提高人的寿命，是人健康的保障。

一般采取这些行动的原则，再加上为城市人口充分供给的新鲜空气和健康的娱乐，那么社会人群的健康和活力就会得到增减。而现在，我们有理由相信：如果人的强壮和活力增进了，那么人口的增加在一个很长的时间内就不会减少人们的平均实际收入。

因此，科技尤其是医学的进步，政府在关于人口健康上面的认识和物质财富的增加，都会导致死亡率降低，让人的寿命得以延长。但另外，城市生活的迅速增加，以及人口中较高阶层比较低阶层的人更晚结婚和更不乐于生育的倾向，又会让生命力降低，并使死亡率上升。如果只是前一类原因发生作用，再加以调节以避免人口过多的危险，那么人类社会将会发展到一个理想中的境地。但问题在于，如果只是后一种原因发生作用，那么可以想见的是，人类就会很快地退化。

而从事实的角度来看，这两种原因的作用差不多不相上下，只是前一种原因略占优势。当英国的人口差不多与过去一样地迅速增长时，身体上或精神上不健康的人在全部人口中的比例却没有增加，而且男女的平均寿命在近些年来也已经稳步地提高了。

第三节
论工业的人口储备

1. 一般能力和专业技能

在上一节中，我们研究了人口增长的原因，那么接下来，我们就要探讨工业社会所需要的人口储备问题了。

一个人能够适应工作的潜力和活力，差不多对任何一项事业都有意义。不过也有些例外，那就是需要灵感和天赋的艺术。有的时候，一个人有工作的才能，但却可能完全缺少艺术的细胞。不过在有利的条件下，精神健全的种族，在几代人之间便可以培养出各种各样的人才，并满足社会不同岗位的需要。

不过对于精神不健全的落后民族[①]，他们即便是连续的简单工作，也是难以完成的。即使是一些在我们看来完全不需要技能的工作，对于他们来说也相对地是需要技能的工作，这是因为他们没有孜孜不倦的精神，而只有经过长期的训练，才能使它们养成这种精神。

对于工业发展来说，这种精神健全只是对人的要求之一，在此之上，还需要人有负责的态度，以及处理机械和原料的谨慎和机敏的习惯。所以，即便是在管理一些完全不需要智能技巧的机器上，这种责任心和谨慎机敏也是必要的。但在现实当中，具有这两项特质的人恐怕不到人群的十分之一，而即便经过了后天的训练，也恐怕增加不了多少。

例如，机器织布的工作看似非常简单，但也分为高级和低级的工作，在担任低级工作的那些人中，大多数都没有织几种颜色的布所需要的那种“本质”。在从事坚固材料、木材、金属或陶器的工业中，这种差别甚至更大。

偶尔有一些手工作业，需要在某一类动作上的持久练习，但现在这种情况越来越少。这是因为机械不断地代替这种需要手工技能的工作。对于手指的一般运用自如，是工业效率的一个非常重要的因素，这诚然是对的。但这样工作的成果，主要依靠的是人神经的强健和自制力。当然，这些也是由训练所发展起来的，但其大部分也许是属于一般的性质，而不是某一特殊职业所特有的。这就像一个打棍球的人很快便能够学会打网球一样，一个熟练的技术工人往往能转到别的行业，而效率即使丧失也不会是很长久的。

手工技能是如此专业化，从而导致了我们完全不能从一种职业转移到另一种职业，所以它逐步变成生产上越来越不重要的因素。抛开艺术感受和艺术创造不论，我们可以说一种职业之所以高于另一种职业，一个地域的工人之所以比另一个地域的工人富有效率，主要是因为他们具有不为某种职业所特有的一般性的聪敏和精力上的优越。

能理解并记下很多事情，需要什么东西时就准备好什么东西，无论什么事

① 在19世纪的中前期，世界尤其是欧洲世界，还存在着严重的种族主义观点，很多即便受过良好教育的学者，也依然认为有些种族是低于或高于其他种族的。经历了两次世界大战和战后大发展，这种错误的观念，到今天已经被主流社会所抛弃了。

一有差错时行动敏捷并表现出机智，对于所做的工作在细节上发生变化时能迅速适应、坚定和可靠，总是养精蓄锐以便应付紧急之事，这些是成为一个伟大的工业民族的特性。这些特性不是某一职业所专有的，而是一切职业所需要的，假如它们不能很容易地从一种行业转到另一种同类的行业，主要的理由就是因为它们要由对原料的一些知识和对特殊方法的熟悉来补充。

所以，在这里我们可以用一般能力这个名词来表示在不同程度上作为一切高级工业的共同特性的那种才能以及一般知识和智慧。与此同时，我们可以将为个别行业的特殊目的所需要的那种手工技能和对特殊精神及方法的熟悉归入专门能力一类。

2. 教育与工业教育

决定一个人一般能力的因素，往往来自他的遗传和他的生长环境。首先母亲对一个人的影响力是最大的，其次是父亲，最后包括仆人等人也可能对他的成长产生影响。

在他们成长的过程中，出身于工人家庭的孩子，从生活环境中看到和听到的事情中会学到很多东西。在我们研究富裕家庭长大的孩子时，会发现他们比技术工人家庭长大的孩子具有种种优势，而技术工人家庭长大的孩子又比不熟练劳动者家庭长大的孩子具有一定的优势。

在研究这些优势的时候，我们就必须较为系统地考虑这些家庭的影响。但在家庭影响之外，我们还应该考虑一个更大的影响，那就是来自学校的教育。

虽然普通教育对工业效率的影响非常大，但对于普通教育，我们不需要说太多。工人阶级往往只教育孩子读书、写字、算术和绘画的初级知识，然后就不得不失学了，而且有时人们还会认为，与其在这些课程上浪费时间，还不如将时间和精力用于实际工作上更好。

但是，在学校中得到的进步之所以重要，除了由于教育本身的缘故之外，更多是因为学校教育会带给学生在未来进步的能力。因为，真正高级的普通教育会让人能在业务上使用最好的才能，并能使用业务本身作为增进教育的一种

▶ **教育**

学校教育的重要在于，它提供给了学生在未来进步的能力。

手段。

普通教育与特殊行业的细节是无关的，那是工业教育[①]的范畴。在近些年，工业教育明显提高了它的目的。在以往，工业教育的目的不外乎是将技巧传授给一个聪明的人，在他步入工作岗位后，能够较快学会那种工作的技巧和关于机械及方法的初步知识。

以往工业教育会让人得到的好处是，能使人较快地适应工作以赚取几个先令的工资，但问题在于，这种教育没有发展人的才能，反而有些妨碍才能的发展。一个青年如果能够自学知识，他其实就已经教育了自己，他比一个在这种旧式学校读书的人将来会有较好的进步。

今天，工业教育的发展已可纠正它的缺点。原因在于，一方面可以让人更自如地运用自己的身体和思想，另一方面则是让人掌握在实际工作中较少能够学到的技艺和研究问题的方法。不过在这里需要记住的是：自动机械的精密和用途越有进步，就越缩小极其注重身体运用的手工操作范围，由最好形式的普通教育所训练出来的那些才能的重要性正变得越来越大。

按照英国当今最好的构想，为高级工业而设置的工业教育，应该像普通教育那样，以帮助受教育者不断发展自己的才能为目的。

工业教育应该和完善的普通教育建立在同一个基础之上，但要比普通教育制定出更详细的特殊学科课程，以有利于特殊的行业。我们的目的应当是把科学训练加到顽强的精力与实践的本能中去，如果青年时代不是在工厂中度过，

① 普通教育和工业教育是教育的两个方向，并无高低之分，但在有些国家或社会中，人们往往错误地将工业教育视为低于普通教育的、仅仅培训一门工作技能的技术培训，这是不正确的。

那么这种精力和本能则很难保持旺盛。我们常要记住：一个青年在管理完善的工厂时，自己直接学到的经验，比在工业学校中教师以标准方法所教给他的东西对他更有价值，并更能刺激他的智力活动。

正是因为我们有相对比较优秀的工业教育，所以工业时代很多重要的发明都是在英国完成的。不过，其他国家也正在慢慢地追上来。美国人的生活丰富多彩，同时也具备良好的普通学校教育，而且因为他们是多民族国家，不同民族的思想交流以及他们的农业独有的条件，都慢慢表现出一种顽强的研究精神。与此同时，工业教育现在也正在极其有力地推进美国人民素质的提高。

在欧洲大陆，德国的中等阶级甚至工人阶级都对教育非常重视，科学知识在他们中间普及，加上他们通晓近代语文以及他们的求学旅行的习惯，使他们在机械学方面能与英、美并驾齐驱，而在把化学应用到企业的许多方面，他们反而是领先的。

3. 教育作为国家的投资

根据我们上面所论述的内容，我们可以得出结论，教育的投入是否值得，不能够单以它的直接结果来衡量。我们要将教育看作一项投资，投资的结果是让受教育的人拥有更多的机会，这对于社会来说也是非常有利的。

因为教育的出现，许多原本可能平庸一生的人，能够获得改变自己命运的机会，很多人因此而成了工业天才。一个伟大的工业天才的经济价值，往往可以负担得起整个城市的教育费用。所以，教育对于国家来说，绝对是最值得投资的公共事务。

对于教育问题，经济学家所关心的最直接的问题，不过是国家和家长如何分配儿童教育的费用。但无论家长应该负担多少，我们都要考虑家长承担这部分费用的力量和意愿。

大多数父母愿意以自己父母对待自己的方式去对待自己的孩子，如果碰巧被他们发现周围人当中有标准较高的，那么他们就会对孩子更好一些。但是，要父母对待孩子比这再近一步，除了无私的道德品质和热烈的情感之外，还需要某种精神上的习惯。但至于是什么精神促使着这种行为的产生，到目前仍然是不清楚的。

第四节
论财富的增加

1. 社会发展与社会财富

财富最初的形态恐怕是以渔猎的工具和个人装饰品的形式出现的，在气候寒冷的地域，最初的财富则可能是人的衣服和茅屋。

当社会渐渐向前发展，人类开始驯化动物，但最开始对动物的驯化，可能并不是出于某种特殊的目的，而只是为了占有动物以获得满足。渐渐地，可驯养的动物增多了，人类便进入了畜牧时代，在这个时代，动物便成了人的财富。

紧接着，因为人口日渐稠密，人们逐渐定居下来从事农业，农业必须依托耕地，因而耕地便又成了财富的代名词。而在土地的价值中，由于各种改良而得到的那一部分价值，就成了狭义的资本的主要因素。

在这个时候，属于财富的次要地位的是房屋、家畜和其他一些东西。但生产工具在较长的时间里一直没有什么价值。

紧接着，随着人类社会的进一步发展，各种贵重金属和金银又成了欲望的对象和储藏财富的手段。再加上一些其他的社会生产物，如建筑、道路、桥梁等，逐渐成为社会财富的主要形态。

在城市中，房屋和家具在财富中是占首位的，高价原料的储备也是非常重要的财富。与此同时，虽然城市居民的个人财富要多于乡村居民，但因为数量上的劣势，城市财富总体上还是少于乡村财富的。但即便到了这个时代，工具

▶ **英国发达的铁路网**

铁路意味着高昂的修建费用，但一旦修建成功，就会为运输业的发展奠定坚实的基础。

仍然算不上重要的财富，唯一使用高价工具的行业是海上运输业；织工的织机、农民的耕犁、铁匠的铁砧都是构造简单的东西，与商人的船只相比是无足轻重的。

但到18世纪，工具的附加价值开始越来越高了。首先是人懂得了利用水利，其次是利用蒸汽动力，这些让生产部门相继以高价的机械替代了原有的廉价手工工具。这样一来，机械便成了财富重要的代表。

与此同时，还有很多产业彻底改变了它们本来的样子，如农业、建筑业、纺织业和运输业，在前两者当中，虽然手工操作仍然很重要，但高价的机械也开始扮演极其重要的角色。纺织业开始使用大机械，并雇用大量的男女工人，这些人一年的劳动，很可能就相当于一条船的价值。与此同时，运输业因为建设成本的提升，拥有了数量庞大的社会财富，如英国和威尔士之间的铁路，修建的费用就高达十亿英镑。

工业的发展带给人类更多的获取财富的机会，使人可以将巨额的财富储藏起来，作为资本投入新的生产中去。所有人都相信，经济生活的节奏会越来越快，投资的机会会越来越多，生产物超过生活必需品的剩余必将不断增加，而与此同时，人的欲望也是在不断增加的。

在生产力较为落后时，生产物的剩余是很少的，只是在强大的统治民族以最低的生活必需品迫使臣服的民族艰苦工作的地方才有例外。但现在，在生产技术方面以及资本的帮助下，生产物剩余开始越来越多，人们从这剩余中就能积累较多的财富。而物质财富的增加，在不增加劳动者痛苦的前提下也成为可能了。这样，财富和知识就一步一步地增长了，而储蓄财富和普及知识的力量也随之一步一步地增大。

2. 为了保障而进行的储蓄

在以前，人们不从事节俭的原因，很大程度上是由于缺少保障，因为人只有在一定的保障条件下，才能够为将来作准备。所以，我们看到只有那些富人，才会想着去积累东西。勤奋而节俭的农民积累了一点财富，却要眼看着它被人夺走，这种情况不可能不叫那些穷人放弃储蓄的念头。

在犯罪猖獗的英国和苏格兰边境，只要抢劫的事情一天不停止，农民们便不会放弃及时享乐。储蓄在 18 世纪中期法国农民中也是非常少见的，因为当时的他们只有被人看作完全贫穷的，才能逃避土豪劣绅的强取豪夺。即便是在四十年前，爱尔兰许多田地的佃农也从不储蓄，这就是为了避免地主对地租的过高要求。

今天，我们距离这种完全没有法律保障的时代已经远去，但是在英国的一些地方，我们仍然受救济法的影响之害。救济法盛行于上世纪初，它的出现带给工人阶级一种新形式的危险。因为救济法规定，工人阶级必须拿出工资的一部分用作救济金，具体救济金做什么用，则完全由政府说了算。

因为工人们缴纳救济金的数量与他们的勤劳、节俭和远见是成反比例的，所以导致许多人认为为将来作准备是愚蠢的事。由这种有害的经验所养成的传统和本能，到现在仍然是工人阶级进步的一大障碍。

这种没有保障的情况正在减少，其结果就是促使人开始懂得储蓄，促使人为将来作准备，让那些努力的人更加受社会的照顾，并通过这些人的努力来增加社会财富。这一点就目前来看方向虽然是好的，但进展却是缓慢的，需要我们更多的努力。

3. 储蓄的好处与动机

货币经济和人们生活生产习惯的改变，促使人更热衷于物质的生活，从而降低了财富被积累起来的概率，这一点在古代是不一样的。

传统社会的人们，假如他想要住房，那么他必须自己动手建造，需要积攒石料、木料以及金钱等。但现在的人只要缴纳一定数量的房租，便可以住进更好的房子。传统社会的人们，如果他想要喝啤酒，往往需要自己酿造，而现在，人们很容易便可以买到酿造好的啤酒。近代的市场发展、借贷制度以及人欲望的发展，让人们越来越热衷于短期的、当下的利益。

▶ 储蓄单据

储蓄意味着财富的增加，而家庭情感则是促使人将财富储存起来的最大动机。

与此同时，货币经济又增加了更多欲望被满足的可能性，让财富有了更多用途。一个人将一种物品储存起来以备将来的不时之需，他也许会觉得对所储存的那些物品而言，它的需要程度不像对没有储存的物品那样大。有许多未来的欲望，是不可能以储存的物品来直接满足的，但如果是积蓄了资本，并从资本中获得货币收入，那么他便可以随时将这种资本变现为欲望的满足。

而且，近代经济的发展以及企业的出现，给整个社会带来了很多安全投资的机会，使那些原本没有经营企业的能力和机会的人，也能够通过资本的储蓄与投资来获得收益。这种机会的出现，让很多人选择将若干财富储存起来，以备将来的不时之需。但如果没有这种机会存在，那么他的财富则可能更多地会被挥霍掉。

在这里，财富的增长还有一个影响更大的结果，那就是财富让一个人准备死后供给妻子儿女以可靠的收入容易得多了，因为，家庭情感毕竟是储蓄的主要动机。

很多人的确能够从财富的积累当中体验到愉快，但几乎没有人想到过使用财富所能够得到的幸福。之所以会这样，一部分是因为追求强过别人的欲望，另一部分则是因为一些难以说清楚的愉快。不过，积累财富的最终原因，更多还是出于家庭情感。如果不是为了家庭，很少有人会选择艰苦的工作并小心地储蓄，因为如果是自己的话，他们往往只赚能够让自己过上舒适生活的薪水就足够了。

最能刺激一个人奋发向上并努力储蓄的，不过是对好的生活的期望和对家庭的责任感。这种期望可以给予他战胜很多困难的热情，从而让他放弃一些安逸的追求和普通的愉快。

所以，我们看到的最热衷储蓄的，往往就是以下这种：出生在贫寒的家庭，长大后从事艰辛的工作，他们虽然在事业上获得了成就，但仍然会保持朴素的习惯，他们鄙视挥霍的行为，并抱有死后他们会比为人所预料的更为富有的希望。这种性格在古老而富有活力的国家中较为娴静的地方是常见的，而受到对法战争以及随之而来的重税的压迫之后，经过了一代以上，在英国乡村区域的中等阶级之中，这种性格也是很普遍的。

4. 积累的源泉

这里，我们再来讨论一下积累的来源。储蓄是来自收入超过支出的那部分，而富人往往在这部分占有比较大的优势。在以前的英国，大部分巨额的资本都来自资本的投资，所以英国以往的储蓄多是在富人那里的。不过，随着经济的发展，在近代的英国，地租与自由职业者甚至雇用劳动者的收入，也成了积累的一个重要源泉。

中等阶级，尤其是自由职业阶级，为了将更多的资本投于孩子的教育当中，总是会刻意地削减自己的支出。与此同时，工人阶级工资的大部分，是用于抚养和教导他们孩子成长的。

以前的经济学家似乎没有注意到这样一个事实：与其他任何种类的资本一样，人类的才能也是重要的生产手段。所以不同于他们，我在这里得出这样的结论：在其他情况不变的前提下，财富分配上倾向于劳动者的任何变化，都会加速物质生产的增大，而不是延迟物质财富的储存。当然，如果这种变化是以暴力的手段来完成的，那么就会让公共安全的根基发生动摇，情况就不会很好了。

即使从纯粹的经济观点来看，对物质财富积累暂时的遏制也不一定是件坏事。如果这种遏制是平静实行的，并能够给大多数人提供较好的机会，提高整个社会的工作效率，使他们养成自尊的习惯，这样便可以在下一代产生效率更高的生产者。如果这样，这种遏制比大量增加我们现有的设备更能促进物质财富的增长。

财富分配得很好和有长远目标的民族，往往能够积累巨额的公共财产。有些富裕的民主政体仅仅以这种形式所作的储蓄，就已经构成了我们人类历史从古至今最多的物质财富。

而且，社会上各种形式的合作组织的发展，如建筑协会、工会、工人储蓄银行等机构的发展，也都从侧面证明了以下一点：那就是以物质财富的直接积累来说，国家的资源用于支付工资也不是完全损失的。

5. 即时消费与储蓄的选择

在对储蓄方法和财富积累的问题进行深入的讨论之后，现在让我们回到另一个问题上，那就是现在的满足与延缓的满足之间的关系。

在研究人的需求时我们了解到：任何人如果拥有一种多用途的商品，他就一定会选择将它分配到一切用途以使他得到最大的满足。如果这个人认为把商品的一部分从一种用途转到另一种用途是有价值的，那么他就一定会这样做。

因此，如果他对商品所作的分配是适当的，他就会停止再把这一商品用于各种不同用途的某一点上，在这一点上，他能够从把这商品用于各种不同用途上得到相同的好处。

而且我们还了解到，上述的原理在时间范围内也是成立的。不过，当有些好处是必须要延缓才能得到时，有些情况就需要再考虑一下了。这些情况主要是：第一，满足的延缓必然引起关于将来获得满足是否可靠的问题；第二，依照人类的本性，在满足相同的情况下，即刻的满足一般比未来的满足更诱人。

一个聪明的人，如果认为在生活的每个阶段中，都会从相同的财产中获得相同的满足，那么他多半会力图将财产平均地分配于他一生的每个时段。但如果他认为自己的赚钱能力在将来会有减少的危险的话，他就会储蓄一些财富以备不时之需。这种储蓄不但是在他认为储蓄增加时会出现，即便在他认为储蓄会减少时，他也会这样做。

▶ 利息

储蓄的财富必须要创造出一定的利息，才不算是被浪费掉了。

所以，我们可以想象这样一种情况：储存财富一般情况下不能被很好地使用，许多人要为将来作准备，而要借入财富的人却很少能拿出可靠的担保，将来仍要归还这种货物或等价的货物。在这种情况下，享乐的延期或等待，与其说是一种获得报酬的行动，不如说是一种受罚的行动。一个人把他的财产交给别人保管，而只能期望得到这样一种可靠的承诺，也就是归还财产是少于而不是多于他所借出的财产，这样一来，利率就变成了负数，这样一种情况是可以设想到的。

但是，人们或许会对工作如此渴望，以至于宁愿受到一些惩罚，也要开始工作，这样的情况也是可以设想的。因为，正像延缓一部分财产的消费是一个聪明人为了自身的缘故而愿意做的事情一样，做一些工作也是一个聪明的人为了自身的缘故而愿意做的事。

为了将来的满足而牺牲现在的愉快，这种牺牲被经济学家称为节欲。但是在很多时候这个名词都被误解了，因为财富的最大积累者往往是非常富有的人，他们当中有些人过着奢侈的生活，所以所谓的节欲并不是真的节俭和控制欲望。

经济学家对这个名词的解释是：一个人节制在他消费能力以内的任何东西的消费，目的在于增加他将来的可消费的资源时，他对这一特殊消费行为的节制，就增加了财富的积累。我们说，财富积累一般是满足被延期的结果。换句话说，财富的积累依赖于人的先见之明。

财富积累的"需求价格"表现为许多形态，但其实质总是一样的。一个人等待享乐的能力，是由他直接从劳动中得到的收益，还是由他以别的方式获得的收益，这对于我们来说并不重要。我们在这里真正关心的只有一个，那就是财富的增长一般是包含一个人在目前有力量支配的愉快有意识的等待在内和他愿意这样等待的心理依赖于他为将来作准备的习惯。

6. 储蓄率

这里，再让我们来详细研究以下这个叙述：首先，依照人类的本性，如果当前一定程度的牺牲能获得将来愉快的增加，那么人往往是会选择牺牲当前的。

例如，住在乡村的居民，如果他必须要从森林中取得木材来建造他的住宅，那么森林离他的住地越远，从取得木材的工作上所获得的未来的舒适报酬也就越小，恐怕由每天的工作所积累的财富而产生的未来的利益也就越少。

因为一定的当下的牺牲所获得的未来愉快的报酬是如此地小，就必然导致他不愿意在可以居住的基础上，再扩建他的住宅，这便会减少他用于取得木材上的劳动量。但是，这个法则也并非没有例外的。因为，如果风俗使他只熟悉一种住宅的建筑方法，木料没有办法节省，那么无论离森林多远，他都必须那样去做，因而从一天工作的产物中所得到的利益越小，他花在工作上的日子就越多了。

同样地，如果一个人不希望使用他的财富，而期望将财富借给别人以获取利息，那么利率越高，他的储蓄的报酬额也就越大。假如安全投资的利率是4%，那么他放弃现在值一百英镑的当前利益，每年便可以获得价值四英镑的未来利益；但如利率是3%，那么他便只能得到值三英镑的未来利益。

这里有一个边际，在这边际上，人们觉得为了储蓄一部分财产所能获得的那些将来的利益而放弃当下的利益是不值得的，而利率的下降则一般会降低这一边际的限度。所以利率的下降，一般会使人们更愿意增加当前的消费，而为将来的利益所作的准备就相对较少了。不过，这一法则也并非没有例外的。

以前的经济学家说，在利率高的国家，商人“在已经积累下巨额资本时就会脱离贸易”，而选择放贷以取得利息，“由此而得到的利益是如此容易、可靠和巨大的，但在利率较低的国家中，他们会选择继续做商人，从而让他们自己和国家都变得富有。”有许多人，在他们壮年时，他们原有能力更好地经营企业，但却选择离开企业，这种情况在过去有，在现在也有。

其次，像前面所指出的那样，一个人如果已经决定继续他的工作和储蓄，直到他准备了一定储蓄作为老年或死后他的家庭之用为止，当他感觉到利率是如此地低，那么他就必须在利率高时储蓄更多。

所以，利率如果持续下降，世界资本就会以更快的速度逐渐增加。但是，由一定量的工作和对将来的等待所得到的遥远的利益如果下降了，大体上就会减少人们为将来所作的准备，或用比较容易理解的话说，就是利率的下降势将遏制财富的积累。

因为，虽然人类对天然资源的支配力越来越强，即在利率低时人们也许会选择继续大量储蓄，但是只要人类本性和现在一样，那么每当利率下降时，就会有更多的人选择比利率高时储蓄较少。

支配财富积累与利率之间关系的各种原因，与经济学的各部分都有许多相关的地方，因此，这些原因的研究就应该专门列出来。在本章中，虽然我们所研究的主要是供给方面的问题，但在这里略微说明资本的需求与供给之间的一般关系，似乎也是有必要的。

我们已经了解到，财富的积累是由各种各样的原因所支配的，社会风俗、个人自制能力和对未来的预期、家庭情感的力量等。保障是财富积累的一个必要的条件，而知识和智力的进步在许多方面也促进着财富的积累。

对资本所提供的利率的上升，势必将增加储蓄额。因为，虽然有少数人决定要为他自己或家庭获得某一固定数额的收入，在利率高时比在利率低时会少储蓄一点，但利率的上升会增加个人储蓄的愿望。而且，利率的上升往往是我们生产资源效率增加的一种表现，但传统的经济学家们却认为利息的上升是以工资为牺牲的，总是增大储蓄的能力未免过甚其词了。但其实他们忘记了，从国家观点来看，财富用于劳动者的子弟与用于其他方面来说，同样是有利于生产的。

最后，我们也必须记住：每年的投资不过是已有的资本额的一小部分，所以，每年的储蓄率即便有很大的提高，也很难让人感觉到资本额大幅度的增加。

第五节 论工业组织

1. 组织的生命力

传统的经济学者认为，组织有益于增加工作效率，而亚当·斯密对这个观点进行了更进一步的阐述。亚当·斯密透彻地解释了一个旧有的学说，并根据自己的实践知识，让组织拥有了更新和更大的意义。

亚当·斯密指出了分工的种种优势，并作出论断，人们对于生产资料孜孜不倦的需求，将会让那些缺乏组织的种族被淘汰。而与此同时，在亚当·斯密的学说还没有完全说服读者前，生物学家对于区分高等动物与低等动物的组织上的种种差别的实质理解已开始有了很大进步。

马尔萨斯对人类生存的研究，达·芬奇对于动植物生存的研究等，这些也让经济学研究受益匪浅。诚然，在有些情况下，外在的相似是经不起仔细的比较的。但那些外在的相似在补充进一些其他相似之处后，往往是能够解释物质世界与精神世界中各种自然法则之间的作用的基本统一性的。

对于这种统一性，我可以作如下的说明：不论是社会的还是自然的，一个有机物体的发展一方面让它的各部分之间的机能的再分部分增加，另一方面使各部分之间的关系更为密切，这基本上是一个具有普适性的原理。

如果我们将这种机能再进行剖析，那就是一种被称为“微分法”的研究了，它在工业上表现为分工、专门技能、知识和机械的发展等形式。而有机体的各部分之间的关系密切性和稳固性的增加，我们也可以称为“积分法”，它在经济内表现为商业信用的保障的增大，海上和陆路、铁道与电报、邮政和印刷机等交通工具和习惯的增加等形式。

按照我们所定义的那样，最高度发达的有机体，就是在生存环境中具有最强大竞争力的有机体，而且随着竞争的进行，它还在不断地发展壮大之中。对于这种结论，我们作一个经济法则归纳就是，生存竞争使最适合从环境中获得利益的有机体获益最大。

对这个法则，我们可以作进一步的解释：因为一件物品有利于它的环境本身并不足以保证它的生存，我们所说的法则在于，那些最适合利用环境为自己的目的之有机体，是最能够获得生存力的。最善于利用环境的那些有机体，往往是最有利于周围的东西的有机体，但有时它们却也是有害的。

例如，在经济范畴中，任何工业设施的需求，不一定会引起供给，除非它不光是对这种设施的一种愿望或必要，而是一种有效的需求。也就是说，它必须能够给提供的人提供充分的报酬或其他某种利益才行。如果照我们使用需求这个名词的意义来说，仅仅是雇工们要参与所工作的工厂的经营的愿望，或是青年对于优良的工业教育所感到的需要，都不是一种需求，因为它们无法实现。

2. 与经济相关的组织

亚当·斯密曾经极力地指出，精密的分工和精密的工业组织在他所处的时代正空前发展，并为社会带来了极大的利益，但与此同时，他也指出了它们在许多方面所存在的问题，以及这些问题将会给社会带来的危害。

不过，在亚当·斯密的追随者中，并不是每个人都有过人的见解，有些人因为知识水平比较差，反过来却辩论说有关于组织的一切都是正确的。他们说，如果一个人有经营企业的才能，他就必然会利用这种才能为整个社会谋取福利。同时，一个人追求自己的利益会使别人以他能尽量利用的资本供他所使用，而且他自己的利益也会使他如此安排他所雇用的人，以至于每个人都能做他所能做

▶ **汽车生产线**

分工与流水线作业大大提高了生产的效率，促进了整个社会财富的增加。

的最高工作。而且他自己的利益会使他购买和应用一切机械以及其他有助于生产的东西，在他的手中这些东西所作出的贡献，就能超过它们本身满足世界欲望的费用的等价物。

这种关于组织的学说，差不多反映了组织最美好的一面，因而对于那些对经济抱有诚挚好感的人是非常有魅力的。但问题在于，如果我们夸大了这个学说，认为它完全没有错误，那么对于我们来说，却又有极大的害处。

坚持这个学说的人，他们没有考虑这个问题：即使是在近代工业的广泛的特点中，有许多是否也会是在程度上过甚的？在某种程度上，它们诚然可能产生良好的效果，但就像阶级制度在它所处的那个时代一样，它有一定的正面效果，但却也有着极大的负面效果。

第六节

论分工

1. 技巧来自熟练

所有的人都能够胜任他的本职工作，这是有效的工业组织出现的第一个前提，这个前提还伴之以社会财富增加导致每个人都能够拥有或使用得心应手的

▶ 冶炼工人

冶炼产业的庞大，必然导致整个行业的复杂分工，一个冶炼工人所擅长的，可能仅仅是自己平时所从事的某项工作。

工具。然后在这个基础之上，分工变成了现实。

关于生产和管理的分工，我们在这里先不作研究，我们讨论的只是在同样等级的工人之间的分工问题。胜任本职工作，这需要的是工人对于他的工作非常熟练。熟练是一个程度名词，它给人的感觉是：起初似乎是困难的工作，不久之后做起来就比较省力，而且会比以前好得多。

生理学对熟练作出了解释，它的意思是，人从不熟练过渡到熟练多少是有一些“反射性”的因素在里面的，或者是自动作用的新习惯在逐渐发展之后，形成了一种下意识的必然。

对于生理学上的解释，我们无法验证其对错。但无论如何我们确实了解：长时间的练习会让一个人迅速解决在不久前还很难解决的问题。在商人、律师、医师和科学家的心中，逐渐具有丰富的知识和直觉的能力，除了用对自身掌握的知识不间断联系之外，是没有其他方法获得的。

当然，即便是为了锻炼，人也不能让自己过于疲劳，再勤奋的人也不可能每时每刻都对自己的工作抱有最大的热情。当然，有些社会学家提出，那些做脑力劳动的人，也可以试着去做一些体力劳动，但经验却表明，减轻过度疲劳的唯一办法就是适时的休息。

社会上所有的工作都会给人造成疲劳，以至于人有时必须以意志力来强迫自己继续去做事情，而此时，这种工作就要消耗他的精力而不是消遣了。所以从经济的角度来看，这样做除非是能够得到补偿他所受的损失的价值，否则便是不明智的。

分工会让人更加专业化，而专业化在较高层次的工作应该到一种什么样的程度呢？这个问题我们至今还没有一个确信的答案。但有一点是毫无疑问的，那就是即便是对手工技能而言，分工也是能够极大地提高人的效率的。

亚当·斯密就曾经指出：如果一个人不做其他的工作，只专心来制钉，那么即便是再一般的工匠，在制钉的速度上也能比那些偶尔制钉的第一流铁匠快很多倍。一个人如果日复一日地重复着同样的工作，在经过了长时间工作后，工作对他来说几乎可以说是一种自动的行为。如我们了解到的，在纱厂中工作的儿童所做的绕线工作，或者在一个衣服厂或制靴厂中，工人每天都对一块大小完全相同的布或皮，用手工或机械缝完全相同的接缝，他做这种工作比一个眼光和手工敏捷得多，而且具有高得多的惯于缝制整件衣服和皮靴的工人能更省力和迅速。

或者在木材产业和冶炼产业，如果一个工人对同一块材料必须反复地做完全同样的工作，那么他就会养成这样的习惯：拿住材料正如他所需要的那样，把工具及其他要用的东西放在适当位置，以便可以用较少的时间和力气来完成这项工作。[①]

但是，一旦工作中的动作成了例行的工作时，那就几乎达到了能用机械来代替的阶段了。劳动者所要克服的主要困难，就是使机械能把材料牢牢地固定在适当的位置，恰使机械工具能顺利地对它操作，而在紧握这材料上不会浪费太多的时间。

但是，如果对这种机械花费一些劳动和费用是值得的话，那么这种困难一般是能设法解决的。然后再将工人派来管理机械，便会让适应工作变成一件简单的事情了。

2. 机械对人生活的影响

综上所述，我们便能够得出一个普遍性的法则，那就是工业上的任何操作如果能够变成一贯性的话，那么这件事就会在工作上不停地重复，最终这种操

① 出自《国富论》的第一篇第一章。

作还一定会被机械所取代。在这个过程中，会出现各种各样的反复，但最终的趋势一定是如此的。

分工的精细和机械的改良是两项同时进行的工作，而且在某种程度上还是关联着的。不过这种关联并不像人们普遍认为的那么密切。分工不断深入的原因在于社会需求的增加，而机械改良的结果则是让制造成本降低和产量增高。

而且，机械还有一个优势在于，它能够从事很多人无法从事的精密性工作。对于机械的这种优势，我们从零件配换制度迅速发展的金属工业中便可以察觉出一些端倪。

只有在长期训练之后，人才能把一片金属做成与另一片金属精密地相似或互相适合，这个过程还需要保持极大的耐心。但是，如果将这项工作交给优良的机械来做，将能最容易和最完美地来完成。而且，如此精密的工作如果交给人来做的话，一旦出现问题，人很难能够找到补救的措施。例如，一台机械的不同部件，如果由人手工制作的话，那么当机械的部件出现问题时，人必须耗费极大的精力来重新做一个一样的部件。但如果让机械来生产这些部件，那么即便是一个农民处于城市几百公里外，他也仍然可以用自己储备起来的零件来替换掉收割机上坏掉的零件。

这种有关于零件配换的问题，直到最近才开始慢慢被人所重视，但又有迹象表明，把机械制造的零件推广到各生产部门，甚至于家务工作和农业工作当中，往往能够带来比其他任何动力更大的好处。

机械对于近代工业的性质所造成的影响，我们可以从制表行业中得到例证。在多年前，制表业的中心是瑞士靠近法国的地方，那里有着极为精细的分工，大部分的工作是由分散的人口来做的，制一块表往往需要五十多道不同的工序来完成。而这些工序中的每一道都需要非常高的手工技巧，但因为需要的只是技巧，所以工资一般不高，从事这个行业的人也没有什么垄断性可言，有些人甚至还专门培养普通智力的儿童进行这项工作。

但是在最近几年，这个行业的中心却开始慢慢向美国转移了，原因就是美国人发明了制表的机器，由机器来完成每一个环节，要比人更加适应制表所要求的精密。

事实上，由于机械自动化的加强，人们需要具体操作的工作已经越来越少。

但也正因为机器的精细，它要求人在操作机器时保持更大的耐心。

机械在替代人的时候，还大大降低了制造业的成本，以前制造一块表所要负担的人力成本，现在可以分担到数十块、上百块表上面，这就使手表价格降低，现在一块精准可靠的手表，即便是最贫困的家庭，也能够买得起了。

机械对人生活的另一个改变在于，他可以帮助人减轻工作上的疲劳，让工作的枯燥不至于引起生活的单调。

仅仅在几代人前，即在像英国这样在世界上最富裕的国家，也有很多的工人生活在紧张当中。这种生活的紧张更多是因为工作中的紧张所造成的，机械的、耗费体力的工作，不但会让人身体疲惫，更会让人精神疲惫。

新机械的出现，虽然要求人以更大的精力放在操纵和养护机械上面，但这种管理机械的工作常常被划分成一些环节，以至于每一个环节中的工人都不需要从事太过辛劳的工作。这样，人身体上的疲惫就慢慢被减轻了，而且因为机械的操作也是一个逐渐熟练的过程，但人熟悉了机械操作的过程之后，连精神上的疲惫也慢慢告别了。

在以往，织布的工作是非常单调而且逼仄的，但现在来看，一个熟练的女工完全可以操纵数台织布机，一天中每架织布机所做的工作，比以往手织机要提高许多倍。而且，她的工作还远不像之前那样单调，只需要保持精力的集中并使用自己的经验就可以了。所以，在所织的每一百码的布中，她所要做的完全单调的工作，恐怕不到过去的二十分之一。

这种生活状态的改善，让人有更多的精力投入其他事情上面。以美国青年为例，机械时代的美国青年的文化素质要远远高于以前的美国人甚至是欧洲大陆的青年，原因就是他们有更多的时间来培养智力，智力的提升就会让他们的社会地位发生改变。

3. 专门技能与专门机械

在最后，我们要来讨论一下，在什么条件下，分工对于生产的促进是最大的。显而易见的是，专门机械或专门技能的效率如何，不过是分工的经济效用的一个条件，这里还存在另一个条件，那就是应有足够的工作让机械得到充分的利用。

拜比吉[①]曾指出，在一家大工厂中，“厂主把工厂内的工作分为不同的工序，每一工序所需要的技能或力气的程度是不一样的，这样他就能获得每一工序所需要的技能和力气的正确数量；同时，如果全部工作是由一个工人来做的话，则这个人必须具有足够的技能，才能做这个工作所分成的各种作业中最困难的作业，必须具有足够的力气，才能做其中最艰苦的作业。”

要想以最小的成本创造最大的收益，不但要降低人的工作条件，还需要人尽量多地工作。同样地，如果可以设置一架车床，让机械可以长久地运转，那么毫无疑问是最有效率的。所以，以让生产发挥最大效用而论，实际上要将人和机械放在相同的位置上，以最有效率的方式进行工作。

但问题在于，机械不过是生产的工具，而人类的福利又是生产的最终目的，所以我们还是不能够像研究机械那样，研究如何让人更有效率地工作。否则，即便对于少数人来说会有帮助，但却是伤害了大多劳动者的利益。

我们在前面已经研究过这样的问题：专业化的分工会让一些最困难的工作只由少数人来完成，这种机制化的分工，是否对整个人生社会都有好处。而现在，我们还必须从企业管理的角度，来深入地思考一下这个问题。

在接下来的几个章节里，我们所要讨论的，便是企业管理的方式，以及是哪种原因促使某种方式优于其他方式的，与此同时，还有不同的管理方式都可以达到哪种程度。

在普遍被认为是只有规模较大的工厂才能获得的专门技能和机械的使用上的某种经济环境之中，有许多问题其实并不是由企业规模决定的。有些问题取决于种类相近的生产总量，而有些问题则取决于整个文明世界的生产总量。

在这里，我们还可提出两个术语。我们可以将因为任何一种货物的生产规模之扩大而发生的经济分为两类：第一类是有赖于工业的一般发达的经济；第二类是有赖于从事某个工业的个别企业的资源、组织和经营效率的经济。

① 查尔斯·拜比吉，英国数学家，一生致力于对分析机的发明，虽然他的研究没有获到成果，但后人在他思路的基础上，却创造出了大量的科技成果，其中就包括计算机。

对于前者，我们称其为外部经济，而后者就是内部经济。在前面的章节里，我们主要研究了内部经济，而在接下来的章节里，我们便要开始研究外部经济，这种经济往往会出现在许多性质相似的小型企业集中的地方。

4. 地方性工业

在文明的早期，各地域对于那些比较笨重的物品的需求，往往只能依靠自己来满足，因为除了偶尔的水运条件，人们无法搬运这些笨重的东西。不过，随着人们的需求以及社会风俗的变化，使生产者愿意去满足那些，即便与自己毫无关系的消费者的需求，这使即便是比较穷的人，也能够购买来自外地的少数高价物品。因此，物品在地域上的阻隔，开始渐渐被弭平了。

▶ 瑞士钟表作坊

自 14 世纪，瑞士就以制表业驰名欧洲，制表已经显著成为瑞士的地方性工业。

这种地域的拉近，让一些东西开始远销世界的各个角落，其中有些物品只产于一个或几个地方。而它们之所以能够行销全世界，一部分是因为定期集市的出现，另一部分则是通过商人或生产者的贩运。

商人或生产者旅行几千里，目的是出售他们的货物并观光世界，以此来改变他们的生活和工作。这些勇敢的旅行者自己承担小生意的风险，他们使某些种类货物的生产能保持正常，以满足远地购买者的需要，而且他们在集市中或自己的铺子里，陈列了来自遥远地方的新货品，从而在消费者之中创造新的需求。对于集中于某些地方的工业，通常我们将其称为地方性工业。

在发达的国家和地区，这种初步的工业形态逐渐为近代机械技术和企业管理分工方面的许多进步铺平了道路。而在一些落后的地区，我们则仍然可以看到原始形态的工业，如在中欧一些平静的村落里。在那里，生产者将所生产的简单货品甚至送到近代工业最热闹的地方去。

在传统上，工业的分布是由很多不同的因素来决定的，如自然条件、交通条件、矿产资源等。金属工业一般是在矿山附近，贩运业则一般出现在交通比较便利的地方，这些都是因为可以就近地利用所在地的便利条件。

在此之后，正常的倾向性和卫生条件也往往决定了工业的分布。例如，政府有意在某地兴建某种工业，或者有意在某地保持某种环境，这些都是很常见的。政府所能够调配的资源总是比普通人多很多，有人说兰开夏人①的机械才能，就要归功于威廉一世时为卢普斯所定居在沃临顿的诺尔曼人②的铁匠影响。在工业革命发生前，英国大部分的制造业都是由法兰德斯人③和其他技术工人居住的地方来支配的；而这些地方的形成，很多都要归功于都铎王朝的直接政策干预。

原始的工业分布的情况就是这样，下面，就让我们来研究一下，聚集在工业城市或人口稠密的工业区域的狭小范围内熟练工人的命运是怎样的。

5. 地方性工业下的劳动者

当某一种工业选择了某个地方作为长久的聚集地后，与这种工业有关的劳动者，总是能够从互相交往之中获取较大的利益。在这样的情况下，行业的秘密不再被劳动者保守，互相之间的交流与竞赛不但能提高彼此的劳动技能，还能使制造方法和企业组织方面发生改良，并形成很好的良性传递和循环。

这样不久之后，与原工业有关的辅助的工业就在附近的地方产生，以便为

① 兰开夏是英格兰西北部地区，是英国工业革命的发源地，因而兰开夏人被视为英国能工巧匠的代表。

② 早期欧洲北部的民族，骁勇善战，擅长体力劳动，他们有一个更响亮的称呼叫作维京人。

③ 法兰德斯是比利时重要的工业区和贸易区，该地人口占比利时总人口的一半左右，法兰德斯人通晓欧洲各地语言，被誉为天生的商人。

原工业提供工具和原料，为它组织运输以及其他方面的服务。

而且，因为在这个区域里，在同一种类物品的生产总量是很大的。那么即使用于这个行业的单独企业的资本并不是很大，也依然会促进高价机械的使用。因为，辅助工业从事生产过程中的一个小的部门，为许多邻近的工业进行工作，这些辅助工业就能不断地使用具有高度专门性质的机械，虽然这种机械购置起来可能比较费力，但也是合算的。

除此之外，在经过了最早的发展阶段后，在其后的经济发展的不同阶段，地方性工业会因为不断地对技能提供市场而得到较大的利益。雇主们往往到他们能够找到所需要的专业技术工人的地方去，同时，寻找工作的人也可以挑选自己的雇主。这就给双方一个双向的选择，比孤零零的一个工厂要好得多。

在这样的情况下，社会力量与经济力量合作，在雇主与雇工之间往往有比较平等的关系，而如果彼此之间发生了任何不愉快的事件，双方的关系也很容易就被解除掉。

不过，地方性工业也有一些弊端，主要的弊端是，地方性工业所提供的工作往往比较单一，如只有强壮的男子才能做的工作，那么它在作为劳动的市场方面就有一些不利之处了。在没有纺织厂或其他可以雇用女工与童工的炼铁业的地方，雇工的收入当然高，但因为其他家庭没有收入，所以每个家庭的平均货币收入却是低的。

想要补救这个问题也很简单，只要在附近开办具有补充性质的工业就可以了。所以，我们往往能够看到，纺织工业常是聚集在矿山和机械工业的附近。在有些情况下，这种互补是在不知不觉中形成的，而有些时候，则是被人有意识地规划出来的。

对于一个快速发展的工业城市，职业的多样化与地方性工业都可以为其提供好处，这也就是它们能够不断发展的一个主要原因。但是，另外，一个快速发展的城市的中心地带，所有的被用于贸易的价值，往往比用作工厂产生更高的租金。那么，这样导致的结果是：现在的工厂集中在大城市的郊外及其附近的工业区域，而不是集中在大城市之中。

还有一个严重的问题需要考虑，那就是如果一个城市单一依靠某种工业，就不免会受到市场萎靡或上下游行业变动的牵连。而如果同时配置几种不同的工业，在很大程度上就可避免这种害处。如果其中有一种工业一时失败了，其他的工业就能间接地支持它，并使本地的店主能对这个工业中的工人继续予以帮助。

以上是从生产经济的观点研究了地区分布问题，但是对于消费者的便利我们也要加以考虑。消费者为了购买零碎东西会到最近的商店，但要购买重要的东西，就不在乎距离了，而是到他所认为最好的商店去。所以，经营高价和上等物品的商店往往也聚集在一起，而供应日常家庭必需品的商店则不会如此。

第七节 论大规模生产

1. 大工业的优点

对于大规模生产的优点，大工业表现得最为清楚。工业会成为大规模生产优点的最好例证，原因是工业具有自由选择它进行工作的地域的能力。一方面，工业不同于传统的受地理位置限制的农业、渔业、牧业等产业；另一方面，工业也不同于制造或修理适合个别消费者的特殊物品产业，因为这种产业不能远离这些消费者。

大规模生产的主要优势在于技术、机械和原料等方面，不过就目前来看，原料与其他两项相比，正在迅速失去其重要性。

如果是单独一个人进行生产，往往会浪费一些原料，但如果是在工厂里，这些东西就会被人收集起来，加以进一步利用。类似这样的浪费，在地方性工业中是不会发生的。毫无疑问的是，在近些年工业取得的最重要的进步里面，有许多是因为利用废物而得到的。

而且，我们可以考虑，如果一百套家具或衣物需要按照完全相同的式样来准备材料，在规划材料以减少浪费上面花费很大的心思，无疑是非常值得的。

不过，这应该属于技术优势，一种计划如果可以用于许多工作，它就能被良好地和仔细地实行。那么接下来，再让我们转而研究机械带给工业的优势。

大工厂的优势在于：专门机械的使用与改良、采购与销售的专门化、专门技术和企业经营管理工作的进一步划分。

▶ **大规模家具制造**

大工厂在原料采购、机械改良、新技术采用、规模生产等方面都有较大的优势。

在可以被归入同一生产部门的许多小型工业所集中的邻近地域，辅助工业虽然可以给予它们不小的帮助，但因为机械的改良，以及机械价格的昂贵，使小型工业仍然处于极大的不利地位。

因为在较大的大工厂里面，往往要购置一些仅仅为某一种较小的用途而专门制造的高价机器，这往往又导致工厂需要较大的空间，除此之外，还有机械的使用和维护费用，以及机械的折旧费用，这些都是大笔的投资。所以，一个小型的制造商必然要用手工或不完善的机械来做许多东西，虽然他知道使用专门机械，但无奈没有购入机械的资本。

一个小型的制造商也许未必一定能够熟悉最适合他的精良机械。如果他所在的行业已经适应大规模工业化，那么只要他有能力购买市场上最精良的机械，他的机械就可完全达到标准。但对于尚处于发展的初期阶段的工业来说，情况就完全不一样了。

在这些正在发展的行业中，即便有新的机械或技术，大部分也是某个行业的从业者自己设计出来的。这样的话，每种新的尝试都可能是一种失败的试验，而那些取得成功的试验也必须负担它们之前失败的费用。虽然一个小制造商认为他知道怎样改良，但他必须考虑这种尝试该领域的风险和费用，而且对他别的工作也很有妨碍：即使他能完成这种改良，他也不一定就能加以利用。

不过就在某些行业里面，大工厂从机械优势所获得的各种利益，只要在工厂达到中等规模之后，就差不多会消失了。总有许多利益是大工厂所独有的，而为小厂所没有的。大工厂因为采购量大，所以往往能拿到比较低的采购价格；与此同时，它的运费支出也会相对较低，而在运输上有许多方面也是节省的——特别是它如有铁路侧线直通厂中的话。销售量大，也会带来很大的便利……

组织成熟的采购和销售的优势，是现在同一工业或行业中许多企业合并成为一个大的联合组织的倾向的主要原因之一，这种经济还常常引起营业风险集中在把工作分给小资本家去做的大资本家的身上。

2. 大规模生产与需求市场

在可以为大规模生产提供较大优势的行业中，假如一个企业能将产品比较容易地销售出去，那么它的发展速度便会非常快。但不幸的是，很多企业往往做不到这一点。

在农业或其他行业中，经营者不会因扩大生产规模而获得很大的新的优势，因此，其中的企业往往在许多年都保持相同的规模。但是，在大企业普遍具有较大优势的行业中，情况就完全不同了。

一个刚刚进入行业的人，如果想要在这样的行业中获得一席之地的话，就必须将他的全部精力和能力，用来对付具有雄厚资本、专业化程度很高的机械和劳动与较大的营业联系的竞争者。如果在这之后，他还能够让生产加倍，并能以与之前的价格相差不远的价格出售产品的话，那么他所得到的利润就会在一倍以上。这将提高他对银行家和其他精明的贷款者的信用，从而帮助他进一步扩大他的经营，获得更大的优势和更多的利润。

这样，企业的发展便形成了良性的循环。最开始，我们似乎看不到哪里是他必须停止的地方，因为当营业扩大时，如果企业主的才能可以适应较大的范围，与它以前适应较小的范围一样，那么他也许会把在他所在行业的全部生产量都集中到自己手里来。如果他货品的运输不是很困难，销路也不是很困难的话，他也许可从这个区域扩展到很远，达到好像是一种有限的垄断。这里，我们所谓有限的垄断，就是受到较高的价格和可能出现的竞争对手限制的垄断。

不过，在没有达到这个目的之前，一个企业主的热情就会丧失，他的进步就会因他对努力工作的爱好之衰退而停止。如果他能把他的企业交给与他拥有同样能力的继承者去经营的话，则他企业的兴盛就可以经久不衰。

不过，想要让企业这样持续快速地发展，必须具有难得在同一工业内同时存在的两个条件：一是在许多行业中，个别生产者能够以生产量的增加来获得很大的“内部”优势；二是在其他许多行业中，个别生产者能够很容易地销售那种产品。

但是，这两件事很难能够同时达到。这是因为，大规模生产的经济具有最高优先级的那些行业中，大多数行业的商品销售是成问题的。所以，在生产这些东西的工业中，没有企业能保持它自己的地位，除非在主要工作上它具有最新式的高价设备，同时，一切附属的作业能够交给辅助工业来做。总体来说，在大企业与更大的企业可以获得的各种优势之间，并没有很大的差别。

最后，让一个新企业能迅速获得新的生产上优势的那种工业的条件，就是使那个企业迅速地被那些懂得创新的企业所替代的条件。尤其是在大规模生产的强有力的优势，在新机械和新方法的使用相结合的情况下，一个企业如失去使它能发达的非凡精力，那么它用不了多久就会衰落。

第八节
论企业管理

1. 个人的营业活动

前面的章节中，我们已经讨论了关于工业或其他雇用劳动者企业的经营管理工作。那么接下来，我们就应该认真地思考一下，商人们在一个经济体系内所扮演的角色，以及这个角色如何在企业与市场之间协调的问题。

与此同时，我们还附带要考虑另外一个问题，那就是为什么规模越大的企业，越容易获得成功，越容易将小企业排挤出市场？

首先从第一点来说，我们这里的经营指的是广义的经营，也就是所有满足人的欲望，并从这种满足中获得直接或间接报酬的行为。所以，它与个人为了满足自己的欲望而所有的行为大大不同。

一开始出现的手工业者，他们都是自己管理他的全部经营。不过在这个时候，他的服务对象往往都是他的邻居，所以他只需要很少的资本，生产的计划也往往是比较随意的。因此对这些工作，他并不需要花费太多的心思。

但与此同时，他也很难享受持续的繁荣，战争和饥荒会不断地打断他的经营节奏并使他的邻人对他的商品的需要也停止了。他会认为好运和坏运多不是由自己决定的，所以他的手虽然不停地工作，但他的脑子却很少疲劳。

在最近的英国，我们也偶尔能够看到，乡村中的技术工人还是处于这种状态之下。与此同时，一些需要专业知识和技巧的职业，为我们提供了墨守这种传统的经营方法的最好例子。例如，一个医生或律师通常自己管理他的经营，并亲自履行一切工作职能，这种方法不是没有缺点的，但大体上恐怕却是最好的选择了。因为，需要最高级和最精细才能的那些服务，只有在对个人具有完全信心的情况下，才能产生它们的全部价值，在这种服务的供给上，人们的心里对于中间人的参与是不信任的，而这种心理也并不是凭空想象的。

不过，在最近的大部分经营活动中，能够如此地指导生产，以至于一定程度的努力能最有效地用来满足人类欲望的任务，却不得不割裂开来转入专门的经营者手中。

这是因为，这些经营者或商人甘愿“冒着”或“担当”经营的风险。他们愿意为经营准备所需要的资本和劳动力。他们对经营作出安排或“计划”，并监督它的细小事情。从一种观点来看，我们可将经营者或商人看作一个高度熟练的产业阶级，而从另一种观点来看，则可看作介于手工劳动者和消费者之间的中间人。

有些比较特殊的商人，他们愿意承担更大的风险，所以对于他所经营的商品的生产者和消费者，他们往往具有更大的影响力。不过，他们却往往并不是劳动的直接雇主，这些商人最极端的典型，就是证券交易市场和商品市场的那些大投资者。这些人每天都做着非常大的买卖，但他们却既没有工厂也没有仓库，往往只租用几张办公桌，雇用几个交易员而已。然而，像这种投机者的活动结果到底是好还是坏，往往又是很复杂的事情。

在说完了上面这些后，我们现在可以去注意那些最注重经营管理而最不注重投机方式的企业了。因此，让我们以较为普通的企业形态作为例证，并注意担当风险与商人的其余工作之关系。

2. 从建筑业讨论管理者的出现

这里，我们选择建筑业作为我们讨论的对象。这是因为，建筑业仍然墨守着一些传统的经营方法。自中世纪以来，个人不依靠营造师而自己建造房屋，就已是非常普遍的事情了，这种习惯即使到今天也仍然没有完全消失。

如果是选择自己建造房屋，那么这个人还必须要分别雇用一些工人。对于这些工人，他不但要督促他们干活，还要核对他们的工资。与此同时，他还必须去购买多种多样的建筑材料，必须租用高价的机械。

在这个过程中，他所付的工资恐怕比当时社会上的普遍工资还要高。但在这里，他有所损失，别人则有所得。然而，在同工人议定报酬时，在以其不完全的知识来考察和指导工人的工作上，他必须要浪费很大的经历。而且，他还要耗费大量的精力在了解所要的各种材料的种类和数量上，以及到

▶ **建筑业**

随着科技的发展，越来越多的大机械开始应用于建筑业，提升了整个行业的工作效率。

哪里去买最为上算等问题上。

但是，如果我们做一下这种分工：监督细节工作的任务由专门的建筑业者来担任，设计的任务由专门的建筑师来担任。那么这种浪费就完全可以避免了。

但如果房屋不是由个人去自主建造，而是作为建筑的投机企业[①]来建造的时候，那么对工作的分工就必然会精细很多。而如果大规模这样做的话，就可能会帮助企业获得大量的利益，以至于对强有力的资本家提供了有吸引力的机会，这些资本家具有很高的一般经营能力，但恐怕没有很多关于建筑业的专门知识。于是，他们便依靠自己的判断作出关于各种房屋将来的供求关系会是怎样的决定，但细节工作则委托别人去管理。

3. 理想经营者的才能

在我们讨论营业利润时，人们总会下意识地将利润与劳动雇主联系起来，仿佛雇主成了营业利润获得者的代名词。但是，在上面的例子中，我们能够看到这些真相：劳动的监督不过是管理工作的一方面，而且往往还不是最重要的方面。担当营业全部风险的雇主，实在是为社会履行两种完全不同的职务，而且要有双重的能力。

让我们回溯一下之前讨论过的内容：制造商生产货物，不是为了应付特殊的订货，而是为了占有一般市场。

第一，从他作为商人和生产组织者的角色来说，他必须具有在他自己行业中的面对不同问题的透彻知识。他必须具有预测生产和消费的广泛变动的能力，以及知道哪里有供给一种新商品以满足实际欲望的机会，或是哪里有改进旧商品的生产计划的机会能力。他必须能谨慎地判断，大胆地承担风险，当然，他还必须了解他的行业中所用的原料和机械。

第二，如果将其看作一位雇主，那么他就必须是一个天生的领导者，必须

① 在经济学领域，投机指的是寻找机会进行投资并从中获取利润，并不具有普遍的贬义色彩。

具有首先适当地选择他的助手，然后充分信任助手们的能力。而且，他必须具有使助手们关心营业和信任他的能力，以发挥助手们内在的进取心和创造力。与此同时，他要掌握一切经营活动中的事务，并保持营业主要计划得井井有条和前后一致。

由此可见，成为一个理想中的雇主必须要具备各方面的能力，以至于很少人能在很大程度上兼有这些能力。然而，这些能力的相对重要性，是随着工业的性质和营业的大小而不同的。一个雇主有某些擅长的才能，另一个雇主则可能在别的才能方面优越，而很少有两个雇主的成功，是由于完全相同的一套长处。有些人的成功全靠他的高尚品质，而有些人的成功则完全来自他的机警和坚强的意志。

有能力的雇主往往能够通过经营，让自己的财富获得大量的增加，而那些没有才能的人，其经营的范围越大，往往损失的资本越多。这两方面的因素，会让资本适应善于运用资本所需的才能，而对于运用资本的经营才能，在像英国这样的国家中，具有相当明确的供给价格。

只要不是运气特别差，一个有经营能力的人，一旦能够独立领导一个企业，那么不久就可以证明他具有善于运用资本的才能，因此使他能有办法借入他所需要的款项进行投资和经营，他便能够获得厚利，就可以增加他自己的资本，而增加的这部分资本，是以后借款的物质保证。因为他已经赚到钱了，所以会让贷款者对于坚持贷款的全部担保不像从前那样小心了。

当然，我们必须要提出运气的重要性，一个很能干的人也许觉得事情的发展对他不利，他亏本的事实会减少他的借款能力。如果他是依靠一部分借入的资本来经营的话，这甚至会使贷款者拒绝继续贷款，这样，如果他只使用自己的资本，一时的不幸就会使他垮台。

如要想尽一切办法去挽救这种局面，他就必须去过一种充满忧虑和不幸的生活。但是，因为处于困苦当中，反而会让他的能力得到进一步的彰显。人类本性大多是乐观的，人们比较热衷于将资本借给那些曾经渡过商业上的灾难而没有丧失声誉的人。因此，虽然成功与否未可知，但能干的商人一般觉得，他所掌握的资本毕竟与他的才能成正比例增长。

与此同时，我们也了解，能力不够却掌握大量资本的人，如果不是特别的幸运，是一定会造成资本损失的。他也许是一个能够将要很好地经营一个小企业的人，这企业在他离开时比他初去时资本较为雄厚，但是如果他没有处理重大问题的才能，那么企业越大，他犯的错误影响就会越恶劣。所以，在考虑了平常的风险之后，大企业的交易只剩下很少一部分利润，而大企业通常只有依靠这种交易才能维持。

从迅速成交的较大营业额中所得的微薄利润，对于有经营能力的商人来说，是足以产生丰富收入的：有些经营的性质能使巨大资本有活动的余地，在这些经营中，竞争通常将行业的利润率压得很低。一个乡村中的商人，能比他较为能干的竞争者从他的营业中少赚5%的利润，但仍能维持不会破产。

但是，在获得利润很快而纯粹是例行工作的企业里面，营业的全部利润往往是非常少的，少到会让一个人即使比他的竞争者少赚一点，在每次营业上也会有很大损失。而那些经营困难和不是依靠例行工作的大企业，对于真正有经营才能的人，可提供很大的营业利润，但只有普通能力的人，要想经营这种企业，绝不会获得利润的。

这两种力量最终会导致如下的结果：商人们的才能大小与他们所经营的企业大小之间的一致性，比最初看起来所认为可能的密切得多了。一个天生有经营能力的人，在私人企业和股份公司中能够获得提升的许多途径，我们已经说过了，如把上述结果与这些途径加在一起来考虑，我们就可得出如下的结论：在像英国这样的国家里，凡是进行大规模生产的地方，它所需要的才能和资本就一定会很快出现的。

而且，正像工业技术和能力日益越来越多地有赖于判断、敏捷、智谋、细心和毅力等广泛的才能一样，经营才能也是如此。事实上，经营才能比低级的工业技术和能力，包括更多的这些非专门的才能。经营才能的等级越高，它的应用就越多种多样。

于是，因为运用资本的经营才能从这种才能过多的行业向为它提供良好机会的行业作横的移动非常容易；而它作直的移动也非常容易，就使较为能干的人在他自己的行业中升到较好的地位。所以在我们研究的这个初期阶段中，我们便有充分的理由相信：在近代英国，运用资本的经营才能供给通常能适应对它的需求，因而也就让才能有了明确的供给价格。

最后，我们可以得出一个结论，那就是这种运用资本的经营才能的供给价格，往往要由三个因素构成：第一个因素是资本的供给价格；第二个因素是经营才能和精力的供给价格；第三个因素是把适当的经营才能与必需的资本结合在一起的那种组织的供给价格。

对于这三个因素，我们称第一个因素的价格是利息；而对单独第二个因素的价格，我们称为纯经营收入。至于第二个和第三个因素合在一起的价格，我们则可以称作总经营收入。

第九节
论报酬

1. 本章后面几节的摘要

在本章最开始的部分，我们已经了解到，在其他情况不变的情况下，自然界对资本和劳动使用的增加所产生的农产物收获的增加，是怎样呈递减的形势的。而后，在本章的后几节，我们研究了问题的另一面，即人类生产工作的能力是怎么样随着人能够胜任的工作而递增的。

首先，在考虑支配劳动供给的种种因素后我们了解到，在其他情况不变的情况下，一个民族身体方面的、精神方面的和道德方面的水平每有增加时，是怎样促使这个民族的儿童获得良好的抚养和教育的。其次，我们了解到，每当财富有所增长时，财富的新增长速度较之前是怎样更快的。最后，我们了解到，财富的增长以及人口和智力的增长，是怎样促进工业组织的诞生，而工业组织的高度发展，又是怎样反过来增强资本和劳动的共同效率的。

在比较深入地研究了每一种货物的生产规模扩大所带来的优势之后，我们知道，这种优势可以表现为两类：一类是有赖于工业的一般发展，另一类是有赖于从事这个工业的个别企业的资源利用效率及其经营管理的效率。简言之，就是分为外部优势与内部利益优势。

我们了解到，如果以任何个别企业来讨论，内部优势是怎样的不稳定，非常容易发生变动。一个勤劳刻苦的人，也许忽然由于好运气的帮助，在他所在的行业打下了稳固的基础，他工作勤劳，生活简朴，这都使他的资本得到了快速的增加，从而让他能够借入较多资本的信用增大得更快。

▶ 电气革命中的吉森实验室

技术的改良，往往是从一些由企业支持的科学实验室开始的，企业通过投资这些实验室，往往能够获得领先于行业的技术革新。

与此同时，他所拥有的雇工都有超过普通人的工作热情和工作能力；他信任雇工们，同时雇工也为他奉献全部的精力，他们每个人都是全力从事着他们最擅长的工作，从而让高级的才能不至于浪费，工作中的问题也不会被搁置。这样，他的经营就会扩大了。

随着这种技术优势和管理优势的逐步增加，他的事业越来越大，于是又出现了专门的机器和各种设备的类似的经济；他很快地采用每种先进的改良制造方法，而且使它成为进一步改良的基础。与此同时，他的成功带来了信用，信用又带来了成功，信用和成功有助于保留老顾客和招徕新顾客。事业的扩大，经营范畴的扩大，都给他在采购方面带来了极大的优势，他的货物能够形成宣传体系，因而减少了为货物找寻销路的困难。他营业规模的扩大，使他胜过竞争者的利益也很快地增大，并且使价格降低，他能按照较低的价格出售货物而不会亏本。只要他的精力和进取心、创造性和组织力保持充分的力量和旺盛，只要营业上不可避免的风险不会使他遭到特别的损失，上述的情况就会继续下去。如果这种情况能维持一百年，那么他和其他一两个像他这样的人，就可垄断他所经营的那个工业部门的全部营业了。他们的大规模生产，会使他们得到很大的经济利益；如果他们竭力互相竞争的话，则公众就会得到这种经济的主要利益，商品的价格就会跌得很低。

不过，在经历了这样一个阶段的膨胀期之后，大公司往往免不了进入生长的停滞期，失去了继续生长的获利，进而最终被有新生命的企业所替代。虽然这个原理并不是普遍适用的，但在许多工业和商业中，它仍然是有效的。

自然限制着有能力的管理者的寿命，在一个创业的人因为年华的逝去而告别他的企业之后，企业的管理权就要落到即使对企业的繁荣同样积极关心，但精力和创造的天才都会差很多的那些人手中了。如果这企业变为股份公司组织，则它可保持分工以及专门的技术和机械上的利益，如果再增加资本的话，它甚至可以增大这些利益，并且在有利的条件下，它在生产工作上就可保持永久和突出的地位。但是，它恐怕已经丧失它的伸缩性和进步的力量如此之多，以致在与新兴的较小对手竞争时，它已不再完全处于有利地位了。

因此，在我们考虑财富和人口的增长对生产上的优势所发生的广泛影响时，我们的结论一般并不受以下两个事实的影响：

第一，这些优势中有许多直接要看从事生产的个别企业的大小而定；第二，差不多在每个行业中，大企业都是在兴衰往复的，在所有的历史阶段，总有一些企业正在兴起，而另一些已经兴起的企业走向衰落。因为，在一般繁荣的时代，一方面的衰败必然为另一方面的发达所抵销。

与此同时，总的生产规模的扩大，会导致那种并不直接有赖于个别企业大小的优势增大。这些优势中最重要的是由于相关的工业部门的发达而产生的，这些部门互相扶持，甚至集中在同一地方。像这种来源所产生的各种优势，是任何生产部门都可获得的，而不是完全依靠它自己的发达。但是，这些优势必然是随着它自己的发达而迅速地和稳步地增大；如果它衰败的话，这些优势在某些方面也是必然会缩小的。

2. 报酬不变与报酬递增

有一项研究是非常重要的，那就是对支配某种商品供给价格的各种原因的研究，在这个研究中，我们需要认真分析生产一种商品与一定的总生产量有关的正常费用，为了达到这个目的，我们将要研究在那个总生产量下，具有代表性的生产者的生产费用。

这里有两个需要注意的地方：一方面，我们尽量不要选择那些刚刚投身于经营活动当中的新生产作为代表，因为它一开始毕竟会遇到很多不利的问题，一时间还无法获得正常的利润。另一方面，我们也不要选择一个已经获得绝对成功的大企业作为代表，因为它比普通的企业具有了太多的优势。

我们选择的具有代表性的企业，必须是这样一个企业：它已具有相当长的经营历史和相当的成功，它的经营主要依靠的是正常的能力，它能正常地获得属于那个总生产量的外部优势和内部优势。而对于它所生产货物的种类、货物的销售情况以及一般经济环境，也是要加以考虑的。

这样一来，我们就获得了一个具有普遍意义上的一般性的代表性企业。但是，营业上所说的“普遍的”这个用语却可以有许多不同的解释。而一个代表性企业是特殊种类的普通企业，为了要了解在所说的工业与国家中，大规模生产的内部优势与外部优势一般已经达到了怎样的程度，我们需要研究这种普通企业。

如果，我们很随意地选择一两个企业作为研究对象的话，毫无疑问，我们就无法获得这种具有普遍性的结论。但是，在经过广泛的调查之后，选择一个企业来研究，不论它是私人经营还是股份经营，以我们所能得出的判断而论，只要它能代表这种特殊的普通企业，我们就能很清楚地了解这一点。

在本章中，我们用一般的论断表明以下两点：第一，任何货物的总生产量的增加，都会促进这样一个代表性企业规模的扩大，因而就会扩大它所有的内部优势；第二，总生产量的增加，常会扩大它所获得的外部优势，因而使它能在比例上花费较以前为少的劳动和代价来制造货物。

换句话概括一下就是：自然在生产上所起的作用会表现出报酬递减的倾向，而人类所起的作用则表现出报酬递增的倾向。对于报酬递减规律，我们可以作如下说明：劳动和资本的增加会导致组织的改进，而组织的改进又可以增强劳动和资本的使用效率。

所以，在那些并不从事农产品生产的产业中，劳动和资本的增加会使报酬有超过比例的增加；而且这种组织的改进，会趋于减少甚至超过自然对农产品产量的增加所能增大的任何阻力。如果报酬递增规律可以与报酬递减规律互相抵销，那么我们就有报酬不变规律，劳动和牺牲的增加刚好可以让产品有同比例的增加。

报酬递增与报酬递减这两种倾向总是此消彼长的，以小麦和羊毛的生产而论，在不能自由进口的传统国家中，报酬递减倾向是占上风的。如果我们将小麦磨成面粉，或把羊毛制成毛毯，那么社会总生产量就会增加，而这种增加就必然带来一些新的优势。

不过，这种优势不会太大，因为面粉业和毛毯业的规模已经如此之大，以至于它们只能够从新的技术和发明上面获得新的优势，而组织的改进则无法带来这一点。不过，在毛毯业刚刚有所发展的国家里，组织的改进所占的权重或许就要重要一些了。因此，我们便可以看到这种情况，毛毯总产量的增加所减少的制造上的困难，与它所增大的原料生产上的困难，在比例上恰好相等。在这种情况下，报酬递增规律与报酬递减规律的作用就会恰好相互抵销，于是毛毯生产就会符合报酬不变的规律。

不过，在大多数原料费用并不十分重要的、需要较为精致生产制造的工业部门里面，或者一些近代运输产业里面，报酬递增规律所起的作用差不多是无法抵抗的。

报酬递增代表的一方面是努力和牺牲的数量，另一方面则是产品的数量之间的关系。这些数量往往不能被准确地计算出来，因为生产方法的改变是需要机械的，与此同时还需要各种新熟练和不熟练的劳动者。对于这一点，从大致的范围上我们可以含糊地说：工业中一定数量的劳动和资本所获得的生产量，在近二十年中增加了四分之一或三分之一。

需要特别提出的是，很多人喜欢用货币来衡量费用和产量，但这其实是一种危险的方法，因为货币支出与货币收入的比较，很容易会将人引入估算资本利润率的另一条道路上去。

3. 工业发展和社会福利

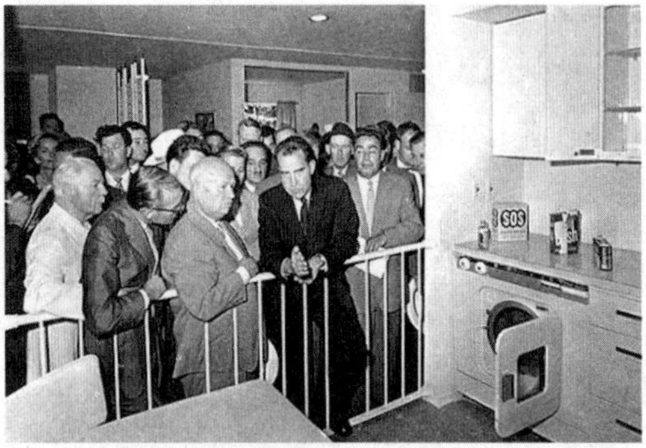

▶ 厨房辩论

赫鲁晓夫访美期间，美国总统尼克松向赫鲁晓夫展示了美国普通工人家庭的厨房，反映了资本主义国家的工人福利改善情况。

最后，再让我们来总结一下工业的发展与社会福利的关系。随着人口的迅速增长，往往会出现一些社会性的问题，如城市变得越来越拥挤，环境变得不适宜人的健康生活，社会风俗变得越来越浮夸等。有的时候，人口增长一开始就不是一件很好的事情，它超过了人们已经拥有的物质资源，使人们不得不极尽所能地挖掘土地等资源的价值，从而使农业方面出现了极大的报酬递减现象，于是，贫困便出现了，整个社会层面的资源匮乏也出现了。人们的性格就暴露出很多弱点，以至于在民族层面上的精神状况都被降低了。

上述这些是人口增长的严重危险所在。不过，对于一个具有一定程度个人力量和精力的民族来说，人口的增加也可以提升整个民族层面的共同效率的增加，而它带来的优势，在某种程度上却能够弥补因为人口增加而带来的社会性的问题。

▶ 现代化农业

发达的农业是社会进步和人口增加的必要前提。

如果这个民族能够用比较容易的条件引进食物及其他农

产品，便可以暂时避免报酬递减规律给农业带来的压力；如果这个民族的财富没有因为战争等原因被过度消耗，那么财富增长的速度至少就会和人口增加保持一个节奏。如果这个民族努力避免了会使人们身体衰弱的生活习惯，那么当人口每有增加时，他们获得物质货品的力量就会随之有超过比例的增加，这是因为人口的增加会让他们获得专门技能和专门机械、地方性工业和大规模生产的许多不同的优势。

总而言之，人口的增加在某种前提下，其实是一种有利于社会进步和经济发展的因素。而这两个前提条件是：第一，能够没有困难的获得充足的农产品供给；第二，人口过多不会使身体和道德的力量因为各种原因而受到损害。

对于现在的文明国家来说，他们积累财富的速度要远远快于人口增加的速度，如果人口的增加是以慢于财富增加速度进行的话，那么每人所有的财富就会增加得快一点。不过，问题在于人口增加的时候，对生产的物质帮助超过比例的增加就会继续随之而来。

在如今的英国，因为很容易从国外得到大量原料的供应，所以随着人口增加而发生的除了是对一些如阳光、空气等平等的需要外，就是满足人类欲望的手段有超过比例的增加。然而这种增加的大部分，并不能归功于工业效率的增加，而要归功于随着人口增加而带来的财富增加。所以，人口增加就不一定有利于那些无法在财富增加中获得好处的人们。而且，英国从国外获得的农产品的供给，随时可能因为国际贸易环境的变化而发生变化。同时，为了保障国家的安全以防止战争危险所必需的海陆军费用，英国显然也会减少从报酬递增规律的作用中所获得的利益。

第五章

市场与供需

Principles of Economics

市场并不是伴随人类社会诞生的，而是在人类社会发展到一定阶段，在生产和交换出现以后才诞生的。但对于经济行为的研究，却是以市场为开端的。一切的经济行为，都要由市场作为载体，都会对市场造成一定的影响。

在本章中，作者并没有过多讨论市场的形成和组织问题，而是将精力主要放在了对于市场供给和市场需求的研究上，并探讨了在供给和需求相互作用下，投资、生产、储蓄等经济行为的变动。

绪论

正常的企业，必然会经历萌芽、成长、壮大、停滞和衰朽。在其转折点上，存在着生命力与衰落力之间的平衡或者均衡。在上一章的最后一部分，我们讨论过人口的增加或工业的发展对于企业和经济的影响，而本章我们则要深入地探讨另一种力量。这种力量让人得以成长，但在成长之后，却又让人陷入僵硬之中，最终不得不被一些更生机勃勃的人所取代。

为了更透彻地研究这个问题，我们首先要观察一下比较简单的力量均衡。这种均衡就像是一条条弹线所绑着的一块石头或一个盆中彼此相依的许多小球所保持的机械均衡一样。而对于这种均衡的研究，我打算从供给和需求的一般关系开始，尤其是供给和需求能够实现均衡的价格开始。

均衡本是一个普遍性的名词，而在本章中，我们可以不加特殊解释地来使用。不过，在使用这个名词的时候，我们会遇到一些困难，而这些困难只能逐步地加以解决。事实上，本章中很大的篇幅都是用来讨论这些困难的。

在本章中我们仍然需要选取一些例证来佐证我们的观点，这些例证有时取自某一类的经济问题，有时则取自另一类的经济问题，但对于我们主要的推理过程来说，任何特定种类所特有的那些假设是不造成阻碍的。

这样一来，我们的推论一方面不是叙事的，另一方面也不是为了积极地解决实际问题。它只是用来揭示我们关于支配价值因素的知识的主要理论根据，从而为我们最后建立起完整的理论结构做好准备。

我们的研究与其说是为了获得新的知识，不如说是为了获得和整理关于迫使人类进行劳作和牺牲以及使他终止劳动和牺牲的相反力量的知识的能力。

在本章中，我们首先必须要对市场做简单的论述，因为这是我们之后讨论的基础。市场组织不论在原因还是结果上，都与货币、信用以及对外贸易密切地联系在一起，所以对市场的深入研究，我们会放在最后一章中展开，在这里，我们只是对它做简单的论述。

第一节
论市场

1. 市场的定义

在我们讨论供给和需求的相互关系的时候，必须在同一个市场背景下进行。就像古尔诺[①]说的那样："经济学家所说的市场，并不一定是指某个特定的货物交易场所，而是指任何地区的全部，在这个地区中，买主与卖主之间的往来是如此自由，以致相同商品的价格有迅速相等的趋势"。

对于市场的定义，杰文斯也曾经这样表述："最开始，市场指的是城市中间出售粮食和其他物品的一个公共场所，但是这个词的意义曾经被推广为指任何一群商业上有密切关系并进行大量交易的人。在一个大城市中，有多少重要行业存在，就可以有多少个市场，而这些市场也完全可以不设固定的交易场所。"

所以，在这里我们便能够得出一个结论，那就是一个发展越完善的市场，市场各个部分在同一时间内对同种商品支付相同价格的趋势就越强。当然，如果市场是比较大的，那么我们也要考虑市场中交易的成本，其中最重要的便是货物的运费。

---

① 奥古斯丹·古尔诺，法国经济学家和数学家，数理经济学派的代表人物。

2. 市场在空间和时间上的局限性

如果我们试图将经济学的推理运用到实践中去，有一个问题往往会成为难点，那就是我们难以确定某地域的供求变动在多大程度上受着其他地域供求变动的影响。

显而易见的是，因为交通和通信方式的改变，这种地域之间的影响开始变得越来越大。从某种意义上来讲，整个西方世界都可以被看成各种股票证券和贵金属的市场。从小处来看，整个世界也可以被看作毛、棉，甚至小麦的市场。当然，这当中还需要考虑运费、关税、耗损等因素。

对于整个世界市场而言，有许多的特殊原因可以导致某种特定商品市场的扩大或缩小。但显而易见的是，差不多所有那些拥有广大市场的商品，都会具有普遍的广泛的市场需求。例如，几乎所有国家对于棉布、小麦和铁的需求都是非常迫切的。所以，它们可以由那些彼此相隔很远以及和商品相隔也很远的人们来进行买卖。

那么买卖的形式，可以以这样的方式进行：从这些商品中选取真实可靠典型的样品，然后委托给一个专家或专门的机构对它做出鉴定，就像美国对谷物所分的等级那样。所以，买主可以确保他所买的商品将达到一定的标准，虽然他从来没有见过他所要买的商品的样本，而且即便他见过样本，或许也无法作出正确的判断，因为他并没有相关的知识。

与此同时，那些拥有广大市场的商品，必须是能够经得起长途贩运的商品。这些商品的耐久性是非常重要的，同时它们的价值和体积

▶ 港口

交通运输在一定程度上弥补了市场的空间局限性。

相对而言要大得多，否则就会给贩运带来极大的麻烦。

如果一件商品是如此笨重，以致在离产地很远的地方销售时它的价格势必有所提高，那么这样的商品就只能够在很狭隘的市场上销售。举一个简单的例子，普通砖瓦的市场实际上只限于砖瓦生产工厂附近的地区，它们几乎无法经过陆路运输到那些没有自己砖窑的地区，因为没有人愿意承担高昂的运费。

除了空间上面的问题，时间也是一个需要考虑的因素。市场供求力量彼此达到均衡所需要的时间长短是不同的，因而也就给市场带来了很大的变数。因此，对于这种时间因素，其实是当前比空间因素更加需要充分注意的。因为均衡本身和决定它那些因素的性质，往往都是以市场所占用的时间的长短为转移的。

我们将会了解，如果时间很短，那么供给便只局限于现有的存货；但如果时间较长，那么供给将或多或少受该商品生产成本的影响。但在较长的时间里，这种成本将又或多或少受生产该商品所需要的劳动和物质资料的生产成本的影响。这三种因素交织在一起，需要我们在此后的章节里详细地讨论。

第二节
正常的需求和正常的供给

1. 需求和供给的暂时均衡

人的欲望和劳动之间，是存在着简单的均衡的。当一个人用自己的劳动来满足自己的某种需求时，我们就可以发现这种均衡的存在。

一个孩童采摘果子供自己食用，采摘工作本身或许是有趣的，但时间长了便只会感觉辛苦了。当将采摘的果子吃掉之后，他便不愿意再进行这种劳动了。对于这种劳作的厌倦，可能仅仅是因为单调，而对这种劳作的兴趣，可能仅仅是因为他想吃果子的欲望。在这里，欲望与劳动就达到了均衡。

不过，在一个人和他人的偶然交换中，这种长久的均衡确实是很少见的。例如，一个人用自己的长矛交换另一个人的猎物，因为双方或许都有欲望没有被完全满足的情况，第一个人如果不能用别的方法得到猎物的时候，除了长矛之外，他或许也愿意用其他东西交换对方手里的猎物；而第二个人在必要的时候，也可能想着用猎物去交换其他东西。

不过，对于物物交换来说，暂时的均衡还是可能出现的。虽然物物交换是最原始的交易形式，但其内容却是非常复杂的。而在较为文明阶段的市场上，我们也可以看到一些均衡价值的简单案例。

这里，让我们以谷物市场为例，来讨论一下这种暂时的均衡。出于方便的考虑，我们先来假设市场上所有的谷物都有着相同的质量。

谷物的持有者以任何价格所销售的谷物数量，是由他需要的现金和他对与自己有关市场的当前或未来情况的估计来决定的。有的时候，某个价格下没有一个卖主会出售自己的谷物，而在另外一个价格下，所有的卖主又可能会出售自己所有的谷物。而在大多数情况下，市场都介于这两者中间的价格，按这些价格，卖主们都愿出售较多或较少数量的谷物。在这种情况下，每个人都意图摸透谷物市场的情况，并以此来支配自己的商业选择。

这里，让我们假设实际上的谷物所有者都愿以三十五先令的低价出售的谷物只有六百夸脱。但是增加一先令会使谷物所有者多卖一百夸脱，到了三十七先令则会让他们再多卖三百夸脱。我们再假设，三十七先令这一价格可以促使买主只买六百夸脱，按三十六先令则可以多买一百夸脱，按三十五先令还可以多买二百夸脱。

那么根据上面的假设，我们列出如下的清单：

价格	卖主愿意卖的数量	买主愿意买的数量
三十七先令	一千夸脱	六百夸脱
三十六先令	七百夸脱	七百夸脱
三十五先令	六百夸脱	九百夸脱

当然，在那些实际上情愿接受三十六先令而不愿一无所售就离开市场的人们中，有些人并不会立即表示对这个价格的满意。同样，买主们也将有所防备，

也假装成不十分愿意出三十六先令的模样。

在这种情况下，价格就随着一方与另一方在“讨价还价”上得势而摆来摆去。但是除非他们势力悬殊，否则价格不会比三十六先令差太多。因为如果某卖主认为买主们实际上将能以三十六先令买到他们按该价格所愿买的全部谷物，那么他将不愿放弃比该价格相当高的任何机会。买主方面也将作同样的估计；不论什么时候价格如大大超过三十六先令，则他们将认为在该价格下供给将比需求大得多。因此，那些宁愿支付该价格而不愿空手回家的买主也会等待一会儿，由于等待，也会促进价格的下降。

另外，如价格远在三十六先令之下，则那些宁愿接受该价格而不愿一无所售就离开市场的卖主，也将认为在该价格下需求将超过供给。所以，他们将有所等待，而等待也将促进价格的上涨。

由此可见，三十六先令就可以看作真正的均衡价格了。因为如果开始时就选定了这个价格，并且始终保持不变，则供求正好在这个价格上实现相等。而且，由于各个掌握市场情况的交易者也希望有那样的价格，如果他所见到的价格与三十六先令相去甚远，则他预期不久将有所变动，由于这种预期，他们也会促进该价格的迅速实现。

对我们的论证而言，是没有必要要求买主与卖主都必须掌握市场的真实情况的。买主中有许多人或许会对卖主们的出售意向作出过低的估计，或许反过来，卖主中有许多人或许会对买主的购买意向作过高的估算。这都必然导致价格的波动，但从长远来看，这样偶然的事件不会导致价格在总体上的严重偏离。

2. 货币对于均衡的影响

在上面的案例中，隐含着一个符合大多数真实情况的假设，对此我们应该在这里进行一下深入的讨论，以便使它不至于被误用。我每次做出假设，买主们购买第七百夸脱谷物所愿付的货币金额，与卖主们出售第七百夸脱谷物所愿收取的货币金额，是不受以前成交价格的影响的。

对于这种假设，我们虽然考虑了买主们对谷物的需要随着购买量的增加而减少，但我们却没有考虑在他们不愿意支付货币方面，是否有什么可能存在的变化。我们曾假设不论以前支付的款额是多少，货币的边际效用在实际上是不变的。

对于我们所涉及的大多数实际的市场交易而言，这个假设是可以成立的。当一个人为自己消费而购买一件物品的时候，他用在这件物品上的钱或许只是他总资金中很小的一部分，而且，如果在他为了经商的目的而购买的时候，他自然还会将它出售。所以，他的潜在资金其实并没有减少。无论在什么情况下，他支付货币的意向方面是没有显著变化的。这对有些人来说也许并不适用，但对于那些拥有大量货币的人是适用的，而他们往往对市场起着稳定的作用。

在商品市场上，这样的人或许并不多见，但在劳动市场上，这种人却比比皆是。如果一个工人处于饥寒交迫中，那么他对货币的需求一定是很大的。如果开头他在议价方面处于劣势，并以比较低的工资受雇于雇主，那么他对货币的需求仍然是很大的，他也许继续按低工资出卖他的劳动。这种可能之所以这样大，是由于在劳动市场上议价方面的优势往往属于雇主，而不属于雇工。而在商品市场上，这种优势双方是各占一半的。

劳动市场和商品市场的另一个区别在于，雇工只有可出售的一个单位的劳动，但商品持有者却可能持有大量的商品。这是许多事实中的两种差别，在我们讨论过程中，我们用工人阶级对雇主将劳动看作商品的本能反抗进行说明。

3. 预期对于均衡的影响

接下来，我们必须要研究的是，供给价格是由什么原因决定的，也就是卖主们对各种不同数量所愿接受的那些价格。在上面的讨论中，我们只观察了一场谷物的交易，并假定待售的谷物数量是已经存在了的。但问题在于，谷物的数量不仅仅取决于谷物的存量，有时还取决于谷物的预期，并且这种预期还会导致农民对他们在未来所得到的谷物的价格做出的预期，而这些就是我们在下面要讨论的重点。

▶ 谷物期货交易市场

因为对谷物生产的预期不同，所以产生了期货交易市场，市场受各种能够影响谷物生产的因素影响，其中就包括天气、虫害等。

哪怕是一个很小的谷物交易市场上，均衡价格也要受那些对生产和消费的预期的影响。在欧美主要谷物交易市场上，期货买卖已经成了主要的形式，并迅速把全世界的谷物贸易的主要路线也紧密联系在了一起。

期货买卖中有些属于投机的成分，但它们大体上还是由对全球谷物消费量的预期和对现有谷物数量与预期谷物收获量的估算来决定的。

那些谷物商人们所考虑的问题是，各种谷物的播种面积是多少，谷物的早熟情况及其收成情况，充作谷物代用品的那些农作物的供给情况和谷物可以作为其他代用品的那些农产品的供给情况。

例如，在买卖大麦时，他们要考虑像糖这一类物品的供给情况，因为在酿造业中，糖可以充作大麦的代用品；与此同时，他们也要考虑各种饲料的供给情况，因为饲料的缺乏会提高农场所用大麦的价值。

如果世界某地种植某种谷物的行为被认为是亏本的，那么这种谷物的未来播种面积势必会减少。人们根据这一点可以推断，一旦该谷物的需求大规模的出现，那么它的价格势必会上涨。价格上涨的预期对期货的预售会发生影响，而这反过来又影响现价，因此这些价格间接地受着对未来供应品生产费用的估计的影响。

不过，在本节和之后的几节里面，我们所主要讨论的是在一个较长的时期内价格变动情况，这个较长的时期，比最有远见的期货商人所能预料的时期还要长些。与此同时，我们还必须考虑使自己和市场状况相适应的生产量和取决于正常需求与正常供给的稳定均衡位置的正常价格。

4. 生产成本

在讨论上述问题的时候，有一些名词会频繁地出现，因此我们必须要先对它们作出一些解释。首先要解释的是，生产成本和生产费用。

在这之前，我们可以先来重复一下某种商品的供给价格和需求价格的类似点。在假设生产效率完全依靠工人的努力程度来决定的前提下，我们曾看到“引起生产一定数量的某种商品所必要的努力而需要的价格，可以叫作那一数量的供给价格”。

不过在这里，我们需要考虑这样一个事实，那就是生产一种商品一般都需要许多不同种类的劳动，并以各种形式使用资本。直接或间接用于生产商品的各种不同的劳作和储蓄商品生产中所用资本和所需要的时间，所有这些劳作和付出加在一起，就是我们所说的商品生产的实际成本。而对这些劳作和付出所必须付出的货币金额，我们就叫作商品生产的货币成本，或者简单点儿叫作商品的生产费用。

生产费用是为了引出生产商品所需要的各种劳作和牺牲的适当供给而必须付出的价格；换句话说，生产费用就是商品的供给价格。

对于商品生产费用的分析，我们可以追溯得很远，但这种做法并不值得。我们最好的选择是把生产某商品所需要的东西来划分成某些种类，并将它们称为商品的生产要素。这样，当生产任何一定数量的某种商品时，它的生产费用就是它的生产要素的相应数量的供给价格。而这些供给价格的总和就是该商品的供给价格。

▶ 木材交易市场

木材市场受地域的影响较为严重，城市周边木材市场的价格，往往明显高于林区。

我们可以将典型的现代市场看作这样一种市场，在这种市场上，生产商将货物按照几乎没有商业费用的价格出售给批发商。

不过，从更为广泛的角度来看，我们可以认为一种商品的供给价格，其实是我们所考察的市场上的价格。至于供给价格中有多少是商业费用，这就要由那个市场的性质来决定了。

例如，某山地林区附近的木材市场，其木材的供给价格往往完全是由伐木工人的劳动价格构成的。但是到了大城市的木材批发市场，同样的一段木材，其价格大部分则是用来承担运费了。

此外，某种劳力的供给价格因为各种各样的原因，可以分成培养费、普通教育费和专门教育费等。这种可能的结合是无数的，虽然各种结合都可以有它自己的枝节，但是，我们无法分清每一种枝节。所以就本章的一般推理而言，这些细枝末节是可以被忽略的。

需要注意的是，在计算某种商品的生产费用时，我们需要考虑这样一个事实：那就是在没有新发明出现之前，产量的变动往往会引起商品的几种生产要素相对数量的变动。

只要在生产者的知识和经营能力所及的范围内，他们会在任何情况下都选择那些最适合他们的生产要素。他们所使用的生产要素的供给价格的总和，一般都小于可以用来替代它们的其他任何一组生产要素的供给价格的总和。如果情况不是如此，那么他们必然会选择方法，将生产要素的供给价格降到最低点。

在这之后，我们将会看到，整个社会也在进行着这样的一种淘汰方式。淘汰掉那些生产要素高的企业，代之以那些生产要素成本低的企业。为了方便在之后的内容里讨论，我们将这种原则称为代用原则。

5. 代表性企业

我们研究的出发点是：在最普遍经济形态下，考察正常需求和正常供给的均衡状态。这就要求我们不去考虑经济科学中特殊部门所特有的那些特点，而把我们的所有关注点都集中在全部经济科学所共有的那些一般关系上。

所以在这里我们假定：需求和供给是自由发挥作用的，买卖双方没有密切的对接，而是各自单独地行动着，这样导致买卖双方之间有着很大程度的自由竞争。换句话说，就是买主都是自由地同买主竞争，卖主都是自由地同卖主竞争。

不过，虽然是各自单独地行动，但我们也要假定他对于别人在做些什么是多少有些认识的。这导致他们的成交价格不会太过离谱。与此同时，我们还暂时假设这适用于各种成品及其生产要素，同样适用于雇佣劳动力和资本借贷。

这些假设会不会和现实生活有所出入，我们在之前已有所研究，并且将进一步加以研究。但就目前而言，我们就是从这一假设开始我们的讨论的。

与此同时，我们还要假设在同一个时间内，市场上只有一个价格，并且还有一点是必须要说的，那就是我们不去考虑货物在运输途中费用的差别。而如果我们考虑的是一个零售市场的话，那么我们还要考虑到零售业务那些特殊费用。

在这些前提之下，一个市场上的每一种商品的不同数量都有一个需求价格。而支配这些价格的情况，在性质上因问题的不同而有所不同。不过在所有情况下，一个市场上被提供出卖的东西越多，在那里找到买主的那种价格也就越低。

在这个市场上，时间方面的问题可根据各个具体问题的情况加以选择。我们刻意选择一天、一个月或一年，甚至是一个时代。但是无论在哪种情况下，相对于我们所讨论市场的时间来说，它不能是所有的而必须是短促的。我们将假设在此期间市场的一般情况始终不变。

正常供给的情况是很难确定的，所以，我们只能在此后的章节里再对它们做深入的研究。它们因所述时期的长短不同而细节上也有所不同，主要是由于机器与厂房的物质资本和营业技能与组织的非物质资本都是慢慢地变化的。

到这里，让我们再回想一下那个“代表性企业”。该企业在生产上的内部优势和外部优势取决于它所生产商品的总量。让我们假设该商品在任何数量上的正常供给价格，都可以被看作该企业对它的正常生产费用，也就是说，我们假设它是这样一种价格，这种价格的预期刚好可以维持现有的生产总量。这个时候，有些企业正在兴起，因而产量会不断增加，而有些企业正在没落，因而产量会减少，但生产总量却是不变的。比它高的价格会促进正在兴盛企业的发展，缓和正在衰落企业的瓦解，其结果是生产总量的增加。反之，比它低的价格会加速正在衰落企业的瓦解，削弱正在兴盛企业的发展。总体来说，价格的上涨或下降，对那些往往停滞不前的大股份公司也有相同但程度不等的影响。

6. 均衡产量与均衡价格

通过上面的讨论我们了解到，如果单位时间内的产量会让需求价格大于供给价格，那么卖主所获得的利润，不仅可以让他们认为值得生产该产量的货物，甚至会让他们倾向于多生产一些以供出售，于是就有了一种倾向于增加出售数量的积极力量。反之，如果一个产量使需求价格小于供给价格，那么卖主的所获就不足以使他们认为值得把这样一个数量的货物运往市场，在这种情况下，那些处在怀疑当中、正在犹豫是否应当继续生产的人，就会决定停止生产，从而就有一种倾向于减少出售数量的积极力量。当需求价格等于供给价格时，产量没有增加或减少的趋势，它处于均衡状态之中。

处在供求均衡的状态下，我们可以将单位时间内所生产的商品量称作均衡产量，它的售价可以称作均衡价格。这种均衡是稳定的均衡，也就是说如果价格与它稍有背离，就将有一只无形的手促其恢复。

对此，我们能够看到，所有稳定均衡都有这样的特点：那就是在均衡状态下，需求价格大于供给价格的那部分数量，刚好就是小于均衡数量的那部分数量，反之也是如此。

因为当需求价格大于供给价格时，产量就会有增加的趋势。所以如果需求价格大于供给价格的那些数量，刚好是小于均衡产量的那些数量，而且生产规模暂时缩减到稍低于均衡产量的地步，那么它就会有恢复的趋势。因此我们可知，就这种趋势来说均衡是稳定的。

如果需求价格高于供给价格的那些数量刚好是小于均衡数量的那些数量，

那么，大于均衡数量的那些数量的需求价格必然低于供给价格。所以，如果生产量多少扩大到均衡数量以上，那么它也将有恢复的趋势，从这个趋势来看，均衡也将是稳定的。

当供需双方处于稳定均衡状态时，一旦有其他因素破坏这种均衡的状态，那么马上就会有某种力量将它拉回来。这就像一条线所悬着的一块石子一样，只要它离开了垂直向下的均衡位置，地心引力将立即有使它恢复均衡位置的趋势一样。

▶ **低价处理的水果**

供需对市场价格具有调节作用，供过于求会导致买方市场疲软，从而促使商品持有者必须以低价将商品处理掉。

不过，现实中问题总是存在的。所以，事实上供需平衡总是不断变动的，只不过从整体上来看，他们都是围绕均衡状态发生变动的。

上述的论述表明，时间因素对于供求是非常重要的，而这刚好就是我们现在要研究的对象。我们将逐渐发现下述原理的许多不同的限制，也就是一种东西可以按照生产的价格代表它的实际生产成本。

我们处在一个变化很快的时代，正常需求和正常供给的均衡，与从某商品消费中获得的利益和为它付出的成本总量是不一致的。即使有正常的收入和公平的回报，也很难保证它们的一致性。

亚当·斯密和其他经济学家对这个问题有过表述，他们的表述是：商品的正常价值或自然价值是由于那些经济力量在长时期内倾向于使之产生的价值。如果一般生活状况保持静态的时间比较长，长到足以使这些力量充分发挥它们的作用的话那正是经济力量将会产生的那种平均价值。

不过，我们不能准确地预测将来，总会有些意想不到的事情发生。现有的各种趋势，在它们来不及充分发挥它们作用的时候，也是可能发生改变的。一般生活状况不是静态而是不断变化的，这一事实导致很多经济问题很难分析透彻。

市场价格和正常价格是由许多不同因素所影响的，其中有些建立在道德基础上，有些则建立在物质基础上，有些是竞争的，而有些则不是竞争的。当我们区别市场价格和正常价格，以及区别正常价格的广义和狭义的用法时，我们需要注意的正是那些影响的持久性，以及发生影响所需要的时间。

7. 价值与生产成本

在本书其余各节中，我们将主要围绕商品价值在长时期内等于生产成本的趋势进行讨论，并在讨论时对这个原理加以限制。特别是在本章所初步讨论的均衡概念，将在以下的章节里面进行深入的探讨。不过，关于这个问题，我们在这里略叙一二也许是有价值的。

就像讨论一张纸是由剪刀的上边裁还是由剪刀的下边裁，我们讨论价值是由商品的效用决定的还是由生产成本决定的是同样合理的。

当市场上出售一种商品的时候，人们所愿意为它支付的价格，将由购买者想要得到它的那种愿望和他们所能够支付的金额决定。

他们想要得到这件商品的那种欲望，部分取决于这个选择，就是如果他们不买这件商品，那么他们将能按同样低廉的价格买到另外一种相似商品。这种选择存在与否，取决于支配着后面这一种东西供给的那些因素，而它的供给又取决于生产成本。不过，有的时候商品的待售数量实际上是一个固定的数值。例如，鱼市就是这样，在鱼市上，某一天鱼的价格差不多完全是由市场上同需求比较起来的鱼的数量来决定的。

有意思的是，我们也能够看到有些商品是遵守收益不变规律的，这就是说无论商品的产量是大是小，它们的平均成本几乎是一样的。在这种情况下，市场价格就要围绕固定而明确的生产成本来波动了。

如果偶尔有很大的需求，则市场价格暂时超过正常的水平，那么结果就是生产将有所增加，而市场价格将会下降。而如果需求在某一时间内降至它的正常水平以下，情况就会与此相反。

在这种情况下，如果有人愿意忽略市场的波动情况，假设无论如何对某商品都会有足够的需求，以保证该商品可以在价格等于生产成本的情况下出售。那么，他虽然忽略需求的影响，把价格说成由生产成本决定的东西，也是可以认同的。

所以我们就能够得出这样的结论，一般来说，我们所考虑的时间越短，需求对价值的影响就越大，时间越长，生产成本对价值的影响就越大。因为生产成本变动对于价值的影响与需求变动的影响比较起来，往往需要更长的时间才能表现出来。

任何时候的实际价值，也就是我们所说的市场价值，总是受那些偶然或间歇性等因素影响比较大，但在一个较长的时间里，这些无常间歇性和不规则的因素所产生的影响在很大程度上是可以相互抵消的。所以从长时间来看，持久性因素是支配价值的决定性因素。但是，即使是最强、最持久的因素，也很容易发生变动。因为整个生产结构是变动的，从这一代到另一代各种东西的相对生产成本都会不断地发生变化。

第三节
社会资本的分配

1. 有利边际

在开始研究正常价值之前，我们必须先阐明一个难题，那就是关于那些为了未来收益而做出投资动机的性质。

为了解释这个难题，我们不妨先来观察一下个人的行为。一个人如果既不去市场购买他所需要的东西，也不去市场出卖他所生产的东西，那么他的劳动就是自给自足的。所以，他为劳动所付出的正好等于自己所得到的，在这当中，

▶ 建造中的住宅

个人建造的住宅，住宅对他的效用要补偿他的劳动和等待。

没有任何报酬掺杂进来。

对此，我们可以用建造个人的住宅作为例子：一个人为自己建造住宅，他所用的土地和建筑材料都来自自然，而工具则依靠他自己制造。制造工具的劳动可以被算作建造房屋的一部分。他会计算按照何种方案进行劳动，并几乎本能地计算各种劳作到房屋落成所要经过的时间，在住宅落成以后，住宅对他的效用不但可以补偿他的各种劳作，而且也会补偿他的等待。

就住宅的某些部分来说，这个人所得的利益，或许比他所用的实际成本要大很多。但当他越来越转向更加庞大的计划时，他就会发现，任何增加的利益都会被住宅所需要的劳作所抵消，而那种扩建就处于他投资的界限，或是投资的有利边际界限。

建造住宅的方法可能各不相同，住宅各部分所需要的材料也可能各不相同。有些部分既可能需要木料，又可能需要石料。所以在这个时候，这个人还需要按照各种设计对房屋的各个部分进行投资，并与它所提供的利益加以比较，然后把各种投资一直推到它的外限或有利边际为止。

这个建造住宅的例子让我们了解到：作为某种物品的实际生产成本的劳动，是构成这件物品的货币成本的基础。但就像上面所说的那样，现代的企业家不论对工资还是对原料，一般都是用货币来支付的，并从不过问这些货币报酬对劳动的衡量尺度到底精确不精确。

而且，企业家的投资都是一点点支出的，对任何支出的收益预期时间越长，这个收益就必须要越多，只有这样才能够补偿他的预期。而且，预期的收益未必是一定能够实现的，在这种情况下，他还须考虑到损失的风险。在考虑之后，这样投资的收益必须超过支出本身，所超过的额度不以他自己的报酬为转移，而是按复利，与他等待时间增加的长短相关。在这个项目下，还必须加上企业家们在建立商业往来上所必须支出的直接或间接的费用。

为了更加方便，我们可以把加上复利的任何支出要素都称为累积要素。就像我们用“贴现”这个名词来表示未来满足的现值一样，因而各种支出要素从它被使用到它获得收益的期间势必是累积的。将这些累积要素加起来，得到的就是企业的总支出。

各种劳动和它们所产生的满足可以结算到我们认为最合适的那一天，但这里有一个准则，那就是从那天以前开始的每一要素，无论是什么都必须给它加上这个时期的复利；而从那天以后开始的每一要素，也都必须具有此期间从该要素折换的复利。如果那天是在企业营业开始之前，那么各种要素都必须折成现值。但是如果那天是劳动结束和商品完成的一天，那么只有劳动是必须折算复利的。

和劳动一样，等待的时间也是成本之一，当我们将其累积起来以后，它就被列入成本之中。所以，它当然不是单独计算的。

还有一点需要考虑，那就是销售收入一般都是逐渐得到的，所以我们必须拟定一个能够照应每个时期的资产负债表。向过去看，我们应当把各种纯支出加起来，并把各支出要素的累积复利加进去；向未来看，我们应当把各种纯收入加起来，并从各个值中减去它延期的复利。这样折算的纯收入总额才能等于累积支出的总额，而如果两者恰好相等，那么企业则刚好够本。

2. 代用原则和边际有利

创业初期和事业发展中，有头脑的企业家总是会不断修改自己的计划，以便能够用更少的投入获取更大的成果。换句话说，企业家为了增加自己的利润，会不断运用代用原则，而在这样做的时候他总会提高工作效率，增进用组织和知识控制自然的能力。

每个领域都有各自不同的特点，这些特点又总是用不同的方式影响着该领域的从业者。甚至在同一个地方的同一行业里，追求同样目的的两个企业家所采取的方法也可能是完全不同的。

差异是促使进步的一个重要原因，无论哪个行业，企业家越能干，这种趋势就越强。在某些行业中，这种差异可能仅限于很狭隘的范畴。但在有些行业，这种差异的范畴就很大。

个人的行动既要受特殊机会和资金的影响，也要受个人性格和智力的影响。但是个人在考虑如何利用自己的资金时，往往只会受有利边际的影响。这也就是说，直到一个人认为没有充分理由在特定方面进一步投资为止，他都会投资在某个领域中。甚至就同一工业部门或分部来说，有利边际也不能被看作任何可能投资的固定线上仅有的一点，而是应该被看作和各种可能投资线相切的一条不规则形的界线。

3. 代用原则与投资选择

代用原则与那些根据经验在某方面投入过多，从而导致的报酬递减规律是密切相关的。这种相关性，让它和古典经济学中起着重要作用的那个理论又联系了起来。这个理论就是在早期开发国家的土地上不断增加投资而会引起报酬递减，代用原理和因为增加支出而引起边际效用递减的原理也是非常相似的，以至于这两个原理的某些运用几乎是相同的。

在之前我们已经论述过，新的生产方式会创造出新的商品，或降低旧商品的成本和价格，以便让更多的消费者有能力来消费它们。另外，消费方法和消费量的变动又反过来促使生产的发展，重新分配生产资金。这些与人的生产和消费都是密切相关的。我们现在要仔细思考的是，生产资金在不同工业部门的分配，是如何反映出消费者在不同商品之间的购买额的。

这里，让我们以原始的家庭妇女为例。“传统的家庭主妇能够了解一年之中收获的羊毛大概可以打几卷毛线，在这之后，她便开始考虑全家所有的衣物需求，并会想方设法将这少得可怜的毛线分配在不同的需求之上，力求让全家人都能穿得暖。如果在进行分配之后，她懊悔自己没有多用一些毛线做一双袜子，而少用一些毛线做一件背心，她便会认为自己是失败的。但如果她用得恰到好处，恰恰做了这样多的袜子和背心，以致她从做袜子用的和做背心用的最后一束毛线中获得了相等的利益。”

▶ 家庭妇女

贫困社会的普通家庭妇女，需要想尽一切方法让稀缺的物质发挥出最大的利益。

在这里，如果做一件背心刚好有两种方法，而从结果来看，这两种方法都可以达到让人满意的效果。其中的一种方法比另一种方法所用的毛线稍多，但所引起的麻烦会少一些，那么，这个妇女的问题就会成为企业界的问题的范例。

在这里，有三个需要作出的选择：第一，关于不同目的相对重要性的选择；第二，关于达到各目的所用的各种不同手段的相对优势的选择；第三，关于以这两组决定为基础的，能最有利的把各种手段用于各种目的的那种边际的选择。

无论什么样的企业家，他都必须在这三个选择题上作出决定，而在作出每一个决定之前，他必然要反复权衡和多方调整。而作为一个成熟的企业家，他总是会想尽一切办法，作出最好的选择，甚至不惜为此在不同的选择中迂回变动。

4. 直接成本与补充成本

这里，再让我们来讨论几个有关成本的术语。当企业家为经营而进行投资的时候，他期待的是从经营当中获得收益。他期望在正常情况下，对经营过程中生产的每一件产品都能索取一个充分的价格。这也就是说，商品价格不仅需要能够补偿特殊成本、直接成本或主要成本，而且也将分担一部分一般费用。对于这些一般费用，我们可以叫作补充成本，而直接成本和补充成本合起来就是它的总成本。

对于直接成本，不同企业的用法是很不一致的，在这里我们指的仅仅是它狭义的用法。而所谓的补充成本，则包括大量企业资本投入的那些机器厂房上的维修费用，以及高级职员的薪水。因为，企业这种薪水支出一般并不能迅速适应企业工作量的变动。此外还有生产商品时所用的原料成本、部分劳动的计时工资以及机器设备的额外耗损。

这些是企业家在企业开始经营和当商业状况一般时，他至少需要考虑的特殊成本。这种最低价格使企业家觉得值得接受某种订单，而不顾他的行为对未来定货市场可能发生的任何损害。但实际上，企业家通常一定得考虑这种影响，因为即使在商业状况一般的情况下，使企业家觉得值得生产的那种价格，实际上都要比这种主要成本高得多。

在较短的时期里，补充成本一般是由售卖价格来补偿的，因为如果不是这样的话，生产就变得不值当。补充成本具有许多不同的种类，其中有些和主要成本只是在程度上有所区别而已。

同时，我们不妨指出，在各个文明阶段，主要成本和补充成本都是有着区别的，只不过在资本主义阶段之前，它很少被人们注意到而已。

第四节
需求与供给

1. 学术定义下的“正常”①

在上面的章节里，我们已经指出，在经济学领域所谓的“正常”所涵盖的范围，会因为所述时期的长短而有所不同。而在这里，我们就要先深入地来研

① 对“正常”的不同理解，直到今天仍然影响着经济学在大众当中的普及，因为无法对“正常”进行客观的定义，导致很多大众误将经济现象中的特殊情况当成共性，进而怀疑经济学研究的价值所在，这种情况在今天仍然屡见不鲜。

究它们。

在一般情况下，经济学家只揭示那些隐藏在我们日常谈话中的经济学问题，目的是让人能够正视这些问题，并将问题解决掉。在日常的谈话中，因为人们对时间范畴理解的不同，所以“正常”这个词的含义也有所不同，这就导致了研究经济问题的复杂性。

举个例子，一个人说当下的羊毛价格高得“不正常”，这个“正常”其实就是一个相对的名词。如果对照着说当下的工资低得“不正常”，那么所有人都会了解，这两个“正常”的范围是不同的。这个问题，最突出的表现就是在加工工业上面。

加工工业当中所用的机器设备寿命一般都比较长，但生产出来的产品寿命却往往比较短。在某种新的纺织品流行的最初阶段，能够用来生产它的机器设备总是很少的，所以在一个相当的时间内，它的“正常”价格也许是那些能够大量生产的纺织品的两倍甚至更多。

但如果我们分析的是一个较长的时间段，我们可以说它的“正常”价格和其他纺织品的“正常”价格相等。但如果在前几个月有大量这种纺织品是被不得已销售出来的，即使它的售价是其他纺织品的一半，我们也会说它的价格是“不正常”的。

在这种情况下，每个人都认为“正常”一词在这里是用在了特殊的用法上，而且也没有必要做特殊的解释，因为在日常谈话中的误解是能够通过对话来立即消除的。

我们已经了解，在假定供给情况是“正常”的前提下，毛呢的生产者必须根据生产毛呢所需要的各种不同要素来计算生产费用。那么这里有一个事实，便是毛呢的生产者应该根据他所预料的时间范畴，而给予“正常”这个词一个范围。

2. 正常价值

经济研究中所遇到的很多困难，最终多归结到时间因素上，所以想要解决这个问题，我们就必须采取一些较为简单的方法，比如，把一个问题分为几个部分，然后一部分一部分地循序渐进，直到最后把局部问题解决进而完成整个问题的解决。

在分解问题的时候，我们需要将那些可能造成干扰的因素暂时搁置起来，也就是以其他条件不变为前提，而只考虑我们应该考虑的变量。这样一来，问题就清晰明朗了很多。不过也有一个问题，那就是这样一来，问题就离实际情况相差较远。

不过，每次我们把一个小问题剖析清楚，就必然有助于处理更大的问题，而这种处理比在其他情况下要精确得多。我们刻意逐步使更多的问题可以摆脱其他条件不变这个前提的限制，这样慢慢地会让我们的讨论更加具体。

在研究时间因素对生产成本和价值的影响时，我们首先要考虑一个“静态”的假设，并将这个假设下发现的结果与现实世界中的问题相比较。

“静态”这个名词的来源是基于这样一个事实：在某个状态下，生产和消费、分配和交换的一般条件是静止的，但作为经济生活的组成，它总体上却又是运动的。比如，我们可以将人口的平均年龄看成是不变的，但具体到每个人却是不断变老的。同样地，为固定人口提供消费品也是一个静态的过程。在这种情况下，我们就可以假设市场上的生产单位始终保持相同的规模，在静态之下，生产成本决定价值就是一个显而易见的真理。

如果因果之间不存在许多复杂的作用和反作用，那么各种要素就是由“自然”规律所决定的，并受固定习惯的影响。总之，我们假定在那个静态的世界里，没有长期正常价值和短期正常价值的区别。因为代表性企业的规模总是相同的，并且生产的选择也是相同的，市场规模也是相同的，没有淡季和旺季的分别。在这种情况下，需求价格表总是不变的，供给价格表也是不变的，所以正常价格也就不会发生改变。

不过，这些在我们的世界里是不可能真实发生的。在现实世界里，总会有经济力量促使这些发生变化。生产量、生产方式、生产成本等变量，不仅会不断变化，而且还会相互制约，更关键的是，它们几乎不可能以同等频率发生变动。所以，在现实的世界中，每种经济力量在围绕着它起作用的其他经济力量的影响下，不断改变着自己的作用。在这里，生产量、生产方法和生产成本的变动始终是相互制约的，它们总是影响着需求的性质和程度，并且也为后者所影响。此外，所有这些影响都需要时间来表现自己，而一般来说，没有两种影响是齐头并进的。因此，在现实世界里，任何一种关于生产成本、需求和价值之间关系的简易学说是必然错误的。

上面我们所讲的静态问题，指的是人口不变的静态，但我们可以试着将这种静态的范畴放宽一些。例如，我们可以假定人口和财富的增长率大致相等，土地不会因人口的增加而变得稀缺，生产方式和社会商业状况较少发生改变。因为在这些假定的条件下，生产和消费以及交换和分配的最重要的参考条件仍具有相同的性质。

然而，如果我们真的可以这样放宽的话，无疑就会让我们的讨论离现实更进一步。这样的话，我们就能够逐步解决经济因素相互作用的问题。在静态之下，生产和消费的一切条件都被静态化，此时，我们就可以用所谓静态方法作一些比较不严重的假设。用那种方法我们把注意力集中在某个重要的问题上，进而研究与它相关的经济因素。这样一来，我们便可以逐步解决那些无法一蹴而就的问题了。

3. 正常的供需均衡

接下来，我们以渔业为例，来研究一下正常的供需均衡问题。首先，我们把与渔业有关的问题分成以下两类：第一类是因非自然条件的迅速变化而引发的问题；第二类是因时间的变动而引发的问题。

这里第一类比较容易理解，第二类我们可以举个例子：假设暴发了动物性的疫病，那么就必然会减少肉食的供应量，因而市场便会增加对鱼的需求。

这里第一类的影响几乎天天都在发挥它的作用，当代英国的渔产品市场，就像我们所假定的“静态”一样，都受实际上相同的原因支配着。

接下来，让我们假设鱼的需求会有很大的增加，比如说，因为疫病导致的增加。抛开第一类的问题不谈，我们便会集中注意到这样一些影响：如给渔船的雇员以适当的工资，以促使他们能够在一两年内仍从事渔业，而不去做别的

▶ **疫病爆发下的畜牧业**

畜牧业容易受疫病的影响，但疫病爆发时，肉食的供应量将会大幅减少，从而导致市场对于替代产品的需求增加。

工作。与此同时，我认为有些旧的渔船也可以重新投入生产当中用来捕鱼。那么，鱼价的上涨，就必然导致这些影响的出现，让资本和劳动在短时间内达到充足。

在需求最大的这几年里，价格的平均水平显然要比以前更高，这里我们能够看到一个普适性的规律，那就是在“正常”一词指的是短期的情况下，需求量的增加会提高正常的供给价格。这个规律甚至对那些长期内遵守报酬递增规律的工业领域来说，也是普遍有效的。但如果我们转而去考察长期的正常供给价格，我们就会发觉这种价格是由不同的原因所支配的。

假设如果我们因为吃不到牛、羊等牲畜的肉，让人们彻底告别了陆地肉类，并假设对鱼的大量需求持续了很长一段时间，足以让支配鱼的供给力量得以充分发挥其作用。那么，海洋中的渔业资源可能就会出现某种程度的枯竭，以至于渔民们不得不到更远的深海去捕鱼。另外，有些人认为人不应该对鱼的不断减少负过多责任，这种观点也有其支持的论据。在这种情况下，一只装备优良、效率相同的船去捕鱼，仍然可以在渔业总规模扩大之后得到和以前差不多的收获。

无论怎样，在渔业的规模已经确定扩大之后，装备一只好渔船的成本一定不会比以前高，有时或许还会更低一些。[①] 而且，因为渔民工作所需要的技能通过训练便可以具备，不需要任何特别的天赋，所以他们的人数不久就可以增加到适应需求所必要的任何程度。

① 这段话可能有些不容易理解，马歇尔的意思是，当渔业扩大之后，因为要对渔业的扩大给予支持，与渔业有关的其他产业也会扩大，包括造船业等。当这些产业扩大时，相应的生产成本就会降低，因而也就从侧面导致了装备渔船成本的降低。

在这些条件都齐全的情况下，经过足以使经济原因的正常作用自行发挥的时间，渔业便能够以较低的价格产生出更多的供应量。并且，如果“正常”这个名词是指长期而言，那么鱼的正常供给价格就会随着需求的增加而减少。

这样一来，我们便可以强调曾经指出的平均价格和正常价格之间的区别。平均价格可以是一天、一个月或一年任何期间内一组销售价格的平均值。不过，对任何一种买卖是正常的条件，似乎未必对其他买卖也是正常的。所以，平均价格只是偶尔才能成为正常价格。

综上所述，只有在“静态”下，“正常”一词的意义才是始终统一的。有且只有在这种状态下，“平均价格”和“正常价格”才是同义语。

这里，我们再从其他方面来分析这个问题。市场价值是由市场需求和当前的商品存量决定的，同时也与预期的供给量有一定的关系。

不过当下的商品存量，其本身就是过去生产活动的一部分，而生产者是在预期利润的驱使下才决定生产的。所以，他们所考虑的费用，取决于他们是仅仅考虑用他们现有的设备来进行某种额外生产还是增加设备的额外费用。

▶ **装备先进的现代渔船**

在渔业规模确定之后，装备一艘好渔船的成本，往往要低于渔业规模确定之前。

这样看来，由新增长的需求促进的新生产，无论是大小，都要按照这个一般性的规律。那就是除非预期价格非常低，以至于只用很少的直接生产成本便能够生产出来的产品被生产出来，这部分生产不在生产边际的影响下。而当预期价格会抬高时，增加的那一部分生产将会得到盈余，使其大大超过其直接成本，而生产边际也将向外伸延。

原则上，预期价格每每有所增加，都会促使原本在生产之外的人也来生产，并使那些在价格较低时生产的人多生产一些，在这些因素的共同作用下，供给量就必然会增加。

无论我们所指的是短期还是长期，正常供给价格的一般含义总是不变的，但就细微处而言，却往往有很大的差别。

在每一种情况下，价格都是预期足以让那些竭力想去生产达到需求总量的生产者得到必要补偿的那个价格。在每一种情况下，生产成本都是边际成本，也就是那些处于全然不生产的边际，以及如果预期从它们所得到的价格更低，便不会生产的那些商品的生产成本。

不过，决定这个边际的原因却是随着我们假定时期的长短而改变的。就短期而言，人们现有的生产设备数量基本上是固定的，他们的活动也是受预期需求支配的。而就长期而言，人们竭力想去调节这些设备的数量，使它们适合所帮助生产的货物的预期需求。

4. 短期需求量变动的结果

就短期而言，已有生产设备数量不太可能发生变化，但他们的利用率却是可以随着需求的不同而变化的。

预期商品价格上涨的直接结果，是促使人们更积极地配置他们的资源，以便能够尽快地生产出更多的商品来。此时，供给价格就是多出来的那部分商品的货币生产成本，这部分商品的生产会迫使雇主用比较高的工资，雇用更多的工人，甚至连他自己也会投入紧张的生产当中。但这样一段时间之后，他便会开始怀疑生产那部分产品是否值得。

而预期商品价格下跌的直接结果，是促使一些生产设备被闲置起来，同时也会放缓其他生产设备的工作效率。如果生产者不怕破坏市场的话，那么他们就会选择暂时以仅足以抵补其直接生产成本的任何一种价格来进行生产。

但真实的情况是，所有人都在期盼较高的价格，同时，所有人都怕在价格上涨之后自己会失去原有的市场份额。在这种情况下，有一些人会出于各种因素的考虑，在商品价格下跌之后，选择停止生产以保护市场。

由于这些原因，生产者拒绝生产的那个价格，便是真正的短期边际供给价格。这种价格差不多总是高于原料、劳动和设备磨损的直接成本。

在一个生产设备购置价格比较高的产业中，商品的直接成本只不过是其总成本的一小部分而已。一单远比正常价格低的订货，往往是可以超过生产商品的直接成本的，有时还可能获得大量的盈余。但如果生产者急切地想免除他们的设备被闲置而接受这种订单，那么可以想到的是，市场的价格就会一直保持低迷并很难恢复起来。不过，出于自身利益的考虑，事实上，生产者们很少会无节制地采取这种策略。如果他们真的这样做，就会让该产业中许多人破产，说不定连他们自己也在内。这样一来，需求的恢复其实很少在供给上有所反应，并会急剧提高该产品的价格。这种极端剧烈的变动，说到底既不利于生产者也不利于消费者。

这样分析的话，我们可以得知，除了直接成本以外，虽然没有其他必然直接构成短期供给价格的因素，但是补充成本也确实会间接地发生一些影响。一个生产者往往不会把他生产的每一个特殊的小部分产量的成本分开来算，往往会把大部分产量作为一个单位来计算，来决定是否值得增加生产量，是否值得追加投资等。

换句话说，在生产者的大部分交易中，他是把他生产过程中的增加部分当作一个单位来计算的。

就短期而言，我们可以做如下的总结：特殊的技能和才能、优良的机器与其他物质资本的供给和适当工业组织的供给，都来不及充分地适应需求的短时间变动，所以生产者必须利用现有的生产设备，来尽量使供给适应短时间变动的需求。

一方面，因为需求变动的时间太迅速，生产者还来不及购置新的生产设备，因而会导致供给不足；另一方面，如果供给有余，它们也会有一部分只能被局部地利用，因为需求变动的时间太迅速，来不及降低产品存量的耗损或改变用途，从而导致它们数量的减少。

由这些设备而来的收入的种种变化，在短时间内对供给的影响并不显著，对它们所生产的那些商品的价格也没有直接的影响。但是，除非它在长期内足以补偿企业中一般成本，否则生产就会逐渐减少下去。这样，那些长期隐藏的因素，就会对短期价格的变动发生一种控制性的影响，而且因为害怕“损害市场”而产生的负面心理，往往也会使这些因素比在其他条件下更快地发生作用。

5. 长期需求量变动的结果

不过，在长期当中情况就完全不同了。长期当中生产所需要的设备数量，往往是根据产品的需求量加以调整的。

在一个比较长的时期内，为了提供物资设备和商业组织而投入的资本和劳动，以及为了获得职业知识与专门技能而投入的资本和劳动，都有足够时间根据人们期望的收入来进行调整。所以，对预期收入的估计就直接决定它们的供给，从而形成了那些被生产出来的商品的长期供给价格。

投入某企业的资本，有一大部分的目的是建立它的内部组织和外部的商业联系。如果这个企业发展不好，那么即便能够从物资设备的出售上收回一定的成本，但之前那些无形的成本也不可能再收回来。而无论是什么人打算在什么行业开办一家企业，都必须要充分考虑这个损失的可能性。

如果创业者本身具有创业的才能，他或许可以希望不久之后，他的企业能够成长为一个有相当规模的大型企业。而且如果在他看来，他的企业的净收益，可以让他在其他行业有机会投入同样资本并获得同样的净收益的话，那么他就会选择这个行业。

由此可见，在一个行业当中，长期左右着商品价格的投资，一方面是由对创办和经营一家企业所需要的成本的估算，另一方面则是由根据这一价格在一个长时期里所能获得的各种收入的估算来决定的。

在所有的时期，必然有些企业在兴起，有些企业在消亡。但是在我们广泛地考察决定正常供给价格的因素时，我们无须过问这些兴衰，只要整体上保持平稳就可以了。行业生产扩大或许是因为一个新企业的发展，也或许是因为一个成功企业的扩大，同时，因为与这个行业的生产总量比较起来，这部分新增加的产量相对较小，所以并不会对价格产生过多的影响。

这样看来，一个企业由于成功地适应它的环境取得了很大的收获，但是当某些企业的命运发生各种变化时，作为生产总量的增加的直接后果，长期的正常价格是可以有稳步降低的趋势的。

6. 价值问题的简单分类

当然，我们根本没有办法在“长期”和“短期”之间寻找到一条清晰的分界线，自然并没有在现实经济生活中为我们画出这条线，而且我们在处理实际问题时也不需要它。

这就像我们把开化种族和未开化种族加以比较，这二者其实并不能作严密的区分，但我们却可以确立有关他们的许多一般命题。所以，我们拿长期和短期加以比较，并不是要在二者之间作任何严格的区分。如果我们为了阐明一种特殊论点，需要把某一事件截然分开的话，那么我们可以通过一个特别的解释语句来达到这一目的。

无论是长期还是短期，供需关系对价格的影响可以分为四种形式：

首先，就市场价格而言，供给是指市场现存的商品数量；其次，就正常价格而言，如果我们把“正常的”的范畴设定在一个较短的时期的话，那么供给指的是以现有的所有资源在指定的时间里可以生产出来的那个商品数量；再次，如果“正常”的范畴设定为一个较长的时期，那么供给指的就是在这一时期内，以其本身可以有力地被生产出来，并投入生产的那些生产设备所能生产的那个商品数量；最后，那种处于逐渐性的或长久性变动中的正常价格，这种变动是由于人知识的累积、人口和资本的逐渐增长、供给和需求的变化而引发的。

本书其余的部分主要讨论的是上述当中的第三类：讨论在一个相当长的时期内，工资、利润和价格等的正常关系。但偶尔也涉及那些持续许多年的变动，也就是研究价值的长期变动。

第五节
连带供需与复合供需

1. 连带需求

面包能够直接满足人的饮食需求，所以对面包的需求我们称为直接需求。但是，面包不是天然生长的，制作面包需要面粉机、烘烤炉等，对于这些的需求，我们则称为间接需求。一般来说，对原料和其他生产资料的需求属于间接需求，是从借助它们生产出来的那些提供直接需求的产品当中派生出来的。

面粉机和烘烤炉的服务共同联结在面包这个产品上，所以，对它们的需求也叫作连带需求。这种连带的需求在生活中多种多样，比如，麦芽和蛇麻是一同用来酿酒的，所以它们之间也存在连带需求。

因为连带需求的存在，所以，对每种辅助品的需求都来自它们共同生产某种成品，如一块面包或一桶麦酒所共同提供的那些服务。换句话说，有一种在生产某种有直接需求的产品时所提供的服务的连带需求。实际上，成品的直接需求可以分成生产它所用的那些东西的许多派生需求。

▶ 制作面包的作坊

面包能够满足人的直接饮食需求，因而，面包创造的便是直接需求，但与面包关联的壁炉、面粉机、烘烤机则是间接需求。

这里，我们可以举一个例子说明一下：对住宅的需求，可能会引起对各种不同建材、建筑劳动等的连带需求，而这些都是建造新房屋的生产要素。其中对任何一种要素，如对泥瓦匠的需求，只是一种间接或派生需求。

这里，让我们把劳动市场常会发生的那类事件，与上面的例子联系起来加以分析。劳资纠纷延续的时间往往比较短，我们所必须考虑的，作为调节供求的那些因素也只能够在短期内起作用。但是我们应该了解，既然是短期的行为，那么它就是一种例外的情况，因为按照我们选择例子的标准，是需要有足够长的时间以供某些力量发挥其长期作用的。

我们可以假设房屋的供求处于均衡状态，此时，如果一群建筑工人如泥瓦匠举行了罢工，或者有其他的因素影响到了泥瓦匠的劳动，那么，为了把对该要素的需求抽出来单独研究，我们必须首先假设新房屋需求的一般条件是不变的，其次还要假设其他要素的供给的一般条件也是不变的。那么，泥瓦匠劳动供给的暂时减少，将使建筑量有相应的减少，已减少的房屋数量的需求价格将比以前高些，而其他生产要素的供给价格将保持不变。这样就必然导致新房屋的出售价格除了超过建造房屋所需其他要素的买价总额之外，还有相当的剩余，而剩余就是泥瓦匠劳动价格可能增加的界限。

▶ **工作中的泥瓦匠**

泥瓦匠的劳动供给，影响着建筑业的供给，当泥瓦匠罢工时，建筑量会有相应的减少。

这种与泥瓦匠劳动供给的不同程度的减少相对应的不同数量的剩余，是由一个准则来决定的，这个准则是：就某商品的不同数量而言，对用于生产该商品的任何要素所提供的价格，都是以该商品数量能售出的价格减去它的其他生产要素的价格的总和为限的。

用比较专业的说法就是，某商品的任何生产要素的需求都可以从该商品的需求表中体现出来，办法就是用该商品不同数量的需求价格减去相对应数量的其他要素的供给价格。

2. 连带需求品的存在条件

如果读者要将这个理论应用到生活当中的话，有一个重要的事实是应该提前记住的，那就是如果一种生产要素的供给受到其他因素的影响，那么其他生产要素的供给也多半会同样受到影响。特别是当供给受到影响的那种要素是同一种像泥瓦匠的劳动时，雇主的报酬一般都会起到缓冲的作用。

这也就是说，损失首先会落在雇主们的身上。但是，雇主可以通过减少雇用人数，把自己的损失分散到其他生产要素上面。对于如何实现这点，取决于市场和商业组织的不同，总的来说细节各不相同，但这些不是我们要讨论的内容。

在这里，我们要讨论的是，在哪些条件下一种物品并不产生直接需求，而是当作某商品的一种生产要素存在着，以至于这种物品供给量的减少，可以使商品的价格急剧上升。这里，似乎有四个要存在的条件。

条件一：这种要素是生产该商品所必需的。该要素必须不可能寻找到可替代的物品，至少是在相似的价格上面，寻找不到适当的代用品。

▶ 南亚的皮革交易

皮革与肉类是连带供给的关系，但奶制品却不是。

条件二：该商品的需求弹性不能很大。商品的供给减少将会迫使消费者愿意出更高的价格，而不是放弃购买。当然，这又包括另一个条件，就是这件商品的适当代用品是不能以比它的均衡价格略高的价格来买到的。如果房屋建筑的减少大大提高房价，那么，急于要获取额外利润的建筑商们就会彼此抬高价格以竞聘市场上现有的泥瓦匠。

条件三：这种要素的价格在该商品生产费用中只占很小的一部分。对于一栋住宅而言，泥瓦匠的工资毫无疑问是微不足道的，所以即使他们的工资增加一倍，该房的造价也只能增加一个很小的比例，从而对需求的影响很小。

条件四：即使要素的需求量略有减少，也会使其他生产要素的供给价格大大下降，因为这将增加用来给该要素支付高价的差额。例如，如果砖匠和其他工种的建筑工人找不到各自的工作，又不想要赋闲，那么他们也许愿意接受比以前低得多的报酬，而这将增加用来给泥瓦匠支付较高工资的差额。

需要注意的是，上面这四个条件是相互独立的，而且最后三个条件的结果是累积性的。

在前面我们已经研究过，任何一种商品的总需求是怎样由需要它的不同集团的需求所组成的。但现在，我们可以将复合需求的概念推广到几组生产者所需要的生产必需品上。

对于工业来说，几乎所有的部门都需要各种各样的原料和各种的劳动，以便生产出不同的商品。这其中，每种商品都有它自己的直接需求，而从直接需求中，我们又可以得到它在生产中所用到的原料或劳动的派生需求。而这种东西按照我们曾叙述的方式“分配在它的各种不同的用途上”，这些不同的用途往往是此消彼长的，相应的派生需求也是彼此竞争的需求。但是，在与产品供给的关系上，它们又是相互合作的。“合成”几乎是供给的总需求，如同几个社会阶级对成品的局部需求加在一起合成它的总需求一样。

3. 连带供给

这里，再让我们考虑一下连带产品的问题。所谓连带产品，指的是不易独立生产并存在同一来源的产品。对于这种产品，我们可以换个角度称其为连带的供给。比如，牛肉和牛皮就是连带供给，但牛奶却不是。

连带供给与连带需求的情况一样，只要用“供给”代替“需求”，我们几乎可以用相同的词句加以讨论。如同那些共同使用在同一个目的上的东西有连带需求一样，具有同一来源的那些物品也有一个连带供给，出于同一来源的单一供给可以分成许多来自它的那些东西的派生供给。

例如，在英国国会废除谷物条例[1]以后，英国每年要从国外进口大量的小麦以供消费，这个过程中当然不会进口任何麦草。于是便引起了麦草的缺乏，麦草的价格也因此上涨。这样一来，种植小麦的农户反而指望从麦草那里得到劳动的大部分价值，与此同时，在进口小麦的国家里，麦草的价值也是比较高的。

连带产品中的二者或多者，生产所用的成本和单独生产产品中一个所用的成本是很少能够完全相等的。如某企业的一件产品具有市场价值，那么几乎可以肯定它上面曾用过特殊的劳动和费用，如果该产品的需求将急剧下降，那么这种劳动和费用就会减少或省掉。

例如，麦草突然不值钱了，那么就会促使农户将更大的精力放在培育麦穗上面。又或者外国羊毛的输入曾使英国羊被杂交和改良，以便使它尽早增加体重，甚至不惜为此降低羊毛的质量。

只有当同一生产过程所生产的两种东西的一种变得不值钱，既无法推向市场，又无须任何剔除费用的时候，才不会促使生产者改变它的数量。也只有在这些例外的情况下，我们才无法确定连带产品中各自的供给价格。因为如果可以人为地改变这些产品的比例，那么通过改变这些比例，使其中一种产品的数量略有减少而不致影响其他产品的数量，我们就能确定在生产过程的全部费用中有哪些部分可以被节省下来。而这部分费用就是该产品边际因素的生产费用，也正是我们所要计算的供给价格。

但这些都是在例外的情况下。一家企业或一个行业，往往会认为让机械设备、技术和组织尽全力地生产是有利的。在这种情况下，几种用途中所使用的任何一种物品的成本，必须由它在这些用途中所生产出的成果来补偿。但是，很少有自然规律来决定这些用途的相对重要性，或总成本借以分配的比例都以市场的变迁特点为转移。

---

① 谷物条例是一道强制实施的进口关税，英国政府想要借此保护英国农夫及地主免受来自生产成本较低廉的外国所进口的谷物的竞争，该关税设立于1815年，于1846年废除。

现在我们可以讨论类似于复合需求的复合供给问题了。根据替代原理，一种需求往往可以通过几种途径来满足。这些不同的途径是此消彼长的，从而导致相应的商品供给也是此消彼长。但它们在对需求的关系上又是彼此合作的，一起“复合”成满足需求的总供给。

▶ 木炭

当煤的供应处于紧张状态时，木炭可以作为煤的代用品出现在市场上。

如果支配它们生产的原因是大致相同的，那么在许多情况下，它们可以被看成同一种商品。例如，在许多情况下，牛肉和羊肉都可以被当作一种商品的变种，但是另一些情况下则不然，如在研究毛料的供给时，牛肉和羊肉就一定要被区别对待。不过，竞争的商品往往都不是制成品，而是生产要素。再如，我们可以寻找到用于制造普通印刷用纸的各种提供纤维的物品。

就像上面所讲的那样，当需求由可以替代它的那种竞争品的竞争供给得到满足时，对几种辅助品供给中的派生需求的强烈作用，是非常容易受到削弱的。

第六节 生产的费用

1. 核算生产费用的困难

本节让我们来研究一下直接成本和补充成本，而本节重点研究的就是将补充成本适当分配在企业的连带产品上。

在一个比较大的企业当中，一个部门生产的产品，往往可以作为另一个部门的原料使用。那么，这两个部门之间的相对盈利无疑很难计算出来，一般都要靠主观的猜测。以农业为例，当一个农场将永久牧场和长期轮种的耕地结合在一起的时候，我们是根本无法算清楚这两者之间的利益关系的。

另一个能够表明这种困难的事例是，船主必须把运输途中的各种费用分配给单位体积质量比较大和比较小的货物。船长要尽量设法载运这两种混合货物，一个港口只能提供体积大的货物或很重的货物。而一个港口，它主要的出口货物如果是质量较重但是体积不大的货物的话，就能够把从该港口按低廉运费装运出口货物的那些生产行业吸引到自己的周围。

然而，船业当中却存在自由竞争，船主在船的大小和形状，以及航路和经营方法上面有很大的自主权。所以，在许多方面可以应用下述一般原理，也就是某企业的连带产品的相对比例，必须调节到能够让各产品的边际生产费用等于它的边际需求价格。

换句话说就是，每种货物的载运量有不断趋于均衡点的倾向，在该点、该数量的需求价格在正常商业状态下恰好能够补偿它的运费，计算这种运费时不仅要包括它的直接成本，还要包括企业在长期内因运输而直接或间接引起的全部补充成本。

在加工工业的某些部门里，任何一类商品的总生产成本的估算，通常都是用假设它们所负担的企业补充成本的份额，加上它们的直接成本的方法进行计算的。然后再对那些比平均额较多或较少的情况，按照机械生产成本加以计算。

有些商品的销量是有保障的，它们有稳定的市场需求，所以为了储备而做出的生产往往是安全的。但正是因为这种原因，导致了严重的市场竞争，竞争使他们的价格不断降低，从而削减了它们的利润。

不过，在有些时候，这种商品的生产和销售几乎可以成为自动的，也就导致它们不用负担多少管理和推销费用。但也正因如此，才让人误以为它们没有管理和推销费用，并把它们用于保持商业往来的一种渠道上面。而这种渠道的目的在于，便于推销那些在生产上不易成为正规化的其他商品。因为就那些商品而言，是没有如此剧烈的竞争的。

比如，有些从事家具生产的生产商，经常用这种方法来当作打开市场的一种手段。这样就导致了一种状况，即第一类商品所负担的补充成本比它们应当承担的要少，第二类商品所负担的比它们应当承担的要多。

家具厂商把那些性质如此一致、消费如此普遍的商品列入第一类，然后根据不同的情况将一些商品列入第二类。关于第二类这些商品，买主更多考虑的是个人喜好，而在按最低可能的价格购买方面却想得很少。

所有这种性质的商品都会因为供给价格的不稳定而多变，这种不稳定只要在报酬递增趋势强烈的时候就会出现。我们已经知道，在这些情况当中寻找正常供给价格时，我们必须选择一个具有代表性的企业。

这个具有代表性的企业必须是按正常能力经营的，从而获得工业组织所产生的平均的内部和外部优势，而这些优势虽然随着企业的成败而变动，但是当生产总量增加时，它们一般也有所增加。

显而易见的是，如果一个厂商只生产一种商品，而这种商品增产又会使厂商得到更多的内部优势，那么为了在一个新市场上站稳脚跟，即便牺牲一定的报酬而努力销售这种商品也是值得的。如果厂商拥有雄厚的资本，而它生产的商品又是大量需求的商品，那么这种推销的费用就可能会很大，甚至超过它的直接生产费用。但如果该厂商能够多生产集中商品，在推销的时候一起推向市场，那么这种费用就可以由不同的销量来分担。不过，对于预期的市场份额该由哪种商品来分担多少，最多只能是一个估算的结果。

实际上，如果某种商品的生产遵循报酬递增规律，从而给予有能力生产大量该商品的生产者以极大的优势，那么毫无疑问的是，商品市场就会被几家大型企业所占有。

但是，在这种情况下，正常边际供给价格便无法得出了。因为我们的方法是假定有许多各种规模的企业在市场上竞争，有新创立的企业，也有老的企业，有处于上升阶段的企业，也有处于下降阶段的企业。而少数几家大企业的这种商品生产其实在很大程度上具有垄断的性质，它的价格多半取决于相互之间的竞争，很难有一种真正的正常水平。

经济上的发展为向远方推销商品提供了新的便利，不仅运费被降低，而且更重要的是，它使远方的生产者和消费者彼此联系了起来。尽管如此，对于某地的市场而言，当地的生产者还是在很多方面都具有一些优势的。这些优势使生产者能够以同样的生产方法在与远方的竞争者竞争中占据优势。

不过，地理上的优势总比不了时间上的优势，如果生产者不采用更先进的生产方法，那么即便是远方的竞争者，一样能够用先进的生产技术和改良后的机械设备，将优势扭转过来。

2. 风险保险

现在，越来越多的商业机构开始选择为自己的经营购买保险，保险一般以海上保险和火灾保险最为常见，而这些保险在经营当中理所应当地被划入补充成本的范畴之中，其中一部分还加在直接成本上，以便能够确定货物的总成本。

不过有趣的是，没有一种保险是能够防止大多数企业的风险的。即便就火灾损失和海上损失来说，保险公司也必须想到可能存在的欺骗和不慎。

但是火灾或海上事故所引起的损失很多时候都非常严重，以至于支付这笔额外费用在很多情况下都是值得的。而且，在很大程度上，企业经营过程中的风险和该企业的一般管理有着不可分割的关系，所以承担保险实际上是为了企业负责。

▶ 闲置不用的机械

让机械设备处于闲置的状态，这本身就是一种浪费，而设备的拥有者不但要承担这种浪费，还要负担一定的其他风险。

不过这里有两个问题，那就是在某些情况下，风险保险费用往往会被忽略，而在另一些情况下，又会发生重复计算的问题。例如，一个大船主有时不愿向海上保险公司投保，而是选择把投保时所要缴的一部分保险费存放起来，以建立自己的保险基金。然而，在他当计算经营一只船的总成本时，他仍会把保险费算在直接成本上。而对于那些他无法按合理价格进行的投保，他也必须以各种形式作同样的处理。

例如，有时候某些船只可能会在港口中闲置，或只赚取名义上的运费，为了让他的企业在长期内有利可图，他必须以各种形式对他那些顺利航行的所得扣减一定数目作为保险费，以补偿那些不顺利航行所带来的损失。

但是在做这项工作的时候，一般人所用的方法并不是在账目上正式记一笔保险费，而是用一种更为简单的方法，也就是算出顺利航行和不顺利航行的平均数。但是，在得到平均数之后，风险的保险费就不能当作一个单独项目列入生产成本了，否则就是把保险费算了两遍。

一个人一旦决定不投保而是自己为自己保险，那么他用在预防风险上面的费用，一定会比投保所需要的费用还多。而这种额外费用按照普通的方法被列入他的资产负债表，实际上它是另一种形式的保险费。所以，从合理的角度来讲，他不应该把这部分风险保险费单独计算，否则就又是计算了两次。

由此可见，当我们计算一个风险性企业的平均收入时，虽然要计算由于不稳定而带来的费用，但是我们绝不需要再单独计算保险费了。的确，一种冒险职业如金矿业对于某些人是具有特殊吸引力的，其中损失风险的压力是抵不住致富机会的，即使按保险公司的原则计算，后者的值也是远不如前者。这就像亚当·斯密指出的那样，具有一种传奇因素的风险性行业往往会吸引很多人，以至于它的平均报酬比无险可冒时还要低些。但在大多数情况下，风险的影响是向着相反方向的。

每个行业都有属于它的特点，在绝大多数的情况下，不稳定的风险虽然算不了什么，但是总会有些影响。在某些情况下，吸引一定支出所需要的平均价格，要略高于那种和该平均数相差极小的收益。因此，我们一定要把不稳定的报酬加在平均价格上，即使我们加上风险保险费，我们也应该把它的较大部分计算两次。

3. 再生产成本

上面有关于企业风险的讨论，再一次向我们表明这样一个事实，那就是一种物品的价值虽然与它的生产成本有相等的趋势，但是除了偶然情况之外，并不是在任何特定的时间内都是一致的。

古典经济学家凯雷意识到了这一点，并建议我们应该研究价值与再生产成本的关系，而不应该说是价值与生产成本的关系。但是，对于正常价值来说，这样的建议是没有意义的。因为正常生产成本和正常再生产成本是同一个名词，一种东西的价值有等于它的正常再生产成本，而不是它的正常生产成本的趋势，这种说法并没有发生本质上的改变。再生产成本一词不如生产成本简单，而二者指的却是同一件事。

要求改变的这种论点是站不住脚的，即使根据那个易于被接受的事实，即在某些少数情况下，一件物品的市场价值与其再生产成本相对比较接近，而与生产那个特定物品实际所用成本的差距较大。

例如，在近代炼铁业发生了重大的改善之前，建造一只船的当时价格和它的再生产成本的差距，也许比它和过去生产那只船所用成本的差距还要小些。但是旧船的价格或许会小于船的再生产成本，因为船的设计技术也取得了像炼铁方法那样快的进步，此外，钢也已经作为造船材料而代替了铁。

在这里，我们仍然可以断言，船的价格等于一只按现代设计、并用现代方法建造的船的成本。但是那和船的价值等于它的再生产成本并不是一回事，其实就像经常发生的，当在预料之外的船舶的需求使运费急剧增加时，那些急于想获利的人对一只可以航行的船支付的价格，会远远超过造船厂承造另一只船的价格，因为他不愿意支付时间的成本。所以，除了买主能方便地等待新供应品的生产之外，再生产成本对价值的直接影响是微不足道的。除此之外，在下面这些情况下，再生产成本和价格是没有联系的。例如，在被围困的城市中的粮食；在疟疾流行的岛上供给缺乏的奎宁，等等。

第七节
供求均衡的一般理论摘要

1. 本章摘要（一）

本节并不包含有什么新的内容，只是对本章所研究的结果做一些简单的概述，并对略过本章最后几节（本译本已删除）的读者做一些补充性的说明，帮助读者了解最后几节的大意。

在本章中，我们探讨了一些有关于供求之间相互关系的问题，不过我们没有考虑那些具体运用这种理论的特殊情况，并还要把这个一般理论同几种生产要素的具体特点的关系留给下一章再行研究。

在本章中，我们得出的一个结论是：研究经济领域问题的困难，主要在于市场范围的选择，以及所研究的市场持续时间的不同，也就是所谓空间和时间的问题，而在这两个问题上，时间的影响比空间的影响要更大。

即便在一个存在时间很短的市场上，如一个乡村谷物交易的集市上，交易双方“讲价还价”也会围绕着一个平均的价格摆动，而这个价格我们暂且称之为均衡价格。但是，交易的双方在给出一个价格或拒绝另一个价格时，几乎不会考虑生产成本。他们主要参考的对象是当下的需求和市场上的物品存量。

有的时候，交易者或多或少会注意一些未来的市场变动，但在非耐久商品交易市场上，他们也不会考虑得太远。例如，生产成本对鱼市场上一日的交易并没有显著的影响。

在严格的静态下，供给在各个方面都可以完全与需求相适应，正常生产费用、边际费用和平均费用，对于长期和短期也都是同样的。但实际上经济学家们在定义“正常”这个词汇的时候，往往让它具有很大的伸缩性。而我们需要研究的，则是将它作为一种相当明确的界限。

这条界限的一端是较长的时期，在此期间，各种经济力量都有足够的时间发挥它们各自的影响。所以，在此期间，熟练劳动或任何其他生产要素的暂时稀缺都可以得到补救。并且，因为生产规模的扩大而正常地产生的那些优势也有时间发挥作用。

用正常能力经营，并拥有大规模生产的内部与外部优势的正常生产商的费用，可以被算作正常生产费用的标杆。如果我们考察的时期长得足以让投资者建成新的企业，那么边际供给价格就是这样的一种价格，对它的预期在长时期内恰好可以促使资本家和各级工人把他们的物质资本与人身资本投入该行业当中。

在这条界限的另一端是这样的一个时期，这个时期足以让生产者有可能针对需求的变动来调节他们的生产，如果这种调节利用现有的专门技巧、专业化资本和工业组织是可能的话。

不过，这个时期的长度还不足以使生产者对生产要素的供给做重大的改变。就这种时期来说，物质生产工具和劳动的数量必须在很大程度上是被看作当下存在的。而边际供给增加额，则是由生产者用现有的生产设备的可生产量来估算的。如果市场形势很好，那么生产就要紧张的展开，从而让生产达到可以达到的最高值。但如果市场形势不好，那么每个生产者所想的就是，怎样才能获得不至于亏损的订单。

在这个问题上并没有确定的规律，起作用的主要是生产者害怕破坏市场的心态，而它对不同的生产者和工业集团，所起的作用也是以不同方式和不同程度展开的。因为，无论生产者还是雇工，他们之间各种组织的主要动机，都是在使各方不至于只顾当前利益而不顾该产业更大的损失，从而做出破坏共同市场的行为。

2. 本章摘要（二）

在此之后，我们又对那些为满足连带需求而被结合在一起的物品的供求关系进行了讨论，其中最重要的是，必须在某个产业中共同起作用的专业化物质资本与个人专门技术的案例。

因为，消费者需要的不是分解开的它们，而只是它们共同制成的产品，所以对它们各自的需求其实都是派生的需求。这种需求在其他情况不变的条件下，会随着共同产品需求的增加和连带生产要素的供给价格的减少而增加。同样地，有连带供给关系的商品，各自只能有一种派生供给价格，而这个价格是由整个生产过程的费用以及其余共同产品的需求来共同决定的。

另外，我们还研究了企业的补充成本在其各种不同产品之间的分配情况。在研究那些同时间因素有关的正常供求均衡的主要难点时，我们对某种生产工具的价值及通过它制造的产品的价值之间的关系，进行了充分的探讨。

如果不同的生产者在生产某物品时具有不同的优势，那么这件物品的价格，必须能够补偿那些没有这些额外优势的生产者的生产费用，否则后者将缩减或停止他们的生产。而对于需求而言，供给量的稀缺将会导致价格的上涨。当市场处于均衡状态时，该物品就会按足以支付这些生产费用的价格出售。除了必要的费用，对那些拥有额外优势的人，还会有一些剩余的利润存在。如果这些优势来自自然的赐予，这种剩余就叫作生产者的剩余，或生产者地租。如果一个人将来自自然的这种便利租给其他人，那么他便可以获得相当于这种剩余的货币收入。

▶ **供应量稀缺状态下的超市**

在因为社会原因而导致的市场恐慌出现时，人们会盲目地抢购一切商品，从而导致暂时性的商品短缺。

产品的价格等于生产边际上的那部分产品的生产成本，这部分产品成本的计算是比较简单的，但其他部分的成本却不容易算出来。如果过去用于种植蛇麻的土地，现在改为菜地，就能够获得较高的地租，但种植蛇麻的土地面积无疑将有所减少，这就将提高蛇麻的边际生产成本，因此也会提高它们的价格。

土地将要为某种产品提供的地租，让我们注意到这样一个事实，那就是对用于该产品的土地的需求，增加了其他产品供给的困难，是不直接列入生产费用当中的。同样的论点也适用于城市土地的地基价值和建筑物成本之间的关系。

这样一来，当我们考察正常价值时，当我们研究那些决定“长期”正常价值的原因时，当我们探讨经济原因的“最后”结果时，得自这种形式的资本收入就必须被列入报酬之中，用以补偿所述商品的生产费用。

关于收入的可能数量的估计，直接地支配着生产者的行动，他们关于究竟是否值得增加生产资料往往犹豫不决。另外，当我们考虑决定短期正常价格的原因时，生产工具主要是间接地对价值产生影响，这多少与自然的赐予所产生的影响相似。我们所考察的时期越短，那些工具的生产过程越缓慢，它们所提供的收入的变动在节制或增加它们所制造的商品供给上，还有在影响产品的供给价格上，所发挥的作用也就越小。

3. 本章摘要（三）

经过之前的讨论，我们需要再考虑一些问题，这些问题都是与遵守报酬递增规律的商品的边际生产费用相关的。

这些问题来自一种企图，即认为物品的供给价格由产量决定，而不需要考虑个别企业在扩大内外组织方面所占用的时间的长短。所以，它们在价值理论的数学和准数学的讨论中是最突出的。

因为如果供给价格与产量变动被看作是相互依存的，而又不涉及逐渐地增长，那么我们似乎有理由认为，各个生产者的边际供给价格等于因生产最后一单而增加的生产费用的总额。这种边际价格在许多情况下，多半会因他的产量的变动而变动。

所以我们可以得出结论，静态均衡理论并不完全适用于那些严格遵守报酬递增规律的商品。但同时我们也要看到，在许多工业当中，每个生产者都有一个特殊市场，在这个市场上占有一个固定的市场份额，因此，他虽然在技术上可以迅速增加产量，但与此同时他也面临着这样的风险：要么急剧降低产品在市场上的价格，要么被迫按不利的价格在其他市场上出售剩余的产品。

虽然在有些工业范畴中，各个生产者都有机会出入整个市场进行角逐，但在这些工业中，如果现有的设备已经得到了适当的使用，那么因为增加产量而获得的内部优势往往是微乎其微的。

还会有一些处于过渡当中的工业范畴，对它们来说上面所有论断都是不适用的。我们要承认，正常供求的静态均衡理论用在它们那里是很勉强且没有好处的，但这样的情况并不多见。

就大多数加工工业来说，供给价格和产量的关系对于长期和短期往往显示出根本不同的性质。对短期来说，它会让企业的内外部组织和产量的迅速变动难以互相适应，从而导致供给价格被认为是随着产量的增减而升降的。但在长期之内，大规模生产的内部与外部优势有时间来显现自己的影响力，于是边际供给价格就不是任何特定产品组的生产费用，而是整个生产和推销过程中的边际增加额的全部费用。

研究指出，如果适当地估算消费者的利益，那么所谓“最大满足”的一般理论的论据就不是传统经济学家所假设的那样明确，而是一个抽象的概念。

这个理论的内容是，每个人自由追求各自当前的利益，这便能导致生产者把他们的资本与劳动，与消费者的所有支出，都纳入最有利于共同利益的范畴之中。在当前这个研究阶段，我们的分析还只是在一般的问题上，我们不去讨论这样的重要问题，也就是在当前人们的道德水平下，集体的行为在能力与弹性方面，究竟与个人行动有什么样的差别。所以，因为实际上缺乏效率而造成的浪费，是否会多于因为计算各种利益而引起的节约，这一点我们尚不了解。

但即使不去考虑财富分配的不均所引起的各种社会问题，我们似乎也有理由相信，与最大限度相去甚远的社会满足，可以通过促进那些报酬递增规律起特殊作用的商品的生产和消费的集体行动而得到较大的增加。

我们对垄断理论的研究，证实了这个论点的正确性。垄断者最关注的是无法将商品的产销调节到能够帮助他获得最大收入的地步，而他所采取的方法多半并不是能够提供最大总满足的方法。个人利益与集体利益的矛盾，对那些遵守报酬递减规律的商品来说，比对那些遵守报酬递增规律的商品来说似乎更为不重要。

但是在后一种情况下，我们似乎有充分的理由相信，政府的干预往往对经济状况有直接或间接的影响，因为大量增产会使消费者的剩余增加得多，而使产品的总生产费用增加得少。对供求关系的比较透彻的概念，会帮助我们理解什么统计应该加以收集，以及它们应该怎样用于计算各种相互冲突的公私经济利益之中。

大卫·李嘉图关于生产成本和价值的理论，在经济学史上占有十分重要的地位，以至于如果误解了它的理论，那必然会给现有研究带来极大的危害。所以，有一种广泛的观点认为，当代学者必须对李嘉图的观点进行一番改造，但我认为，这种改造是完全没有必要的。

第六章

国民收入

对于经济的一切研究，最终都要归结到一个问题上，那就是财富在社会各阶层、市场各主体、经济各组成部分的分配上。在经济学研究中，将财富的取得定义为收入，财富分配的具体表现，就是不同人群的收入差异。而收入的差异和对于收入的预期又决定着人们一切的经济行为。

经济学研究的最终目的，是寻找一个有利于社会每个阶层的财富分配方式，即让每个阶层都拿到他们所应该获得并感到满意的收入，虽然这种目的最终的实现可能微乎其微。在本书的最后部分，作者探讨了收入的不同表现形式，也就是财富的不同分配方式，并试图对各阶层收入做一个深入的解析，但这种尝试最终并没有获得根本性的成功。

绪论

1. 全章主旨

现在，我们已经来到了本书的最后一部分，同时也是本书内容中最重要的一部分，在开始对这重要的一部分进行深入的讨论之前，我们需要先对这部分的主旨做一个简单的概述。

本章的宗旨在于表明这样一个事实，那就是培养自由人并使其参与到工作中来的活动，不能和机器、牛马及奴隶适用同样的原则。如果我们不考虑这一点，那么价值的分配和交换几乎毫无区别，因为每种生产要素所获得的报酬都能够补偿它的生产费用、耗损等。总之，除一些极特殊的情况之外，常能够让需求和供给相适应。

然而事实上，随着人对自然控制力的增强，除生活必需品外，人往往还能够得到日益增加的劳动剩余，而这种剩余并不能被人口的无限增长所完全消化掉。因此这里就有以下一些问题。

把这部分剩余分配给全社会的一般原因到底是由什么来决定的？习惯上的必需品对生活上的安逸程度起着什么作用？消费和生活方式对效率起着什么作用？各种需要和活动也就是生活程度、代用原则的多方面作用，以及各阶级各种类体力劳动和脑力劳动之间的生存竞争又起着什么作用？使用资本所给予资本所有者的权力又起着什么作用？和那些工作并即时消费他们劳动成果的人相比较，在一般来源中有哪部分用于报酬那些劳动和“等待”的人？对于上面这些问题和与之相同的问题，我们都要在本章试图作一些深入的回答。

在对分配问题的初步研究上，首先，我们要观察 1 世纪以前英国和法国学者是怎么认为价值几乎完全由生产成本决定，而需求只居于从属地位。其次，我们将说明这种研究结果在静态社会中是如何接近于现实情况的，并为使这种结果同现实生活和工作条件相一致又需要做什么修正。

本章的第一节主要讨论的是劳动需求，而在第二节中，我们将首先考察现代条件下的劳动供给，并进而考察确定工人、资本家和地主分配国民收入的大体界限的原因。在这种大致的考察中，我们将刻意地忽视许多细节，其中有些是本章节所要补充的，但其他的细节就只好弃之不顾了。

2. 古典经济学派的理论

在亚当·斯密之前，法国的经济学家们①曾非常扼要地论述了决定国民收入分配的原因。不过，这种论述的背景却是在动荡的法国18世纪后半期，在当时，法国农民身上的苛捐杂税非常沉重，几乎超出了他们的支付能力。各劳动阶级能够免予挨饿的人很少，所以法国经济学家或重农学派为简单起见，将一种自然人口规律作为假设，根据这个假设的规律，劳动工资会保持在一个最低可能的水平线上。

重农学派的经济学者们并没有假定这个规律适用于全体劳动人口，但他们也认为很少有人能够以例外的方式存在。这种先入为主的观念，让他们认为自己假设所含的一般见解是真的。这种说法多少有些像叙述地球的形状，虽然地球上有少数山脉凸出，但凸出于地面的并不是很大，所以这并不妨碍我们说地球是椭圆形的。

除此之外，他们也了解到，在此前的5个世纪里，整个欧洲的利率因为“节约一般压倒奢侈”的习俗而有所下降。但他们也感受到了资本的敏感性和对税吏逃避的敏捷性，所以，他们断言以下的假设并不过分：如果资本的利润较之以前要少，那么资本就会很快被消费掉或投奔他国。

① 在亚当·斯密之前，法国经济学界是以杜邦·德·奈穆尔为代表的，以研究农业为主要课题的经济学者，他们被称为“重农学派”。

然后为了简单起见，他们又假设有某种类似自然工资率的自然利润率或必要利润率的存在。如果当前利润率超过这种必要利润率，那么资本增长就会很快，直到它迫使利润率降低到自然利润率或必要利润率的水平为止；如果当前利润率降低到必要利润率以下，那么资本的缩减就会很快，从而导致利润率上升。

▶ **重农主义**

重农主义在经济学发展早期占据统治地位，影响了人类社会数百年的经济发展。

基于这些，重农学派认为工资和利润是由自然规律所决定，同时各种东西的自然价值纯粹是由回报生产者用的工资和利润的总额来决定的。不过，亚当·斯密所作的结论比起重农学派来说是更加充实的。

生产上所用的劳动和资本必须在耕作边际上加以估算，因此才能够避免地租因素，这一点虽然有待于李嘉图进一步阐明，但亚当·斯密也了解，英国的劳动和资本并不像法国那样总是处在饥饿的边际。英国大部分劳动阶级的工资，是足以维持基本生计的。

英国的资本有极稳妥而有利的投资领域，所以似乎不至于被消耗掉或者投奔到他国中去①。因此在亚当·斯密选择措辞时，他使用“自然工资率”和“自然利润率”这些名词，并不像重农学派所说的那样狭隘和死板。而且，亚当·斯密更进一步解释二者是由经常变化着的需求和供给情况决定的。亚当·斯密甚至认为，优厚的劳动报酬能增进平民的勤奋，丰富的生活资料能增加工人的体力；改善他的状况和也许在愉快和富裕中度过他晚年的那种美好、希望，鼓舞他拼命地工作。从而，我们总会发觉，在工资高的地方比在工资低的地方，工人做事是比较积极的。

① 因为工业革命和海外殖民运动的蓬勃发展，19世纪的英国已经成了全球的经济中心。国民经济高速增长，伦敦的金融投资非常发达，当时有笑话戏称，只要在伦敦街头大喊一声自己有生意可做，就一定有人会来投资。

不过，亚当·斯密有的时候也会沿用旧的说法，以至于让粗心的读者以为他相信劳动工资的平均水平是由仅能维持生存所必要的资料这一规律来决定的。

亚当·斯密之后另一个具有划时代影响的经济学家是马尔萨斯，马尔萨斯在他对英国从13世纪至18世纪的工资演变的卓越调查中曾指出，工资的平均水平是怎样逐代变动的，有时降低到每天半配克谷物左右，有时又上升到一配克半，而在15世纪，甚至上升到两配克左右。

虽然马尔萨斯说“下等生活方式可以是贫困的结果，也可以是贫困的原因。”但是他把这种结果差不多完全归罪于由此而引起的人数的增加。马尔萨斯没有料想到，我们时代的经济学家所强调的是生活习惯对于效率，从而对劳动者多赚取报酬的能力所产生的影响。

在马尔萨斯之后，李嘉图是另一个著名的经济学家，但李嘉图对用语的理解和使用，甚至远远不如亚当·斯密和马尔萨斯严谨。的确，李嘉图清楚地说过：“用食物和必需品所衡量的劳动自然价格，不能理解成绝对固定、一成不变的……劳动的自然价格主要取决于人民的风俗习惯”[①]。但是在此之后，他就不屑于经常重复，他的绝大部分读者就忘记他是这样说的了。

在李嘉图的论证里，经常采取同杜阁和重农学派相似的说法，似乎工资一旦超过仅能维持生存所必要的资料的范围，人口就有急剧增长的趋势。而这种趋势通过“自然规律”固定在仅能维持生存所必要的资料水平上，尤其在德国，这个规律曾被称为李嘉图的“铁律”或“铜律”——许多德国社会主义者相信，这个规律甚至在西欧各国现在也起着作用；并且相信，只要“资本主义”或“个人主义”的生产方式存在，它就会继续发生作用。他们竟断言李嘉图会是他们队伍中的权威。

然而，事实上李嘉图并非不知道工资的必要界限或自然界限是不能由一条规律来规定的，而且也知道，它是由各个地方和各个时期的当地生活条件和习惯来决定的——而且，他对较高“生活程度”的重要性是非常敏感的，并号召主张人道主义的朋友们努力促成各劳动阶级决心的成长，使工资不至于降低至接近仅能维持生存所必要的资料的水平。

---

① 出自李嘉图的著作《政治经济学及赋税原理》第三章。

许多学者坚信李嘉图相信“铁律”，而关于这一点，我们只能由下述事实来解释，即李嘉图喜欢“设想有力的例证”和暗示一次以后不再重复的习惯，并为方便起见，删去那些使他的研究结果应用于现实生活所需要的条件和限制。

穆勒以全部的力量来强调人在经济学上的重要性，但在工资理论上面，穆勒却没有做出什么过人的成果。穆勒追随马尔萨斯，专门从历史的角度讨论，认为如果工资的下降使劳动阶级的安逸水准度下降，那么“他们所受的损害将是永久性的，恶化了的生活条件将成为一种新的最低额，像以前较高的最低额一样，常常使自己延续持久”。

高工资不仅能够促使工资劳动者效率的提高，而且还能提高他们子孙的工作效率，这种影响的认真研究是在上世纪才开始的。在这方面，沃克和美国的其他经济学家做的工作最多，影响也最大。运用比较方法来研究欧美各国的工业问题，不断地使人越来越注意一个事实，那就是报酬优厚的劳动一般都是有效率的劳动，而不是昂贵的劳动。这种事实虽然会给人带来希望，但却让分析理论变得更为复杂。

现在我们来看，分配问题比以前经济学家所想象的要难得多，任何自认为是很简单的解决办法，其实都不可能将这个问题很好地解决掉。在以前，许多研究都曾给分配问题以简易的答案，但这些答案都无法经过验证表明其正确性，它们不过是研究者对那些想象的问题的回答，这些问题可能产生于生活条件十分简单的其他世界，但绝不是我们这个世界。

但在回答这些问题方面所做的工作并非一点儿用也没有，因为解决一个最困难的问题，我们最好的方法就是将这个问题分解开来，这样一来，简单问题中的每一个问题都包含着我们必须解决的那个大的困难的一部分。而在之后的章节中，我们便要采纳这个经验，循序渐进地开展我们的研究，以便最终了解那些决定现实生活中的资本和劳动的需求的一般原因。

3. 假设世界中的需求与分配

这里，让我们首先构建一个想象的世界，并在其中研究需求对劳动报酬所产生的影响。在这个构想的世界中，每个人都拥有能够辅助自己劳动的资本，因此在这个世界里并不存在劳资关系问题。

首先，我们要假设只有少量资本将被使用；每个人所用的资本都归他个人所有，而来自自然的赐予则是取之不尽且不收分文的。其次，我们还要假设，每个人不仅有相同的能力，而且有相同的工作意愿，也确实会勤奋地从事着自己的工作。再次，我们还要假设这个世界中所有的劳动都是简单劳动，或不需要经过专门训练的劳动，换句话说就是如果两个人相互调换工作，对工作的质量和数量也都不发生任何影响。最后我们要假设，每个人所生产的东西都是准备出售的，且市场中并没有中间环节，直接把东西售与它们的最后消费者，所以各种东西的需求都是直接需求。

▶ 欧洲中央银行

中央银行是货币的发行机构，而非商业银行，但它与人民收入的关系要比商业银行更加密切。

在这个世界里，价值问题就显得十分简单了。各种物品都与生产它们所消耗的劳动实行成比例的交换。如果任何一种东西的供给不足，那么它的售价便可能暂时高于它的正常价格，它所交换的东西在生产上用的劳动也就较多。但是假设真的是这样的话，那么人们将立刻离开其他工作而从事供给不足的产品的生产，并在很短的时间内，让它的价格降低到正常水平。一些暂时的干扰因素是可能存在的，但就一般而论，任何人的报酬将等于他人的报酬。换句话说，在所生产的产品和服务的总额中，每个人得到的份额都是相等的，而产品和服务的纯总额我们可以叫作国民收入，它将构成劳动需求。

在这个基础上，如果有一种新发明，能够让某个行业的工作效率提高一倍，从而导致某人每年可使某种物品增产一倍，而无须增加工具，那么这些东西的交换价值将会降到以往交换价值的一半。对每个人劳动的有效需求将略有增加，而每个人从公共收入来源中所汲取的部分也比以前略有增加。如果他愿意的话，可以对这种特殊的物品多取一倍，其他的物品仍旧不变；或者他可以取得比以前略多的各种物品。而如果我们将效率的增加扩散到许多行业当中，那么公共收入来源或国民收益将会增大，那些行业所生产的商品将构成其他行业所生产的商品的较大需求，从而提高每个人的收入及购买力。

在其他条件不变的前提下，各行业中的正常收入率仍然是相同的。因为，如果某个行业一天内所制造出的商品，比其他行业一天内制造出来的商品更多，而且这种差异又有持续的倾向，那么人们势必将为自己和后代作出投身于后一种有利的行业的选择。

某些细微的不规则现象可能是存在的，资本或劳动从一个行业转向另一个行业需要一定的时间，从而导致在一定时间内，某行业所得的份额多于在收入来源中所应得的正常份额，而另一些行业则刚好相反，由此甚至导致劳动力的转移。

尽管有这些干扰因素，但是各种物品的即时价值仍然围绕着它的正常价值来波动。这种情况和之前一样，生产所需要消耗的劳动量决定着正常价值，而各种劳动的正常价值也仍将相等。社会生产力因为分工的出现势必有所提高，一般国民收益或公共收入的来源将得到扩大，除一时的干扰之外，各人所得的份额将保持一致，个人用他自己的劳动成果所能购买的那些东西，比自己为自己生产的还要有价值。

各种物品的价值是与它生产所需要消耗的劳动量相等的，每个人的收入完全是由自然的赐予和生产技术的进步来决定的，这个命题在上述讨论阶段仍然是成立的。

这里，再让我们来分析一下人口数量的变动对自然所提供的收入的影响。

我们先假设人口的增长率是固定的，或者不受收入的影响。同时我们再假设所有的劳动都是相同等级的劳动，分配给每个家庭的国民收入也都是相等的。在这种情况下，生产技术的发达、交通的进步以及各种新的发现和战胜自然的新成就，将会让每个家庭所能够支配的物质财富得到同等的增加。

不过，在这种情况下，人口必将持续增加，并长久保持这个趋势，从而达到生产技术改良的速度，最终导致报酬递减规律在农业中发挥影响。这也就是说，从事农业的劳动者最终将获得较少农产品作为他们的劳动报酬。从而导致在农业中一小时的劳动所代表的农产品的数量比以前有所减少，因为我们已经假设了所有的劳动属于相同的等级，所以，各行业的收入通常会相等的减少。

在此之外，我们还必须注意土地的剩余或地租的上升趋势，因为，任何产品的价值大都必须等于劳动的价值，而根据我们的假设，这种劳动无论在什么品质的土地上，在仅仅有利的即边际的条件下，始终是辅以生产它所需要的等量资本的。

耕作边际上生产一夸脱小麦所需要的劳动和资本比以前有所增加，因此，自然对有利条件下所运用的劳动的报酬小麦，相对于该劳动和资本将比以前有较高的价值。换句话说就是，小麦所提供的价值，除超过生产它所需要的劳动和资本的价值以外，还会有较大的剩余。

这里，让我们先抛开这样的假设，就是在整个社会当中，劳动是流动的，从而能够保证等量的劳动能够获得等量的报酬。

为了与现实情况更加接近，我们假设劳动可以分为几个等级，再假设父母对孩子的培养只能在某一等级内进行，最后再假设劳动各等级中人数的增加不受经济原因的支配。那么如前所述，人口数量的增加率可以是固定不变的，也可以受社会因素的影响。在这种情况下，国民收益总额就由自然给予当下劳动者的报酬来决定，但这种报酬分配给各级劳动者的多寡则是不平均的。某一行业中的劳动者，越能满足在国民收入中占有较大份额的需求，他们所得的份额也就越多。

此外，假定某个行业的劳动者人数不变，或至少只受与收入无关的因素影响，那么，他们的收入将取决于喜欢他们行业得到满足的那些阶层中的居民的财富，以及对他们所在行业的热衷程度。

4. 特定劳动的净产品

现在，让我们离开那个人们都能拥有辅助劳动的资本的虚构的世界，回到我们这个劳资关系在分配上起着重大作用的现实世界中来。在这里，我们要将注意力集中在按每种要素的数量和所提供的服务，而将国民收益分配给各种不同生产要素的问题上。

我们了解到，聪明的企业家会不断寻求资金最合理的利用方式，并力图把各生产要素使用到一个边际，在这个边际上，如果将一小部分开支移到其他要素上，那便是非常有利的。在这个边际所影响的范围内，它是代用原则起作用的媒介，通过这一原则使各要素的雇用得到合理的安排，以至于在它的边际运用上，它的成本和增加的纯产品成比例。

这里，我们必须把这个具有普遍性的原则运用到劳动雇用上。在一些谨慎的企业家心中，他们经常会考虑这样一个问题：是否有恰当的人数来完成他的工作。

在某些情况下，他的设置能够帮助他解决这个问题：一列机车上需要且只需要一个司机，但如果几列机车只有一个车务管理，那么在一些特定的时候，就会出现管理不善的情况，这种情况可以通过雇用第二个车务管理来解决。所以，一个聪明的经理总在考虑列车上是否雇佣第二个车务管理，而给旅客所带来节省时间和避免麻烦的便利，与为他所付出的成本是否相称。

在此之外，我们偶尔会听说有农户因为缺乏劳动而使土地荒芜，这个农户可能拥有足够多的工具，如果他多雇一个人来帮忙，对于他来说是一个很好的选择。也就是说，他增加雇用的这个人，为他所提供的产品除了补偿这个人的工资外还会有剩余。

▶ **剪羊毛的工人**

增加雇用的羊毛工人，如果不能够带来超过雇用成本的额外收益，那么这种增加便是不值得的。

让我们假设，某农户存在究竟雇用多少牧羊人的疑惑。在这个疑惑解决之前，我们假设所有的其他成本都不会因为雇用人数的变化而变化，那么，农户就需要对这个人带来的额外收益做一些评估。比如，农户认为这个人不但可以帮他防止羊的意外死亡，还可以每年给他增加二十只羊的额外收益。那么也就是说，农户认为增雇这个牧羊人所提供的纯产品是二十只羊。而如果他支付给这个人的报酬的价值少于二十只羊，那么他就一定会选择雇用。而如果刚好是二十只羊，那么他就会陷入犹豫当中。而这个人可以叫作边际牧羊人，因为他是在边际上被雇用的。

为了方便起见，我们最好始终假定牧羊人都具有正常的效率，即使他有特殊的效率，假如他的工作效益等同于他的工资，那他也只会是一个边际牧羊人。该农户也许评估过一个有正常效率的牧羊人只能增产十六只羊，从而愿意以多于普通工资四分之一的价格雇用，但假定他有这样特殊的效率是极其不便的。我们研究的牧羊人应该具有代表性，即有正常的效率。

如果雇主和牧羊人都具有代表性，那么二十只羊就代表一个牧羊人的净生产价值，从而代表他获得收入的能力。但是如果雇主不善于经营，会使这个牧羊人只能够增产十六只羊而不是二十只羊。所以说，只有在雇工和雇用条件都处于正常状态下，净生产价值才有代表正常工资的趋势。

其实，这个牧羊人的劳动所增加的价值，在很大程度上是受该雇主所已雇的牧羊人人数影响的，而雇主所雇的牧羊人人数又决定于需求和供给的一般情况，特别是社会牧羊人队伍可以用来补充的数目，羊肉和羊毛的需求、牧区的面积以及所有其他农场的牧羊人的效率等。而边际产量又受土地等其他用途的竞争的重要影响，可供养羊的土地面积，会因为造林、种植燕麦和养鹿等需要土地的增加而减少。

这是从简单的牧羊业当中所选的一个例子。在不同的行业中，问题的形式有可能是各不相同的，不过从本质上来看，它们又都是相同的。

因此我们得出一个原则，即除了对我们的主要目的无关紧要的那些条件外，各类劳动者的工资都有等于该类边际劳动者的追加劳动所提供的净价值的趋势。这个原则有的时候也被当作工资理论提出来，但我并不认为这样做是合适的。

一个工人的报酬有等于他的劳动净价值的趋势，这一原理从本身上来说是没有实际意义的，因为要计算净价值，除了工人的工资以外，我们还必须假设他所制造的那种商品的全部生产费用。所以，我们不应该认为它是一种工资理论，但对于这个原理是阐明决定工资的那些原因中的一个原因所起的作用还是应该认可的。

5. 对一般资本的需求

在以下的章节中，出于特殊的原因①，我们要用其他例子来说明上面用体力劳动来说明的那个原则。在这里需要特别研究的是，当发现多雇用一些监督和普通工人对企业的有效产量的增加有同等作用时，某部分企业管理工作的价值是怎样测定的？此外，一架机器的工作成果，有时可以用在某些情况下不引起任何附带的额外开支，还能够为工厂增加产量是如何计算的？

在从某特定机器的工作推导有一定价值总额的机器的工作时，我们可以假设，某工厂在不增加其他开支的前提下，增加使用价值一百镑的机器，可以使每年的产量增加四镑。如果投资者会尽一切可能把资本投向具有更大利益的地方，那么我们就可以根据这个事实推断出年利息率是 4%。但是这个例子不过是指出决定价值的一部分原因而已。

这里，我们不妨再进一步说明一下某用途资本需求的性质，并考察资本的总需求是如何由许多不同用途的资本所构成的。

为了论证我们仍需要举例说明，这里我们以制帽产业为例。假设无风险的年利率是 4%，在这种情况下，制帽业吸收了一百万英镑的意思是：制帽业为使用这一百万英镑资本，宁愿支付 4% 的年息。与此同时，有些物品是制帽业所必需的，包括制帽者的

▶ **上涨的利率**

社会对资本需求量的增加，将必然导致资本利率的上涨。

① 这里，这个特殊的原因在于体力劳动容易受多重因素的影响，而且在讨论劳动者时，很多社会性的原因也要考虑在内，但在讨论设备资本时，则不需要考虑这方面的问题。

食物、衣服和住宅，而且也必须要有流动资本、固定资本等。

市场竞争，让使用这些必要资本所获利润不能超过普通的企业利润，但是如果制帽业不能以较低的利率得到资本，那么它们便宁愿付 4% 的利息，而不愿受缺乏此项资本所引起的损害。假设这里年息为 20% 时，也许有些机器便从制帽业转移到了其他产业，而年息为 10% 时，制帽业的机器便增多，年息为 6%、5% 时更多，到最后年息为 4% 时，几乎所有的机器便都能够被使用了，当制帽业拥有最多数量的机器时，那么机器的边际效用就是 4%。

利率的上涨会减少制帽业对机器的使用，凡产生价值不超过本身价值 4% 的机器，使用起来便是没有收益的，而利率下降使制帽业需要更多的资本，年产生价值少于本身价值 4% 的机器也能够得到使用。此外利率越低，则用于制帽业其他方面的资本也就相对越高。与此同时，利率下降将导致制帽业使用更多的资本，这表现在原料和零售商手中成品的大量积存上。

同一行业的不同企业，在使用资本时的选择却可能是迥然不同的。各企业业主按照自己的资金在企业的各个方面进行调配，直到他认为达到了有利的边际为止。而有利的边际是切割各种可能投资的一条界线，一旦利率下降，那么这条线立即向外作不规则的延伸。所以说，资本的需求是各行业中一切企业业主的资本需求总量，它所遵守的规律，和商品销售所遵守的规律是一样的。如同在任何既定价格下一定量的商品总能售出一样，如价格上涨，那么所能销售的商品数量减少，而资本的使用也是如此。

6. 摘要

在这里，我来试着对上面所叙述的一切作一个全面性的总结。

各生产要素，如土地、机器、熟练劳动等，在生产中往往会被运用得淋漓尽致，如果这些生产要素的持有者认为，他们比较多的使用某一种要素就能获得较好的结果的话，那么必然促使他们作出正确的选择。他们估算在这方面或那方面稍微增加开支所得的净价值，如果把少量开支从一方面移动到其他方面有利可图的话，那么他们将必然移动这种开支。

从这个角度来看，各种生产要素的使用，其实是由需求和供给的一般情况来决定的。这就是说，一方面是由该生产要素在各种用途上的迫切性和使用者所持有的资金决定，另一方面由该要素的现有存量来决定。

根据代用原则，由于产生了从该要素服务价值较小的使用方面不断移向服务价值较大的使用方面的趋势，这一生产要素在各种用户上的价值就是均等的。

如果非熟练劳动或任何一种生产要素使用得较少，那么造成这一点的原因不外乎是：某一要素的持有者还在判断是否值得使用该生产要素。也就是我们所说的，要注意各种生产要素的边际使用及其边际效率。之所以要这样做，只是因为任何转移只能发生在边际线上，通过转移已经变化的供求关系才能表现出来。

如果我们忽略各级劳动之间的差别，并把所有的劳动看作相同的劳动，那么我们就可以得出直接运用劳动和直接运用资本之间的无差别边际。用屠能的话简单来说就是“资本的效率必然是资本报酬的尺度，因为如果资本的成本比人的成本便宜，则企业业主势必解雇一部分工人，如果资本的成本比人的成本更贵，那么就会促使他增雇工人。”

但一般资本和某产业中机器之间的竞争，在性质上是有所区别的。后者可使某种劳动者完全失业，但前者却一般不能代替劳动，因为它必然增加资本生产者的就业人数。而事实上以资本代替劳动，不过是以含有大量等待的劳动代替含有少量等待的其他形式的劳动而已。

7. 国民收益的再定义

当我们谈到国民收益或者可分配的全国纯收入时，我们必须明确我们所讨论的具体内容包含哪些。无论从广义上还是从狭义上来使用这些名词，对我们的论证都并不重要，重要的是用法一旦确定下来，就必须在我们的论证中贯穿始终。

凡包括在土地、劳动和资本的需求及供给的某一方面的东西，也必然包括

▶ 个人收入

个人收入是构成社会财富的主要组成部分。

在另一方面。在一个国家对自然资源使用劳动和资本时，每年都会生产出一定的净价值总量，其中有的价值是物质的，有的则是非物质的。而“净”这个限制词，指的是补偿原料和半制成品的消耗以及机器设备在生产中的耗损和折旧。我们必须从总价值中减去所有这种消耗，才能得到真正的净收入。然后再加上国外投资所提供的净收入，便得出国家的真正年纯收入或国民收益。对于国民收益的计算，我们可以按一个特定的时期，或一年或几个月。

国民收入和国民收益是两个可以互相替换的名词，只是当我们把国民收入看作可供分配的各种满足的新来源的总和时，国民收益一词才有了更深的含义。不过在这里我们最好是沿用惯例，凡是不算作个人收入的一部分价值，我们也不能将其算在国民收入或收益里。所以，除了提到与此相反的情况外，某人自己为自己的服务，或给家人及朋友所提供的无偿服务，以及从个人资质和公共财产中所获得的利益，都不能算作国民收益，而必须进行分别的讨论。

一部分价值，不仅要用于补偿已消耗的物资和用坏的机器，而且还要用来增加原料和机械，以使它等于之前的存量。这部分国民收入或收益并不应该直接计入个人消费领域，但从通常所用的这个名词更广泛的意思上来说，它又确实是进入了消费领域。

所以从广义上来说，一切生产的确都是为了消费而进行的，在这种情况下，国民收益、纯产品总量和消费总量都是可以互换的名词。在一般的经济状态下，生产和消费是相互协调的，除非有相应的生产为消费创造了必要的条件，否则就没有消费出现的可能。

一切生产都伴随着它所要满足的消费，在某些特定生产部门中确实可能有产销脱节的情况出现，商业信用的破产也可能使绝大多数仓库堆积着大量的存货而无法出售，但这些都是例外情况，不在我们当下的考察范围之内。

第一节
分配概论

1. 分配的影响因素

在这里，作为需求对分配影响的补充研究，我们要开始研究报酬对各种生产要素的供给所起的反作用。分析生产成本和效用在决定各种劳动等方面所起到的作用，我们必须把这二者结合在一起进行讨论。

李嘉图和他的追随者都认为[①]，需求的作用是无比明显的，因此没有必要再另行解释，所以他们并没有充分地研究它。这种有意或无意的忽视曾引起很大的混乱，并掩盖了事情的真相。有一种偏见认为，各生产要素的报酬来自它参与制造的产品的价值，劳动者的报酬和地租也是依同样原理决定的。而还有人认为，可以从地租规律的推广和应用过程中，构成一种完整的分配理论，不过，他们这些看法归根结底都是错误的。

在我们研究是什么决定了一种生产要素的边际效率时，我们往往能够发觉，想要解决这个问题，则需要先了解该要素的现有供给量，因为如果供给量增加，那么它将被用在需要较小、效率较低的使用途径上。与此同时，我们也需要了解决定那种供给的原因。每件物品，不论是某特定种类的劳动、资本还是其他物品，它们的名义价值就像是拱门的拱心石一样，是靠两边相反的压力来维持

① 从基本的经济观点上来讲，马歇尔与李嘉图的观念是一致的，但对于需求的影响上面，马歇尔则有着完全不同的看法，马歇尔认为对需求的研究应该更加深入。

均衡的，即一方面是需求的压力，另一方面是供给的压力。

一种物品，不论是作为生产要素，还是作为消费的商品，它的生产都势必扩展到供给与需求均衡的边际。商品的数量及其价格，生产该商品所用的各生产要素和它们的价格，所有这些因素都是相互制约的，如果有某种外因使其中的某一个因素发生了变动，那么其他的因素也必然会随着变动。

2. 工资率与工作效率

我们已经了解到，无论在什么时候，任何生产要素的有效供给都首先取决于它的存量，然后再取决于它的所有者把它运用到生产上的意愿。这种意愿不完全是由预期的报酬来决定的，虽然有一种在某些情况下被称为直接成本的下限，在直接成本以下生产必然会停止。

例如，如果一笔订单不能够补偿生产上的支出和耗损，那么可以肯定的是，厂商会断然拒绝为了它而开动机器进行生产。关于工人体力的消耗和工作上的疲劳及其他问题，也有类似的情况。虽然目前我们所讨论的是正常条件下的成本和报酬，而不是工人做某项工作时个人的直接消耗，但为了避免引起误会，我们不妨在这里对这个问题作一个简短的说明。

就像前面说到的那样，当某人做自己感兴趣的工作时，那么他应该完全不用顾及个人的损耗。因为就像某些社会主义者①夸大其词说的那样，除非发生一些情况导致他们的工作被剥夺，否则很少有人会知道，他们是如何喜爱自己的工作的。

不过，无论正确与否，大多数人都相信，在谋生时所做的大部分工作对他们毫无乐趣可言，而且还要对他们造成损耗。在工作结束的时候，他们会因为放松而忘掉最初几个小时的工作给他的损耗并不像最后那么多，他们一般会认为，九个小时工作的损耗，正好是最后一小时的九倍。但他们却很少能够想到，

① 这里主要指的是马克思，作为几乎同时代的经济学者，马歇尔的观点与马克思完全是针锋相对的。

通过用能够补偿最后也是最艰苦的一小时的工资率，来支付每一小时，他们便能够获得生产者的剩余。

除非是一个麻木不仁的人，否则一个人工作的时间越长，他想休息的欲望也就越强，同时每增加一小时的工作，会使他的工资有所增加，并使他愈益接近于满足他的最迫切需要休息的那个阶段，工资越高，这个阶段的到来也越快。

不过随着工资的增长，究竟是会出现新的需要和为自己储蓄财富的新欲望呢，还是他会更渴望得到即时的休息呢？这似乎只是个人兴趣的问题，没有一定的规律可以遵循。

不过经验似乎表明，各种族和个人越是愚昧无知，他们工作的时间也就越短，如果工资率的提高能够让他们过上更好的生活，那么他们为工作付出的努力也就会越小。而对于那些目光长远、意志坚定的人来说，如果他们是为了利益而工作，那么工资率越高，他们为工作付出的努力也就必然会越大。

对于这一点，我们将在进一步对价值影响的问题下加以详细的讨论。此刻我们可以断言，在一般情况下，报酬增加会使有效率工作的供给得到即时的增加，此项规则的上述例外虽然为数不多，但它们也是有意义的。

在这里，我们不直接涉及成本，因为劳动的有效供给通常是一个固定的量。即便严格地规定了一年的工作时数，工作强度也仍然是有伸缩性的。

就目前来看，报酬的增减对个人工作的当下影响，似乎可以推算出一两个世纪以后它对于整个社会的影响。的确，虽说报酬的增加有助于改善人们的境遇，而境遇的暂时改善将给更多青年人带来成家立业的机会，富裕的持续增长对生殖率也有着较大的影响。但是另外，报酬的增加会加强人的健康，从而导致婴儿死亡率的降低。在我们分析高报酬对下一代人的体力和智力所产生的影响时，以上这些都是需要考虑的。

一些不愿意付出的民族中，成年家长选择牺牲他们的子女而成全自己，但那只不过使效率的降低往后推一代而已。同时，在风俗和习惯上的必需品，也会让很多人宁肯牺牲大部分所谓的必需品，也不愿意放弃它们。还有日常的嗜好品，有些人即便在极其困难的情况下，也不放弃对它们的需求。

这些习惯上的大量必需品和日常嗜好品的出现，是物质与精神进步的体现，它们具体包含有哪些物品，会随时代和地域的不同而不同。总之包含的物品数量越多，作为生产要素的人则越不占有优势。但如果加以适当的选择，它们就在最大程度上达到促进一切生产的目的，因为那时它们能够大幅度提高人类生活的旨趣。

为了保证效率而必需的那种消费，无论增加多少都是有所裨益的，它在国民收益中所占的份额，往往等于它为国民收益增加的份额。但增加提升效率之外的那种消费，只能通过人对自然力控制的增进加以解决。这种消费的增加可能是因为知识和生产技术的进步，也可能因为组织的改善和原料来源的日益丰富和扩大，最后还可能因为资本的增长和达到任何既定目的的物质资料的增加。

可见，劳动供给如何紧密地适应劳动需求的问题，在很大程度上可以归结为这样一个问题。在一般人的即时消费中，有多少是用来维持青年和老年人的生活及效率的必需品，又有多少是习惯上的必需品，这种必需品在理论上是可以不要的，但实际上很多人宁愿选择它们，而放弃那些真正用来维持效率的必需品。如果我们将这些当作目的本身来看的话，那么是非常重要的，但如果将它当作提升生产的手段来看，似乎是有些多余的。

3. 劳动报酬与劳动者需求

正如我们在前面所指出的那样，早期英国和法国的经济学家几乎把劳动阶级的全部消费都列入效率的必需品当中。他们之所以这样做，一部分是为了省事，另一部分则是因为当时英法的劳动阶级还比较贫困。

正因如此，经济学家们曾断定，劳动供给会适应劳动有效需求的变动，和机器的供给适应机器有效需求的变动一样，只不过是前者的适应需要一个过程而已。对于还不甚发达的国家来说，我们所必须给予的答案和英法经济学家的答案没有什么不同。这是因为世界上大多数国家的劳动阶级，几乎都无法支付奢侈品的消费，甚至是习惯上的必需品的消费也不多。劳动报酬的增加会引起人数的大量增加，从而使他们的平均报酬又迅速降低到仅仅能够维持生活所需要的费用的原有水平线上。

不过，当代西欧各国的情况则完全不同。因为社会财富的积累，使当代英

▶ **矿工**

在不发达的社会，仍然有大量工人在不利于健康的矿下工作。

国主体居民的财富得到了增加，虽然这些人大部分的消费仍然是维持生活和劳动，但却也有了一些剩余的财富，可以用在其他的消费上面。这种其他的消费或许并不算有益，但也说不上巨大的浪费。

某些恣意放纵无疑是有害的，但除了赌博之外，恣意放纵行为还是不多的。虽然将这方面大部分的开支作为培养效率的手段并不十分有效，但却有助于英国人形成随机应变的习惯，并给人们的生活带来多样性。缺少了这些消费，人们就会变得闷闷不乐，进而影响到工作的激情。①

每个人都承认，即便在西欧各国当中，哪个行业的工资最高，那个行业的熟练劳动便会是最便宜的劳动。的确，有些国家的工业发展有一种倾向表明，某些习惯上很贵的必需品可以弃而不用，而不致相应地降低效率。虽然这种经验将来可以产生深远的影响，但它同过去和现在的关系并不大。对人的现在和过去的情况来说，在西欧各国有效率的劳动所得的报酬，仍然没有远远超过那个界限，也就是用来补偿培养和训练有效率工人并保持充分运用他们精力所需要的最低费用。

因此，在这里我们可以得出结论，报酬的增加除非是以牺牲健康为代价，否则都能够增进下一代的体育、智育和德育。在其他条件不变的前提下，劳动报酬的增加会提高劳动的增长率。换句话说，劳动需求的价格上升，会使劳动的供给增加。如果知识、社会风尚和家庭习惯不变，那么全体人民的劳力和某特定行业中的人数与劳力可以说有一个供给价格，也就是有一定的需求价格水

① 在古典经济学研究当中，还没有深入地研究消费作为一种需求的创造给社会将带来何种巨大的效益，但在第二次世界大战之后，尤其是“冷战”结束之后，有关消费的研究则逐渐成了经济学研究的主流方向。

平使二者保持不变。价格较高，这二者就会增加，价格较低，这二者就会减少。

由此可见，需求和供给对劳动报酬起着同样的影响。报酬有等于劳动净产值的倾向，劳动边际生产力决定劳动的需求价格。从另一个方面来看，工资有与培养、训练和保持有效率的劳动精力所用的成本保持的密切关系的倾向。这个问题中的各种因素都是相互制约的，它偶尔使供给价格和需求价格相等，工资既不是由需求价格决定的，也不是由供给价格决定的，而是由支配、供给和需求的一系列原因来决定的。

关于“一般工资率”或“一般劳动工资”这些常用的名词，我们还需要略加解释一下。在广泛地考察分配，尤其是考察了劳动和资本的一般关系之后，这些名词便能够更为方便的使用。但实际上在现代文明中，并没有所谓的一般工资率。在数以百计的行业里，各有各的工资问题，各有各的特殊影响因素，它们支配着供给价格并限制着就业人数，因此各有各的由其他生产要素对它的服务需要所决定的需求价格。

4.资本需求与利息率

在分析一般利率这个名词的时候，我们也会遇到上面类似的困难。但这里的困难主要是源于这样一个事实，也就是在某些特定事业上已经投下的资本收入，本来是一种准利息，而只有在所投入的资本价值不变这一假设的基础上，它才可以被看作利息。

我们先撇开这种困难不谈，并且从严格意义上，“一般利率”这个名词只能适用于新的自由资本投资的预期纯收入，在这个基础上，我们可以略微讨论一下关于资本增长最初研究的结果。

我们已经了解到，有很多因素共同决定着财富的积累，如人们的消费习惯、对家庭的感情和责任等。安全保险是财富积累的一个必要条件，在知识进步和文化发展的过程中，安全保障会不断地增强。

但是，虽然一般储蓄除利率外还受许多其他因素的支配。许多人的储蓄较少受利率的影响，但有些人则决定给自己或家庭保留一个固定收入，所以，在利率高时储蓄就比较少，在利率低时储蓄就比较多。可是在权衡各方面的情况之后，我们坚信利率的上涨有让储蓄量增加的趋势。

既然利息是任何市场上使用资本的代价，那么利息就必然要在一个点上面实现均衡，使该市场在该利率下对资本的需求总量，刚好等于在该利率下即将进入市场的资本的总供给量。

如果我们所讨论的市场是一个小市场，如一个正在发展中的国家的一个行业，那么当该市场对资本的需求增加时，资本可以从其他地区流动过来，从而使资本的缺口迅速被填满。但是如果我们把全世界或一个大国当作资本市场，我们就不能认为，资本的供给总量会因为利率的改变而有迅速和大量的增加。

这是因为，资本的一般来源是劳动和等待的结果，利息率提高，自然可以促使人们多劳动或者增加等待，但在短时间内，这种额外的劳动和额外的等待，较之现有资本中的劳动和等待是不会增加很多的。

所以在短期内，对资本的需求大量增加时，满足这种需求的增加，很少要靠供给的增加，更多要靠利率的上涨。因为利率一旦上涨，有一部分资本将从它的边际效率最低的使用中逐渐退出来。所以提高利率来增加资本的总供给量，往往只是一个缓慢的、循序渐进的过程。

5. 土地作为资本的不同之处

人可以制造出很多生产要素，并对土地加以改良，但这些活动产生的资本，不能和土地本身放在一起。因为，所有其他生产要素的供给，都会按不同方式并在不同程度上适应对它们的需求，但土地却不会这样。任何劳动阶级的报酬大增，都会使该阶级的人数增加，或让效率和人数一并增加，该阶级有效率的劳动的供给既然增加，往往就会削减它对社会所提供的服务价值。

如果人数增加，那么每个人的报酬率就会下降，直到恢复它原有的水平。如果劳动者的效率增加，那么即使每人的报酬比以前有所增加，其增加的报酬也会对国民收益起到促进作用。这个论点适用于一切资本，但唯独不适用于土地。

所以，虽然我们可以认为土地的价值和其他生产要素的价值有相似之处，但土地明显是不受我们刚刚讨论的那些影响所支配的。

从企业主或农场主的观点来看，土地只是一种特定形式的资本。它也受需求规律和代用原则的作用支配，因为现有的土地，像现有的资本或劳动一样，也有从一种用途转向另一种用途的趋势。因此，就之前章节的讨论来说，一个工厂、一家货栈的收入和土地的收入是用相同的方式决定的。即便收入有等于该要素边际纯产品价值的趋势，但在短时间内，该收入是由该要素的总供给量和其他要素对它的需要来决定的。

上面讨论的只是问题的一个方面，而问题的另一个方面，在于土地并不受本章所述的那些反作用的影响。如报酬率增加对其他生产要素的供给的影响，对国民收益贡献的影响，从而对其他生产要素购买它们所需要实际成本的影响。

一个工厂多建一层楼，一个农场多用一张犁，这层楼或这张犁一般不是取自其他工厂或农场的。国家给自己的企业增加一层楼或一张犁，就像一个人给自己的企业所增加的一样。所以，用以分配的国民收益比以前有所增加，在长期内，厂商或农场主的报酬照例不是由牺牲其他生产者的利益而得到增加的。与此相反，不论什么时候的土地存量都是一个固定的量，当一个企业主或农场主决定给自己增加少量土地时，实际上就等于他决定从别人那里取得这块土地，他给自己增加了土地，但是国家并没有增加土地，这种变化本身并不能增加国民收入。

6. 本阶段论点总结

在这里，让我们总结一下我们在这一阶段的讨论：产品的总量是所有这些产品的需求价格，从而是生产这些产品所用的生产要素的需求价格的真正来源。换句话说，国民收益是一国所有生产要素的纯产品总量，同时又是支付这些要素的唯一来源。

工资、利息、地租或生产者剩余构成了全部国民收益，在其他条件不变的情况下，国民收益越大，那么它们各自的份额也就越大。

一般来说，劳动、资本和土地对国民收益的分配，与人们对它们所提供的各种服务的需要是成比例的。但这种需要不是总需要，而是边际需要。所谓边际需要，指的是在某一点上的需要，在这个点上，不论人们选择多购买某种要素的服务，还是用他们的额外资金购买其他要素的服务，对他们来说都是毫无区别的。

在其他条件不变的前提下，这个要素所得的份额越大，那么它增长的速度就越快，直到它完全不能增长为止。但是每增长一次，市场对它需要的迫切程度就会相应地减少一次。所以，它的边际需要也就将减少，并最终降低它的销售价格。

也就是说，任何要素的比例份额或报酬率的增加，都可能会让某些力量发生作用，结果导致该要素份额的减少，而增加其他要素在国民收益中所占的比例份额。这种反作用也许是缓慢的，但是，如果生产技术和社会一般经济情况没有发生剧烈的变化，那么各要素的供给将受生产成本的严格控制，其中要计算习惯上的必需品，而这种必需品随着日益丰富的国民收入给更多的人提供日益增加的利益也会不断地扩大。

7. 不同工人工资和效率的关系

在研究一个行业中效率的提高和报酬的增加对其他行业的影响时，我们可以从这样一个普遍的事实出发：在其他条件不变的情况下，任何生产要素的供给越多，则该要素所能被扩散到的用途就越广，与此同时，该要素在各种用途上所乐于接受的需求价格也就越低；在竞争能使它在各种用户上的价格相等的情况下，该价格将是该要素在各种用途上

▶ **熟练的工人**

一个行业内，熟练工人数量的增加，将必然导致行业工资的下降。

的价格。该要素的增加所造成的额外产出，将增加国民收益，其他生产要素也会借此而获利，但该要素本身却不得不承受较低的报酬率。

例如，在其他条件不变的前提下，我们假设资本增加得很快，那么利率是必然会下降的。其他条件不变，假设从事某特定工作的人数增加，那么工资也是必然会降低的。这些在任何情况下都会引起生产的增加，从而导致国民收益的增加，而在任何情况下，某种生产要素的减少，必然会使其他生产要素增加。

例如，开发一个蕴藏丰富石矿的时候，矿工人数的增加或采矿效率的提高，势必改善各阶级的住宅状况，这又势必会增加对砖匠和木匠的需求，从而提高这类劳动者的工资。但与此同时，作为建筑材料制造者的瓦工必然会更加辛苦，虽然从消费方面来看，他们也能够得到一些利益，但这种利益终究是得不偿失的。

这就表示，某一要素供给的增加，对许多其他要素的需求会有所促进，对有些别的要素的需求的促进会更大，但与此同时，对某些要素的需求却会有所减少。

我们已经了解到，任何工人的报酬都有等于他劳动纯产品的趋势，如皮鞋厂的工人就是一个例子。但问题在于，工人的报酬并不是由该纯产品决定的。因为如果劳动在各种边际使用上的机会是一样的，那么它便和价值一道，都是由需求和供给的一般关系来决定的。

但这里有以下三种情况需要加以考虑：

第一，投资在制鞋工业的资本和劳动总量已达到了这一点，在该点上，增加劳动和资本虽然可以增加产量，但也仅仅是有利，并不成绝对的比例。

第二，把资金在生产设备、劳动和其他生产要素之间做了适当的分配。

第三，我们所讨论的这个工厂一般是业务正常、经营管理能力正常的，但该厂所处的情况是，它不了解按正常工资增雇一个具有正常能力的工人是否是值得的。

只有在上面的三种情况确定之后，我们才可以断言，损失该工人的劳动，势必减少该厂的纯产品，而它的价值和该工人的工资大约相等。反过来说，他的工资大约等于该纯产品。

▶ 印度的制鞋工人

制鞋产业可以被分解为多种工序，其难易程度也是不一样的，但在统计工作层级的时候，制鞋工人都是被归为一类的。

皮鞋厂中各类工人的工作有难易之分，但我们可以忽略各类工人在职业上的区别，而假定他们都属于同一级别。

在现代工业生产急剧变化的情况下，一个产业有时会感到劳动力供给过多，而有时却要面对劳动力供给不足的局面，这种不可避免的失调现象，因为各种限制性的结合及其他影响，反而会变本加厉。

但劳动的可流动性是可以让这一点成为事实的，那就是一个西方国家中不同部门的同级工人的报酬有大略相同的趋势。因此这个说法就是正确的：一般来说，和有正常能力的皮鞋工人处于同级的各个工人，都能用自己的报酬购买一双鞋，因为赚取该报酬所用的时间和皮鞋工人给制鞋厂的纯产品增加同样一双鞋所用的时间大致相等。用更通俗的话来说，就是各个工人用一百天的劳动工资，一般是能够买到和他同级的其他工人一百天劳动的纯产品的。而只要在这个数量之内，他其实是可以任意选择的。

而如果其他级别劳动者的正常工资比这一级别劳动者的报酬高一倍，那么制鞋工人必须用三天的工资才能买到其他级别劳动者两天劳动的纯产品，以此类推。

由此可见，在其他条件不变的前提下，任何一个产业当中，劳动纯效率的增加，将按同一比例提高制鞋工人用以购买该产业产品的那部分工资的实际价值。在其他条件不变的前提下，制鞋工人实际工资的平均水平，直接取决于生产他的工资的那些行业的平均效率的变化，并与之成正比例的变化。反之，在某些工业中，如果工人放弃可增加效率百分之十的技术革新，即使制鞋工人用于购买该产业产品的那部分工资损失百分之十，但如果其他劳动者的产品和制鞋工人的产品处于竞争状态，而这部分劳动者的效率又有所增加，则该效率的增加至少会使制鞋工人暂时蒙受损失，而想要让损失降到最低，他们就只能选择去消费该产品。

此外，各级劳动的相对地位如果发生变化，较之其他级别的劳动制鞋工人的级别有所提高，那么他们便会因此而获利。医务人员的增加，将对他有利，如投资者、商业经理和其他企业家的人数增加，而所增加的人数又来自其他行业，则对皮鞋工人更加有利。因为管理上的报酬，较之于手工劳动的报酬，将会有所下降，而各种手工劳动的纯产品又势必增加。因此，在其他条件不变的前提下，制鞋工人用代表他的纯产品的那些工资所购买的各种商品也将有所增加。

在之前，我们已经讨论过了替代方法，它乃是一种竞争的形式。在这里，我们不妨再强调一下，我们并不假定完全竞争的存在。

完全竞争要求完全掌握市场情况，当我们考察股票交易市场或商品交易市场的运营时，我们可以根据真实的情况，假定经纪人完全掌握了市场情况，但当我们考察工业上任何低级劳动的供给决定因素时，该假设就变得完全站不住脚了。因为如果某人有足够才能来掌握他的劳动市场的全部情况，他就不会长期留在较低的劳动当中。传统的经济学家，因为他们和现实企业生活保持密切接触，所以一定很懂得这个道理。

但是，一来他们的分析太过简单，二来由于“自由竞争”一词当时十分流行，三来因为他们没有把自己的理论加以足够的分类和限制，所以，传统经济学家似乎往往是在暗示，他们的确假定了完全竞争。

因此，这里要特别强调的是，我们并不假定任何工业集团的成员都有较高的天赋、才能和预见性，或除该集团的成员和各个消息灵通的人所具有的那种正常动机外，还受其他动机的支配。当然，在这里我们也要考虑时间和地点的一般条件。尽管有许多任性和冲动行为，尽管道德上高和低的动机交织在一起，但经常的趋势是，每个人为他和他的子女所选择的职业，在他看来大体上是最有利的，而且是他能够承担得起教育过程的。

8. 一般劳动和一般资本

这里，还有待讨论的最后一部分问题是关于一般资本和一般工资关系的。很显然的是，虽然一般资本和劳动为能够被用于某些特定行业而进行着竞争，但因为资本本身是劳动和等待的体现，所以，这种竞争实质上是某几种辅以大量等待的劳动和其他几种辅以少量等待的劳动之间的竞争。

▶ 电子操作的机械臂

在未来，机器人可能完全代替人从事生产工作。

举个例子，当人们说“资本主义机器代替了很多制鞋工人”的时候，他的意思就是说，从前用手做鞋的人很多，而借助少量等待和机器或其他工具的人却很少。而现在，从事制鞋的劳动者虽然比以前有所减少，但他们借助工程师所制造的机器，借助大量等待，却能比以前生产更多的鞋。

在一般资本和一般劳动之间，存在真正的、有效的竞争，但这种竞争所涉及的面并不是很广，较之于工人从比较低的价格取得资本的协助和提高他所需要的那些产品的生产方法的效率上所得的利益，往往是微不足道的。

一般来说，储蓄倾向的增加会使等待的范围不断扩大，并使它不至按以前一样高的利率才能得到使用。也就是说，利率将不断下降，除非有一种发明为生产方法开辟了新的有利途径。但资本的这种增长，又将增加国民收益，开辟新的有利场所以供劳动者在其他方面得到雇用。所以，除了补偿等待的服务对劳动服务的部分替代外，这种增长还会有所剩余。

由于资本的增长和技术发明而引起的国民收益的增加，必然会影响社会各类商品。例如，让制鞋者用他的报酬能买到更多的食物、衣服和公共服务。

不过这里有一点也应该承认，少数改良至少最初只会影响富人所消费的那些商品，相应增加的国民收益没有一部分直接归于劳动者，所以在短时间内，劳动者并不能获得任何利益，以补偿特定行业中有些人可能受到的负面影响。不过这些情况一般十分罕见，而且一般都是小规模的。

他们差不多也往往获得某种间接的补偿，因为专门用于富人奢侈品的种种改良，会迅速推广到其他阶级所享用的安逸品上。虽然这不是一种必然的结果，但实际上奢侈品价格的下降，一般说来会以不同的方式增加富人对手工品和个人服务的嗜好，并使他们用以满足这些嗜好的资金也得到增加，这便是一般资本和一般工资另一个方面的关系。

第二节 劳动收入

1. 计时工资与计件工资

在我们分析物质商品供求作用的过程中，我们经常会遇到这样的问题，那就是在同一个市场上按同一个名称出售的两种物品，它们的实际质量却有可能是不同的，对于不同的购买者来说，它们的价值也是不同的。或者一些质量相同的物品，在竞争激烈的市场里，因为销售条件的不同，往往也按照不同名义的价格出售。

例如，交易的费用或交易过程中的风险一般由卖方承担，但有的时候也可以转嫁到买方的头上。对于劳动市场来说，这样的情况要比实物商品市场多很多。付给劳动的真正报酬往往悬殊，而这种悬殊是不易从名义支付的价格上来说明的。

那么在这里，刚一开始我们便遇到了如何解释“效率”这个名词的困难。如果说在一个较长的时期内，不同行业中效率大致相等的劳动者的劳动报酬大致相等，那么我们便可以对效率这个名词作一个广义的解释，把它定义为一般的工业效率。但是，如果所指的是同一个行业当中，不同劳动者生产能力的差别，那么效率就必须按该行业所需要的那些特殊效率因素加以估计。

人们常有一种说法，即竞争会让同行业当中劳动者的报酬趋于相等，但这种说法是需要进一步进行解释的。因为竞争会让效率不同的两个人，在一定时期内的效率表现出更大的差异，从而造成报酬的不等。

同样的，在两个平均效率并不相等的行业中，竞争更是让平均报酬趋于不等，而不是相等。如果英国北部各劳动阶级的平均体力和精力高于南部，那么我们可以断言，“竞争使各事物趋于自己的水平”越是彻底，北部对南部的相对报酬就会变得越高。

一些经济学家曾天真地强调，工资的地区性差异能够表明劳动阶级的流动性很小，从而导致劳动者为就业而作的竞争是无效的。但是，他们为了论证自己的观点而引用的大部分材料，往往只是和日工资或周工资有关，而无法反映出一般性的事实。

如果将材料补齐，我们就会发现一个相反的结论，即周工资的地区性差异和效率的地区性差异在大体上是一致的。不过对于研究者来说，充分解释这些材料是一项极其复杂而艰巨的工作。

劳动者在一天、一周或一年这样的时间段里面得到的报酬，我们将其称为计时报酬，因此我们可以说，那些经济学家所列举的计时报酬的例子，是能够证明这一假设的：竞争使邻区困难相等的各行业中的报酬与工人效率相适应。不过“工人的效率”并不是一个明确的名词，对它的意义我们还要加以彻底的澄清。

劳动者按所完成的某种工作的数量或质量所得到的报酬，我们称其为计件报酬。如果有两个人用同样适用的工具并在相同的条件下工作，然后他们所得的计件报酬都按每种工作的同一单价计算，那么，他们的报酬和他们的效率成比例。但是，因为生产工具的效率不同，统一的计件报酬率也会带来同工人的效率不成比例的结果。

这里我们可以举一个例子来说明：假如有两个纺纱企业，一个企业使用旧式机器，一个企业使用新式机器，它们所采用的计件工资的单价相同，虽表面上相等，但其实是不等的。因为有效的市场竞争，会促使经济和企业更全面的发展，就会让使用旧式机器的纺纱公司所用的单价比其他纺纱公司的单价更高。

所以，为了正确理解经济自由和企业有心让邻区困难相同的各行业中的报酬相等的趋势的论断，我们需要引入一个新的名词，它就是效率工资，或广义上的效率报酬。也就是说，它不像计时工资按取得工资所消耗的时间计量，也不像计件工资按产品的数量计量，而是按劳动者的效率和能力的运用来计量。

所以，市场竞争会让劳动者的工资自由找到自己水平的趋势，使同一地区的效率工资有趋于相等的趋势。劳动的流动性越大，劳动的专业化越不细密，父母给子女谋求最有利的职业的愿望就越强烈，同时适应经济条件变化的能力也就越快，这些条件的变化越慢、越不剧烈，则这种趋势就将越强。

不过我们仍然需要对这种趋势的论述加以修正，因为到这里为止，我们所假设的是，倘若某项工作所付的工资总额不变，那么雇用少数人或多数人来做那项工作，对雇主来说是毫无分别的，但事实往往不是这样。

以一定的工资率获取报酬，并在一周内获得报酬最多的劳动者，对雇主来说是最廉价的劳动者，对社会来说同样是最廉价的劳动者。因为他们和那些工作效率相对较低的同伴所使用的固定资本量是一样的，既然他们完成的工作较多，那么每部分工作所负担的固定资本费用也自然较少。

在这两种情况下的直接成本虽说是相等的，但效率较大、取得计时工资较多的劳动者所做工作的总成本，却要低于那些效率较小以计时工资获取较少报酬的劳动者的总成本。

上述的论断，对于车间以外的工作并不重要，因为空地很多，贵重机器的使用也较少。所以除监督工作外，无论雇主把做某项工作所用的工资总额分给多少个劳动者，对他而言都是没有差别的。

但是，如果雇主使用的是贵重机器，而该机器又必须和劳动者的数目保持一定的比例，那么他就会发觉，他如果能够用更多的钱雇用更少的工人来完成工作，那么就会让商品的总成本有所减少。在这方面，美国走在世界的前列，在美国有一句俗语，谁力求支付最高的工资，谁就是最好的企业家。

由此可见，修正后的规律是，在自由竞争的条件下，同一行业的效率工资往往有相等的趋势。在使用大量昂贵的固定资本的行业中，如果提高效率较高的工人的计时工资，且提高的程度高于效率的比例，那么则是对雇主有利的。当然，这种趋势很容易受到特殊习惯和制度的反对，在有些情况下更是会被工会所抵制。

2. 实际工资与名义工资

接下来，我们需要认真研究的是，在计算某个行业的实际工资时，一方面除货币收入之外还需要考虑到其他情况；另一方面，除了因为工作繁重而引起的直接不利之外，还必须考虑到其他不利。

亚当·斯密曾经说过："工人的实际工资，是指对工人提供的生活必需品和安逸品的数量，名义工资是指货币数量……工人的富有或贫穷，报酬的优厚或微少，不是同劳动的名义价格成比例，而是同劳动的实际价格成比例。"[①]

不过，"对工人提供的"这个词，我们不应该理解为只适用于雇主或劳动产品所直接提供的生活必需品和安逸品，因为附带在职业上的，无须劳动者特别支付的那部分利益，也应该估算在内。

在确定一个行业在某地或某时的实际工资时，我们首先要考虑的是货币购买力可能出现的变动情况，但这一点在讨论一般货币理论以前是很难做出透彻分析的。

不过在这里我们可以顺便指出，即使我们对有史以来的全部物价都有精确

① 参见《国富论》第一篇第八章。

▶ **抗议**

在资本主义社会，实际工资的下降经常会引发工薪阶层的抗议，因为他们对实际工资的感受最大。

的记录，这种估量也不过是算术上的计算。因为如果在比较远的地区或较长的时期，我们就会发觉，人们不同的需要和满足是需要不同手段的。甚至当我们把注意力集中在同一时间和同一地域之中时也会发现，不同的社会阶层，他们使用收入的方式也是各不相同的。

例如，天鹅绒、歌剧门票的价格，对社会底层的劳动者来说是无关紧要的；但面包和皮鞋价格的降低，却会对社会底层带来极大的影响。我们必须记住这种差别，一般来说，对这些差别作一大致的估量是可能实现的。

我们已经了解到，某人的总收入减去他的生产费用就是他的实际收入。但问题在于，总收入当中有些东西并不是以货币的形式存在的，因而在计算的时候我们往往会将它们忽略掉。

就费用来说，对于在学习某行业中所用到的技能的教育，我们一般并不单独计算出来。我们也不计算某个人在工作中所消耗的健康和体力。但是对于职业上的费用，我们往往是要扣除的，这不论对于自由职业者还是雇工来说都是一样的。

例如，在律师的总收入当中，我们必须扣除事务所的租金和雇员的薪水；在木匠的总收入中，我们必须扣除他置备工具的费用；在计算某地区石匠的报酬时，我们必须知道按当地的管理，工具和炸药的费用是由石匠自己承担还是由雇主来承担的。

这些都是比较简单的事例，往往可以一目了然。但对于医生需要用的房租、车马费和社交费用，它们当中有多大一部分应看作职业上的费用，却是很难计算清楚的。

3. 实物工资

在有些高档商店里，仆役或店员必须要穿着得体的服饰，这些服饰当然不可能由他们自己购买，如果是要他们自己购买的话，相信是没有多少人愿意购买的。而由于强制购买这些东西，那么他们的工资价值就必然有所降低。

如主人给他的仆役供给高价的制服、住房和伙食，那么这些东西对仆役之价值，一般要小于对主人的花费。因此，像某些统计学家把主人供给仆人的一切东西的费用与主人的花费等价，然后再加在仆役的货币工资里面来计算他的实际工资，就是一种完全错误的方法。

▶ **暖瓶**

因为企业效益不好，曾有日用品被作为实物工资发放，如暖瓶。

相反，如果某个农场主用自己的牲畜和工具给他的雇工运煤而不收取运费，那么这对这些雇工实际收入的增加，就要远超过对该农场主的费用。上述论点对各种犒赏和津贴也同样适用。

例如，雇主赠给雇工一批商品，而这批商品对雇工来说虽然可能是有用的，但由于推销费用过高，对雇工却几乎毫无价值；又如，雇主允许雇工以批发价格购买他们生产的商品以供自己使用。

不过，当这种自愿的付出变成一种义务的时候，各种严重的弊端就会出现。从前的农场主往往强迫他的雇工按照优质谷物的批发价格来购买他劣质的谷物，这实际上就等于他支付的工资低于名义上的工资。在一个古老国家的任何行业中，实行这种所谓实物工资制时，一般而言我们大体上可以断定，实际工资率是低于名义工资率的。

4. 实际报酬率的不确定性

在这里，我们还需要再考虑一下，某个行业当中成功的不可预知性和就业的变动给实际报酬带来的不确定性。

很显然，我们一开始应该从成功者和失败者的报酬中取一个平均值作为一个行业的报酬，但对于这个平均值的获得方式，我们应该是非常注意的。

假设，这个行业内成功者的年平均报酬为两千英镑，而失败者每年平均报酬仅仅是四百英镑，在两者人数均等的情况下，那么这个行业的平均报酬就是每年一千二百英镑。但问题在于，有的失败者的人数可能是成功者的十倍，此时行业的平均报酬就变成了每年五百五十英镑。而且在这个过程中，还可能有很多彻底失败的人已经告别了这个行业，而没有被计算在内。

此外，虽然通过计算这种平均数，我们不必再单独考虑风险保险费，但是成功与否的不可预知性，我们仍需要特别考虑一下。

因为有许多人喜欢从现实出发，他们宁愿去做那些固定报酬为四百英镑的工作，也不愿意去尝试那些失败风险较大但报酬会高一些的行业。所以，成败的不可预知性往往无法引起巨大的野心和冲动，能够被它所吸引的人应该是少数的，而对于那些有志于终身从事某一个职业的人来说，它反而会起很大的反作用。

一般来说，那些一定能够做好的工作，往往比那些不一定能够做好的工作吸引更多的人，虽然后者的报酬可能会略微高一些。

接下来，再让我们来讨论就业的变动对工资的影响。很显然，在那些工作不固定的行业中，工资对于所完成工作的价值必然要高一些，因为它们工作的回报，必须要能够补偿那些他们不工作时的报酬缺失。

假如职业上其他利益是相等的，那么可以预见的是，泥瓦匠的工资一定会多于木匠，而木匠的工资又一定会多于铁路工人，因为铁路工作几乎是从不中断的，但泥瓦匠和木匠的工作却有被中断的危险。

估量这种工作被中断的普通方法是，统计一个较长时期的报酬，然后折算出平均数就可以了。但这种方法也不能完全让我们得到满意的结果，除非我们假设某人在失业时所获得的休息和安逸对他没有直接或间接的好处。

在有些情况下，这种假设是存在的，因为在等待工作时，人往往会很焦躁，以致他所产生的紧张状态甚至超过工作本身，不过这些并不会经常发生。

事业正常过程中所产生的工作中断，是调剂和蓄积力量以供未来使用的机会。例如，一位有名的律师一年中有几个月时间是处在紧张工作当中的，这种紧张本身不是一件坏事，司法停审期间使他得不到收入对他也没有多大的损失。

这里，我们还必须要考虑某人的环境对于补充他的报酬的机会，也就是除主要职业的报酬外，由其他工作所得的报酬的机会，同时这种环境对于他的家庭成员所提供的工作机会也必须加以考虑。

许多经济学家主张把一个家庭的报酬作为评估报酬的单位，在这方面，关于农业和旧式家庭手工业有许多可以讨论的地方，因为在这些领域内，几乎都是全家人一起工作的。

不过在现代英国，这种手工业是罕见的。家长的职业除了能使他的孩子对他所在的行业有所了解之外，对家庭其他成员很少起到直接的影响。当然，如果他的工作地点固定，而他的家人又便于加入该行业当中，则要完全另当别论，但要了解，就业量往往是受邻区资源限制的。

5. 纯收益与就业选择

综上所述，所有行业对就业者的吸引力，除工作上的负面效果和工作的货币报酬外，还取决于许多其他原因。当某个行业的报酬被看作实际对它的劳动供给的价格时，我们总是将报酬一词只理解为劳动“纯利益”的代用语。我们必须考虑到这样的事实，如某个行业比其他行业的工作环境更加清洁卫生，它的工作场所更加有益于人的健康，它的工作氛围能够让人更加快乐，或它的社会地位会让人更高，那么无疑它就有着更大的吸引力。

大家都了解，亚当·斯密曾经说过，许多人厌恶屠宰工作，在某种程度上即便屠户也是一样，这就使屠宰业的报酬必须超过同等难度的其他职业才行。

当然，对于特殊利益的评价是因人而异的。例如，有些人喜欢过乡村生活，有些人则对大城市有更多的向往。再如，有家庭的总收入不过是每星期七英镑，不过他们情愿住一间房，以便把钱节省出来用在旅行和各种娱乐上。

诸如此类的个人特性，使我们不能对每个人的行为作出准确的归纳。但是，如果各种利益和不利都能按货币价值的平均数来计算的话，我们就可以大致估计出使我们所讨论的该行业的劳动供给趋于增加或减少的那些力量的相对强度。把根据某情况下所作的这种估计硬套用在其他的情况下，则势必产生严重的错误。

最后要指出的是，如果一项工作是低级劳动者所能够从事的唯一工作，那么即便是不能令人满意的工作环境，也是没有任何影响的。科技的进步使许多人除了做最低级的工作外是不适合做任何其他工作的，所以他们都在争抢他们所能胜任的那些数量较少的工作，但在急需用钱的时候，他们所想的就只是他们能赚到的报酬，而没有精力去管那些工作环境上的问题。

正因如此，我们往往能够看到一些奇怪的现象，即某行业的污秽龌龊，是该行业中工资低的原因。因为雇主认为，如果雇用比较熟练的工人并配上优良工具来完成工作，那么他就必须要对环境进行改善。所以，他们宁愿去雇用那些并不熟练的工人，因为他们的价值并不是很大，所以用较低的工资也可以找得到。由此我们也可以得出一个结论，即那些处于社会底层的工人的数量如果减少的话，那么社会总体工资也必然会得到提高。

6. 劳动供需的特点

在前面，我们讨论并确定了与劳动名义价格相反的实际价格的困难，和与其相关的劳动供求作用。但是在这种作用中，有某些特点是需要我们进一步研究的。这些特点不仅影响供求力量发生作用的形式，而且也影响它们的本质，并在某种程度上限制供求力量自由发生的作用。

我们在未来会了解到，许多特点的影响是不能用它们最初和最明显的效果来衡量的。在一个较长的时间段内，积累性的效果较那些看似显著但并非积累性的效果要重要得多。

▶ **用工荒**

因为劳动工人供给不足，导致企业不得不用更多的手段用来招徕工人。

所以，这个问题与探索习惯的经济影响问题有相似之处。因为我们已经了解到，习惯的直接效果其实并不是特别重要，在有的时候，一些因素能够完全取代习惯。

在这里比较常见的是，用逐渐地、潜移默化地改变商品性质的办法，就可以避免习惯的影响。所以，购买者依靠原来的名称和原来的价格，购买到的有可能是一件新的物品。这些直接效果虽然明显，但并不是积累性的。而反过来，习惯在阻碍生产方法和生产者个性自由发展方面所起到的间接效果虽然是不明显的，但一般是积累性的，从而对世界经济有深远的支配影响。如果习惯使一个时代的进步受到节制，那么下一代的出发点必然要比不受节制的情况要低，而它本身所受的任何停滞必然积累在前一代的停滞之上，如此相互延续下去。

▶ **就业难**

在用工荒的同时，社会还存在严重的就业难，这种矛盾出现的原因就是劳动者层级分布不合理。

需求和供给对工资的作用也是同样的，无论什么时候，如果供求作用给个人或阶级带来很大的压力，那么这种危害的直接结果就是显而易见的。但所产生的问题却是多种多样的：有些问题和造成它们的危害会同时消失，这些问题没有间接引起工人性格减弱或变强的那些问题的重要性大。因为后者会造成进一步的贫困，而这反过来又造成更大的贫困，如此形成恶性循环。相反，如果工资高，那么工人的性格就会变强，进而使工人的力量更强，这又会形成一个良性的循环。

7. 五个特点

在这里，我们必须注意到的第一个特点是，作为生产要素的劳动者与同样作为生产资料的机器或其他物质生产资料是不同的。劳动者所出卖的是他的劳动，而不是他本人。

正因如此，劳动者本身是没有价格的，因而也无法对自己进行投资。那么，劳动者本身的价值，就来自父母后天的培养。因此，父母的经济状况以及目光的长短，对于劳动者的培养起着极大的决定性作用。

而对于整个社会而言，社会对于抚养儿童的习惯，以及社会教育的普遍水平，都决定着未来劳动者的总体水平，也就决定着在不同层级上的劳动供应。

劳动供给的第二个特点在于，工人与工作总是结合在一起的。当一个人出售他的劳动时，他必须是亲临劳动的第一线的，必须是切切实实地完成了某项工作的。因而，对于劳动者来说，工作环境就显得非常重要了。如在英国的某些地方，劳动者对雇主脾气的重视程度，甚至在某种程度上超过了对报酬的重视程度。

劳动供给的第二个特点在有些情况下是非常重要的，但却往往不发生类似第一种特点那样严重的影响。一个行业的工作机会越是不能令人满意，则吸引人参加该行业所需要的工资就会越高。但这项工作是否具有持久的害处，则要看它们是否损害人的健康和体力。当它们不属于这一类时，也只是工作本身所存在的祸害，除此以外，一般不会引起其他的问题，所以它们的效果很少是积累性的。

既然劳动者必须进入具体的工作当中才能够出卖自己的劳动，那么由此可知，劳动的流动性和劳动者的流动性就是一个可以互用的名词。因而避免流动性的个人选择，往往会影响劳动的供给和需求。

劳动供给的第三个特点在于，劳动力是可以被损坏的。我们要了解一个问题，那就是劳动通常是在不利的条件下出卖的，这些不利源于一系列相互密切联系的事实。这些事实包括：劳动力具有损耗性，出卖劳动力的一般都是穷人，劳动都是即时的而没有积累，劳动必须依附于劳动市场。

损耗性是所有劳动共有的属性，工人在失业时所损失的时间是无法挽回的，虽然在有些情况下，个人的精力可以靠休息来恢复。不过我们应该了解到，物质生产要素的工作里很多也具有同样的损耗性，与此同时，很多商品也具有损耗性。

劳动供给的第四个特点在于，劳动者的议价能力往往较低。缺乏储备资金和无法接受长时间无报酬，这差不多是所有体力劳动者所共有的特点，尤其是那些不熟练的劳动者。这是因为，一方面他们的工资都很低，很难让他们有积存的余地；另一方面是因为他们中间有些人即便不劳动，雇主也很容易就能够找到人替代他们。

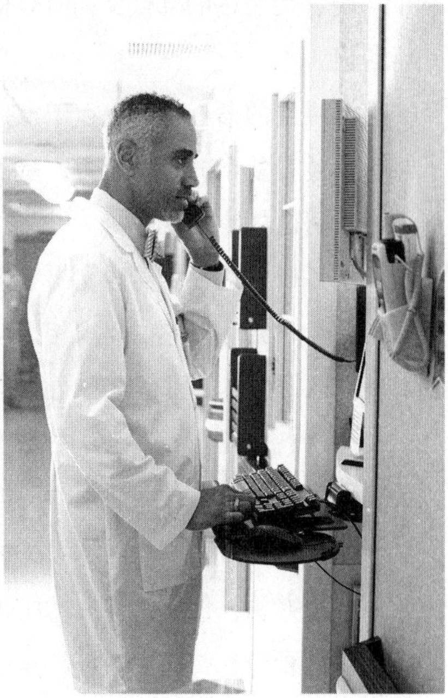

▶ **医生**

在西方国家，一位著名医生的收入，往往高于社会中产阶级数十倍。

对于那些高级的劳动者，我们发现他们在和雇主议价的时候，往往都占有一定的优势。自由职业阶层中的很多人，比他们的绝大多数的顾客都要富有，因此在议价方面处于优势的地位。

如果要进一步论证的话，我们会发现，劳动者的议价能力往往取决于他们的境遇和能力，而不取决于他所必须出卖的特殊商品是劳动这一事实。最能够证明这点的是知名律师、知名医生、知名歌手和那些较贫穷的独立商品生产者。

举个例子，在边远地区收集贝壳并准备在大市场里卖出的人，他们的资金储备一定不会很多，他们的见识也不一定会很广，并且对国内其他地区生产者的情况所知也必有限，而收购这些贝壳的人却是由批发商组成的一个严密的小团体，他们有广博的知识和较多的资金储备，所以，收购贝壳的人在议价方面往往处于有利的地位。

体力劳动者作为一个阶级，在议价方面处于不利的地位，而导致这种不利的因素也必将影响深远。因为如果雇主之间在劳动市场上有竞争，他们也不至于把劳动的价格压得远低于他们的实际价值。

所以，劳动者在议价方面的不利有两种积累性的效果。首先它降低了劳动者的工资，而工资的降低又同时降低了劳动者的工作效率，从而降低了劳动的正常价值。

劳动供给的第五个特点在于，提供专业能力的劳动者，往往需要较长时间的训练。越是复杂的工作能力，越需要长时间的培养，而这种培养所产生的报酬回报时间也总是很慢的。

我们可以将这种培养的支出看作对将来的贴现，这种有意识地使训练费用很高的劳动供给和对它的需求相适应，从父母为自己的子女选择职业，并着力培养他们取得比自己更高的地位上可以清楚地看出来。

关于这点，亚当·斯密曾说："如购置一架贵重的机器，那么该机器在用坏以前所完成的优异工作，必须要能够收回所投下的资本，同时至少要提供普通的利润。用很多劳动和时间学习一种需要特别技能的职业的人，可以同那种贵重机器相提并论。他所学到的工作技能，必须使他能够获得超过一般工人的工资，除了能帮助他收回全部教育费外，同时至少要有相等价值的资本的普通利润。而且这必须在适当的时间内实现，原因是如机器的寿命有定一样，人的寿命是不定的。"①

不过，亚当·斯密的说法只能当作对一般趋势的概括。因为父母培养、教育子女的动机有别于引诱资本家购置一架新机器的动机，而且，在取得赚钱能力所延续的时间上来说，人都是要比机器更长的。所以，决定报酬的种种情况比较难以预料，供给和需求的适应也比较缓慢而有缺点。

---

① 参见《国富论》第二篇第三章。

第三节
资本利息

1. 利息理论的发展

不论是涉及劳动还是资本，供求关系都不能从它们本身来研究，因为决定分配和交换的核心问题的一切因素，几乎都是互相影响的，所以必须统一起来讨论。在本章之前的内容里，有关于讨论资本的内容，可以作为本节的导论，不过在进行更深入的分析之前，我们需要简述一下有关资本和利息研究的发展。

经济学科对我们了解经济体系的作用是很大的，但需要指出的是，经济学科并没有太过人的发现，所谓的经济理论，不过是在经济参与者所知晓的道理基础上总结出来的，很多有经验的市场参与者，虽然本身并不了解经济学理论，但他们在做事的时候，都是在潜移默化地遵循着经济学理论。

▶ 资本与利息

资本天生就带有追逐利益的特性，有资本被使用的地方，就必然要产生利息。

每个人都知道，如果不能够从资本的使用中获取利益，那么人们便不愿意为使用资本负担成本。人们也知道，资本的利润是各种各样的，很多时候都不是用钱来表示的。人们知道，没有人愿意白白借钱给他人，因为每个人都期待着将资本放在最有利的地方。

众所周知，即便是在英国人当中，愿意储蓄他们大部分收入的人也是为数不多的。近些年来，科学和技术的革新为资本开拓了更广阔的市场，所以，每个人一般都了解积累起来的财富远远赶不上市场对资本的缺口。资本的使用是生财之道，所以在借出资本的时候是必须要求报酬的。

众所周知，财富积累之所以受到限制，利率之所以迟迟不落，是由于绝大多数的人渴望获得当下的满足，而不喜欢满足被延后。换句话说，是因为他们不愿意等待。

的确，经济分析在这方面的首要任务并不在于强调这种人所共知的真理，而在于指出这种普遍偏好的例外究竟是多少。

以上这些道理是人所共知的，它们是资本与利息理论的基础，但是在日常生活中，这些真理往往是以不完全的形式出现的。所以，一般人很难对它们进行全面性的总结。正因如此，从资本的角度来看，经济学的主要任务就在于阐明在生产、财富积累和收入分配中起作用的各种力量的秩序和它们的相互关系，所以从资本和其他生产要素来看，它们中间存在彼此相互制约的现象。

经济学还应该分析支配人们选择当下满足和延期满足的那些因素，其中包括作为他们报酬的各种生活方式的机会。不过，这些似乎更应该是心理学研究的范畴，而经济学对此的研究，不过是在心理学的基础上进行的。

在过去的几个世纪里，科学的资本理论是有它不断成长的历史的。如我们现在所知道的，亚当·斯密对于资本理论看得似乎不是很清楚，李嘉图却观察得十分透彻。

虽然经济学家喜欢从不同的角度探讨经济问题，但似乎没有正当理由使人相信，自从亚当·斯密以来的大经济学家，有哪个曾经完全忽视了任何重要的一面。所以，经济理论是一直在进步着的，经济学的内容也总是在不断增加着的。

不过，如果读一下上古史与中古史，我们就能够了解到，关于资本对生产所提供的服务，以及作为它的报酬的利息性质，在经济学当中一直是没有明确概念的。

在传统的市场中，经济组织很少能够使用到新资本，而且一般持有财富的人，如自己不直接使用这种财产，在有担保的前提下，借给别人而不收取利息，对他也很少有多大的牺牲。在这种情况下，借贷的人一般都是非常贫苦的人，他们急需要用钱，因此议价力几乎是没有的。而那些贷出财富的人，一般不是为了救济他人就是高利贷者。

穷人每逢需要借钱的时候，就向高利贷者登门借钱，此时高利贷者往往会使用自己的权力，使穷人陷入陷阱当中，承受巨大的痛苦。在这样的社会中，值得讨论的问题是，鼓励人们按借据借钱到时还本付息是否符合大众的利益？是否会增加人们的负担呢？

遗憾的是，有人曾企图从哲学的角度区分贷款利息和物质财富租金的区别，可想而知，这种尝试让人陷入了更大的困惑当中。

历史总是在不断重演的，在当代的西方世界，有一种改良的思潮，它来自另一种关于利息性质的错误分析。

随着文明的进步，借款给人用于消费的情况越来越少，而借款给企业的情况则越来越多。结果导致一个现象，那就是借款人不再被看作受压迫的对象，但同时又出现了这样一种弊端，即一切生产者不论他们所使用的资本来自借贷还是自身，他们所使用的资本利息都被算作了生产费用的一部分，而这种生产费用在长期内必须由他们商品的价格来补偿，以作为继续经营的条件。

由于这点以及现代工业体系提供了通过投机而获得大量财富的机会，因此曾有人认为，现代利息的支付对工人阶级是有害的，虽然这种害处是间接的。支付利息让工人阶级丧失了相当一部分来自知识增进的利益，从而得出一个实际结论：为了公共的福利和正义，私人除了生活资料之外，不能占有任何生产资料或公用事业。

那些持有这个观点的学者们，如马克思等人，他们认为劳动总是能够创造出一种剩余价值，这种剩余价值就是除了工资和辅助劳动资本耗损以外的收益。工人们所受到的迫害，在于这种剩余被别人获得了。但是，全部剩余是劳动产品这一假设，已经假定了他们最后要证明的东西，可是马克思等人并没有证明，而且这个假设也是错误的。

纺纱工厂里面的制成品，除去机器的耗损，就是工人的劳动价值，这当然不是真的，纱是工人和雇主共同的劳动以及使用资本劳动的共同产品，而资本本身又来自劳动和等待。因此，纱的制成品是各种劳动和等待的产品。如果我们只把它看作劳动的产品，而不看作劳动和等待的产品，那么无疑就等于否定了利息的存在。所以，马克思等经济学者的观点，实际上是违背了经济学的常识的。①

2. 总利息与纯利息

当我们提到的利息只是资本的报酬或等待的报酬时，我们所指的利息是纯利息，而在普通人的思维中，利息一词除了纯利息之外还包括其他因素，这种利息其实应该叫作毛利息。

在商业抵押和信用组织的萌芽阶段，这些追加因素是非常重要的。例如，在中世纪时，当一个贵族决定预征他部分的未来收入时，他借款一千两白银并且答应年终偿还一千五百两，但这种诺言是否会被履行是没有担保的。而拥有白银的人，或许宁愿有绝对的把握在年终收取一千三百两，也不愿要把风险寄托在个人的口头承诺上。在这种情况下，借款的名义利率就是 50%，而实际利率却是 30%。

扣除风险保险费的必要性是如此明显，以致它绝不会被人忽略掉。但较不明显的地方是，各种放款对放款人总会有些麻烦，同时从放款的性质来看，如果它所冒的风险很大，要尽量减少这种风险往往需要很大的努力，因此，其中很大一部分在借款人看来是利息，而从放款人的观点来看，只不过是管理一件麻烦事情的报酬而已。

当前，英国的纯利息大约是略低于每年的 3%，因为投资在最优质的有价证券上的收入是几乎没有风险的，因此利率一般不会高过 3%。当我们看到一些精

① 马克思经济学和古典经济学都互相指责对方违背了经济学常识，二者在国民收入与分配格局上的演变可以找到相同结论，但对于国民收入分配理论上则有着很多针锋相对的地方。马克思经济学指责古典经济学是为资产阶级服务的，忽略了劳动者对于经济的贡献。古典经济学则主要按照土地、劳动以及资本展开研究，将资本主义信奉为永恒的信条，并指责马克思主义经济学最终会毁掉市场经济，这两者的纷争，直到今天仍然没有结束。

明的商人用可靠的抵押品按4%的年利率借款时，我们就可以认为毛利息是4%，而其中有略少于3%的纯利息，放款人的管理报酬则略多于1%。

在此之外，典当几乎可以被看作是完全没有风险的，但是当铺放款的利息一般是在年息25%以上，这其中很大一部分是管理这种麻烦业务的报酬。或者我们刻意用一个极端的事例来说明这个问题，在伦敦和巴黎有一些人，他们专靠贷款给小菜贩，每天早上把资金借出去让小贩用来购买蔬菜水果，然后等到晚上小贩们将蔬菜水果销售完之后，他们再按10%的利息收回借款。这种生意的风险一般都很小，但也不太可能赚到太多的钱，因为没有人能够按照这种方式借出大量的款项。对这种放款的所谓利息，其实差不多完全是这种工作的报酬，而大资本家是不愿意去做这种工作的。

如果一个企业的资本多数都是靠借贷筹集的，那么往往有一些隐患存在，对于这些隐患应该加以明晰。

在这里，我们假设有甲、乙两个企业，甲企业用的是自有资本，乙企业用的是借贷资本。对于这两家企业来说，共同的风险是市场的变动。这种变动有原材料市场的变动、产品需求的变动、产品生产模式的改变等。

但在此之外，还有另外一种风险存在，这种风险只会对乙企业造成隐患，而不会对甲企业造成隐患。这种风险我们称其为个人风险，这是因为，乙企业为了获得资本，必须要为自己的借贷行为付一定的利息，以防止意外的发生，这种意外可能来自借款人在品质上的缺陷或经营能力上的不足。

借款人的能力、精力有时看起来似乎很大，但事实往往并非如此。很多借款人并不会像资本的持有者那样，能够对投资持更谨慎的态度。有些借款人对企业的成败往往不够敏感，因为他们觉得，企业失败的责任可以完全让渡给债权人承担，所以即便面对成功概率很低的事情，他们往往也愿意尝试。不仅如此，

▶ 失败的投资者

遭遇金融风暴时，投资市场中大量的投资者都不得不面对失败的结局，因为追逐高收益往往意味着高风险。

借款人的懈怠和有意欺骗，也往往给债权人的资金带来极大的隐患。

这样一来，借款人因为使用资本而支付的价格，在他们看来或许是利息，但在债权人看来却是利润，因为这当中包含着一笔很大的风险保险费和资本的管理报酬。管理的目的是尽量减少资本的风险。

不过，这种风险和管理工作性质如果发生改变的话，那么毛利息自然也会发生相应的改变，所以，竞争的趋势并不是使毛利息趋于相等；相反，债权人和借款人对借贷情况摸得越透彻，则借款人按照较低的利率获得资本的可能性也就越大。

在一个组织完善的货币市场中，资本很容易从过剩的地方向需要它的地方转移，或从一个正在衰退的行业转移到一个正在膨胀的行业。不过关于这个市场的研究，我们需要在下一段再展开。

现在，我们默认的是，在同一个国家中，对两种投资借款的纯利率哪怕仅仅略微有所不同，也必将引起资本的流动，也许通过中间的途径，从一种投资流向另一种投资。

如果两种投资的规模都比较小，而且能够充分了解这些投资的人并不多，那么资本的流动或许是缓慢的。例如，某人以较小的抵押物获得 5% 利息的贷款，而另一个人以同样的抵押却只需要支付 4%。但是在大笔的借贷中，纯利息在英国全国基本上都是一样的。此外，西方各国平均纯利率的差异，因为资本市场和通信的发达，已经迅速地减少了，而且，提供相同收入的有价证券在全世界同一天内的售价实际上是相同的。

在讨论货币市场的时候，我们必须要研究为什么在有些时候，可用资本的供给量会突然间增加，为什么有时资本的持有者愿意接受极低的利率。

在投资完全没有风险，并且借出的资本可以随时提取的情况下，资本的持有者宁愿做短期贷款以收取不高的利息。这是因为，如果他们发现这笔借款存在一定的风险，那么他们随时可以终止借款，因而使损失的风险大大减少。因为根据无风险证券所做的短期贷款只收取一种名义价格，所以，债权人从借款人那里得到的利息几乎全部都是风险保险费和手续费。

但是从另一个角度来看，这种贷款对借款人却是十分合算的，因为它会让借款人陷入风险的重围之中，为了避免这种风险，借款人反而愿意付出更高的利率。因为如果有一种不幸事件会让他丧失自己的信用，或如果货币市场的混乱让可供贷出的资本暂时缺乏，那么借款人立即就会陷入窘境。因此，按名义上很低的利率放款，即便是短期放款，实际上也不能成为上述通则的例外。

3. 货币购买力和利息率

在这本书里面，除非一些特殊的情况，否则我们假设的所有货币购买力都是不变的。不过，在现实生活中，货币购买力的变动对借贷条件的影响，在短期借贷市场上确实十分显著，在目前我们还不能深刻地讨论这一点，但至少可以稍微提及一下。

借款人所愿意承担的利率，是他使用资本的预期收益的衡量尺度，而这也只能建立在借款和还款时的货币购买力是不变的这一假设上。

举个例子，假如某人借款一百英镑，并约定年终偿还一百〇五英镑。但这个时间里货币的购买力提升了10%，那么他比年初要多出售十分之一的商品，才能够收回他所应还的一百〇五英镑。也就是说，假定他所经营的商品和其他商品比较起来没发生价值上的变化，那么他必须出售年初曾耗费他一百一十五英镑十先令的商品，才能偿还那一百英镑的本金和利息。所以，除非他将手中的商品价格提升15.5%，否则他就要遭遇到亏损。为使用货币在名义上付息5%，而实际上他却付了15%。

相反地，如果该年物价上涨使货币购买力降低了10%，那么他可以用年初曾耗费他九十英镑的商品出售一百英镑，因此，名义上他付息5%，但实际上他却因借款而获得5.5%的收入。

当讨论决定商业活动的繁荣和萧条交替的原因时我们知道，这些是因为货币购买力的改变所引起的实际利率的改变而造成的。因为当物价趋于上涨时，人们争借货币，抢购物资，从而推波助澜，使物价更快地上升。

企业在扩展的过程中，经营管理不免有所疏忽和浪费，运用借贷资本的人所偿还的实际价值小于所借的价值，这样就等于是为了自己而牺牲社会。以后当信用动摇和物价下跌的时候，人人都想将商品出售，以换取价值日益增加的货币，从而促使物价进一步下跌。而物价的进一步下跌就会导致信用的进一步收缩，因此，在长期内物价的下跌是物价变动的必然趋势。

我们将了解到，物价的变动只是在很小的范围内取决于贵金属供给量的变动。即使用金银双本位而不用金本位，物价的变动也不会因此减弱势头。但是，物价变动所引起的危害是如此深重，以至于为了减少某些危害付出再大的代价也是值得的。不过，这种危害未必是货币购买力的缓慢变动所固有的，因为货币购买力是随着人对自然控制的变动而改变的。同时在这种改变中，有有利的一面也必然有不利的一面。

如果计量商品量的货币购买力不变，而不是像往常一样，随着人对自然控制的增进而改变，那么对货币工资多半由习惯所决定的那些劳动者毫无疑问是不利的，但关于这一点，我们需要在其他章节再进行讨论。

4. 企业家之间的生存竞争

在上一章的最后部分，我们研究了企业管理的各种形式及其所需要的能力，并且了解到利用资本经营的能力供给是由三种因素构成的，这三种因素分别是：资本的供给、资本经营能力的供给、将二者组织起来的能力。

而在本节前面的文字里，我们所讨论的主要是利息，即对第一个因素的报酬，在下面的文字里，我们将对后两个因素的报酬，也就是我们所说的总报酬进行讨论。与此同时，我们还将讨论管理上的总报酬和第二个因素本身报酬的关系，后者我们曾经将其定义为纯经营收入。

接下来，我们需要仔细地研究企业主和经理对社会所提供服务的性质和社会给他们工作的报酬。我们将会了解到，决定这些报酬的因素，并不像普通人所设想的那样武断，反之，却和决定其他报酬的因素相似。

不过，在讨论开始的时候，我们需要根据企业发展状况和企业之间的竞争，将企业家分为两类，一类引用先进的企业方法，另一类则墨守成规。后者对社会主要提供直接的服务，对他们的充分报酬也往往是可靠的，但前者的情况却不一定。

▶ **吉姆·柯林斯**

经理人的本质，可以理解为具有现代意义上的监工。

例如，炼铁行业因为最近采用了一种比较经济的方法，从而让整个冶炼过程的加热次数减少，进而减少了成本。同时这种新的方法既不能专利，也不能完全保密。假设某个炼钢资本家拥有五万英镑资金，平时每年获纯利四千英镑，那么其中就有一千五百英镑属于他管理的报酬，其余两千五百英镑则是其他利润因素的报酬。

我们假设他所做的工作和其他企业家相同，他的能力虽大，但也没有强大到完全超越其他人。那么，这一千五百英镑是对他一年工作的正常报酬。但是，随着时间的推移，他想出一种我们上面所说的那种新的方法，在这种情况下，支出没有增加但提高了产量，他每年能够多获得两千英镑的净值。在这种情况下，假如他的商品仍能按原价出售，那么他管理上的报酬就超过平均报酬，增长到了一年两千英镑。

在这种情况下，他得到对社会服务的充分报酬。不过，同行业的人也很快便能获知这一新的方法，所以在短时间内，供给会慢慢增加以至于钢铁的价格会下跌，直到让利润再次回到原来的平均值上。

我们会发现，许多企业家的发明在长期内对于世界有难以估计的价值，可是他们从自己的发明中所得到的报酬却非常少。而有些人却只是因为运气好，在没有做出对社会福利有益的工作时，却获得了大量的财富。由此可见，社会给予个人的报酬并不一定是与个人贡献相一致的。所以，现存的经济社会并不是尽善尽美的，并且我们不应该忘记，我们目前所研究的范围，只限于探讨现存社会制度下决定企业管理报酬的原因。

所以在下面，我们将首先研究普通工人、监工和各级雇主对社会所提供的服务报酬的调整。这样我们就会发现，替代原则在很多情况下都是适用的。

在这里，我们要通过以下三对劳务的对比，来说明替代原则对于管理报酬的影响。这三对劳务对比是：监工的劳务与普通工人的劳务、企业经理的劳务与监工的劳务、大企业经理与小企业经理的劳务。

我们已经了解，在小的企业中由企业主从事的大部分工作，在大企业中是分配给拿薪金的各部门主任、经理、监工等人完成的。这一线索对我们目前的研究有很大的帮助，最简单的事例就是普通监工的工资，接下来就让我们来讨论一下。

我们假设某铁路承办人或船厂经理认为，如一个监工的工资是普通工人的两倍，那么最合适的就是，每二十个工人当中设置一个监工。这样一来，假设他有五百个工人和二十四个监工，并且希望用同样的开支能够完成多一些的工作量，那么他宁愿增加一个监工，也不愿增加两个普通工人。而假设他有四百九十个工人和二十五个监工，那么他认为较好的办法是多增加两个工人。而假设他能用工人工资的 1.5 倍请来监工，那么他也许每十五个工人就配备一个监工。但事实上，所雇监工的人数是由 1 ： 20 的比例所决定的，而他们的需求价格为工人工资的两倍。

在特殊的情况下，监工是通过驱使工人做过度的工作来获得工资的，这就是所谓的绩效薪酬。不过在这里我们假设，监工用正当的方式并通过工作细节上的妥当安排来完成他所负担的任务，因此，工厂里很少有做错和需要返工的现象。每个工人在工作中遇到了需要帮忙的情况，立即就能得到他人的帮助，一切的工作都有条不紊地进行着。

在这种情况下，担任这项工作的监工，他的工资可看作大部分管理上的报酬的范例。通过雇主的作用，社会对监工的服务提出了有效需求，直到到达某一边际，在该边际上，工业的总效率用增加行业里工人的方式比增加监工的方式更加有效，这些监工的工资使生产费用增加，所增加的数额等于增雇监工的工资。

综上所述，雇主其实是具有中间人性质的，通过他，竞争的作用使生产要素配置得以用最小的货币成本得到最大的直接服务。不过，我们现在应该讨论的是，各雇主本身的工作怎样通过他们彼此竞争的直接行为而得到配置。

在这之后，我们应该分析监工的工作与企业主工作不断拉锯的情况。对此，我们可以来观察一个小企业慢慢成长的过程。

假如，有一个木匠通过不断的积累，增加了自己的生产资料，而后又租用了一个小作坊为他人做木工。那么，他所做的工作必须能够得到客人们的首肯，管理工作和各种小风险的负担便由他和他的客人们共同负责。但如果这样的话，因为这给客人们也带来了很多麻烦，他们就不愿对他所担任的管理工作支付较高的报酬。

因此，他决定不生产而只做修理工作，此时他的角色就变成了一个小营造商。而后，他的企业再进一步扩张，他也逐渐脱离体力劳动，而且在某种程度上甚至不用监督工作上的细节。他所做的工作都由雇工替代，因此，在他计算自己的利润以前，必须从他的收入中减去雇工的薪酬。如果他的能力和同行没有什么区别，那么他就能够在行业中站稳脚跟。

而如果他的能力高于同行们的正常能力，也就是他能用同样的开销取得比大多数竞争更大的成果，那么他势必用他那特殊的组织能力来代替他们的一部分开支。此时，他管理上的报酬将包括节省下的那部分开支的价值。

这样下去，他就会慢慢增加自己的资本，提高自己的信用，并可以按较低的利率获得大量贷款。他将拥有较广泛的商业往来和门路，获得更多的有关原料和操作过程的知识，并有机会进行更大的冒险事业。直到最后，他几乎已经停止了一切体力劳动，而把琐事全部交给其他人去做。

于是，这个人慢慢地就变成了大企业主。而就这个例子，我们则可以进一步来讨论一下大企业主与小企业主的报酬差异。自从这个小木匠变成一个大营造商以后，他的事务变得越来越繁重，以至于往往要耗费比同行多得多的时间和精力，那么他报酬的形式，也就自然而然地发生了变化。

在大企业和小企业的整个斗争过程中，我们能够看到的是，替代原则时时刻刻在发生作用。大企业主用自己小部分的工作和监工大部分的工作来代替小雇主的全部工作，这是几乎所有企业主成长过程中的必然。

上面我们讨论的都是建立在个人用自己的资本经营企业的基础上的，在这种情况下，个人的总报酬指的就是他本身可以获得直接和间接成本的等价物，所谓间接成本指的是借贷资本时所引起的成本，有些资本所有者不愿意使用资本进行经营，而选择把钱借给资本不足的人使用。

那么在这里，我们所要讨论的是，使用自有资本的企业主和使用借贷资本的企业主在某些行业中所进行的生存斗争。个人风险，也就是债权人要求担保的风险，在某种程度上会因为企业的性质和借款人境遇的不同而有所不同。

在有些情况下，个人风险会很大，如要将资本投入一个没有成立的新行业当中，债权人很难对借款人的情况做一个准确的判断。在这种情况下，借款人就往往处于不利的地位，而借款的利润率，就主要由自有资本者之间的竞争来决定。

▶ 劳资谈判

著名的美国职业篮球联赛劳资谈判，即便在 NBA 这样的打工皇帝世界，也存在激烈的劳资博弈。

在此之外，在那些发展很慢、必须经过长期努力才能收到成效的行业中，只拥有少量自己资本的新加入者，往往要处于不利的地位。但是在那些发展迅速、不断进取便可以收获成效的行业中，新加入者却往往能够获得极大的便利。

有些大企业主自有资本很少，经营企业的资金主要来自借贷，在这样的情况下，他往往会表现得十分勤劳，这是因为他明白，他必须要赚到钱才能养活自己，否则就必须去给别人打工，所以他发奋工作以期望获得成功。不过，他的成功对于那些用自己资本经营大企业的对手来说根本不算什么，因为对手的富有可以使自己随时停下来，而专靠资本的利息来养活自己。

1873 年，英国出现了极为严重的物价膨胀，这使一般借款人特别是企业家大发横财，但底层社会却遭受了极大的破坏。在这个时候，新兴资本家觉得创办企业很容易获得成功，但在商业上已有成就的人，退出商界的步伐也很顺利。

5. 股份公司

在分析雇工的服务时，我们对他们的报酬和企业主的报酬加以比较时，最好是以股份公司为例，因为股份公司中大部分工作是由董事、经理和其他附属职员分担的，他们当中大多数人都没有自己的资本，有些人即便有自己的资本，数量也非常有限。

所以，他们的报酬几乎都是纯粹的劳动报酬，这些报酬在长期内是由支配普通职业无法从事的劳动报酬的一般原因来决定的。

就像我们在前面指出的那样，股份公司常常会出现内部的摩擦，如股东与债权人，普通股东与优先股东，以及股东与董事会之间的利害冲突，此外还要受到各种制度上的限制。私人企业中所特有的创造性、主动性、目标一致性、决策敏捷性，多是股份公司所罕见的。但是，这些不利在某些行业中并不是很重要，如一些公共事业和运输业，使用资本的无限权力，几乎给了那些股份公司以统治性的地位。

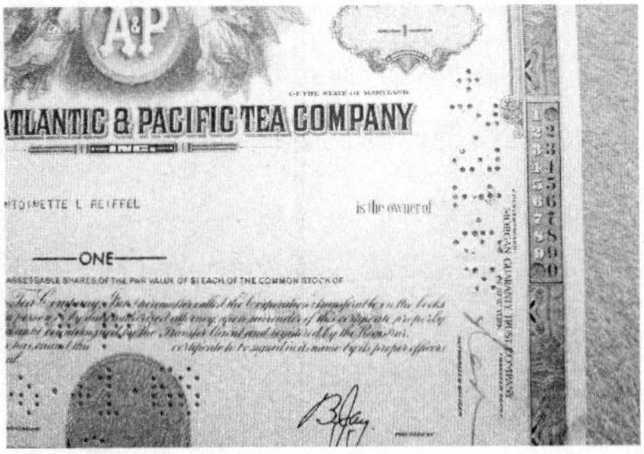

▶ **股份公司的股票**

在股份公司内部，股东与债权人、管理者等存在严重的摩擦，必将导致激烈的博弈。

如果股份公司的营业是正常的，不直接或间接地进行股票投机，或从事于消灭、兼并竞争对手的行为，那么它们的目的一般是对未来的预期利润，所以他们采取的政策也是富有远见性的。它们多不愿为暂时的利益而牺牲自己的名誉，也不愿给雇员以很低的待遇，从而影响他们的工作热情。

在企业经营管理方面，我们现在有许多现代化的方法，这些方法各有其优势和劣势。有些经营管理方法，甚至可以给那些有经营能力却没有资本的人提供发展的机会。这就造成了一种新的可能，那就是管理上的报酬与取得这种报酬的服务相一致，但是在传统的商业社会里，这种情况却很难见到，因为除有资本的持有者之外，几乎没有人把资本投入生产领域。

不过，对于整个社会而言，经营能力的供给总是很大且比较有弹性的，因为它的来源较为广泛。每个人都要料理自己的生活事务，如果他生来就喜欢企业管理，那么就可以从自己的生活事务中获得管理经验。因此，需要最多而报酬优厚的营业能力，取决于拥有此类管理“天赋”的人比较少，而更多要取决于获得此项管理能力所需要耗费的劳动与费用。此外，经营能力往往并不是属于某个专门领域的，因为在大多数行业中专门知识和熟练程度较之普通的判断力、果断、机智、谨慎和坚定，日渐居于次要地位了。

在那些店主几乎等于监工的小企业中，专门技术是非常重要的。此外，现代企业家所特有的那种一般的才能，往往要根据企业规模的大小程度，而表现出不同的重要性，而正是这种才能使某些人成了卓绝的领导者，使他能很好地解决他面对的问题，能明察事物的分寸得失，能作出最英明的决策，并冷静和果断地执行下去。

我们应该承认，经营能力的供给和对它需求的适应，多少是会遇到一些障碍的。这种障碍在于，精确计算某行业对这种能力所付出的价格到底有多少是难以做到的。

砖匠或泥瓦匠的工资很容易就计算出来，只要根据不同效率的人的平均工资，然后减去因就业无常所受的损失就可以了。但是，某人管理上的总报酬，除非详细计算他的实际企业利润并减去资本利息，否则是很难算出来的。

一般来说，我们可以得出结论：工作上所需要的那种稀有的天赋和费用浩大的特殊训练，对管理上的正常报酬的影响和对熟练工人正常工资的影响是一样的。无论在哪种情况下，收入的增加会促使某些力量发生作用，这些力量使能取得该收入的人的供给趋于增加，无论在哪种情况下，收入增加使供给增加的程度，取决于当时的社会经济条件。

虽然一个有才干的企业主在开始时拥有大量资本和适当的商业往来，相比较同样能干而没有这些有利条件的人，似乎能够在管理报酬上占据优势。但是，有些能力相等的自由职业者，他们的报酬却并不相等，原因就在于他们开始时所占的社会地位是不等的。甚至即便是普通工人的工资，也因为他的社会机缘和父母给予他教育的不同，而有着截然不同的一面。

6. 利润率的正确算法

接下来，我们必须要研究利润率是否有相等的一般趋势。是什么决定着管理报酬的多少，对于这个问题，过去数十年都没有人做过深入的研究。以前的经济学家没有适当区分构成利润的所有因素，所以在这方面几乎没有贡献，他们只是探求决定平均利润率的一般规律，但这一规律从性质上来说却是不可能存在的。

在分析利润到底是由哪些因素决定的的时候，我们遇到的第一个困难是来自词义的困难。这种困难源于这一事实，就是小企业主所做的大部分工作，在大企业中是由经理和监工分担的，在计算利润以前，他们的工资必须从该企业的收入中减去，但是小企业主的全部劳动报酬却可以算成是他自己的利润。

亚当·斯密早已经察觉到了这个问题，他曾经这样写道："在一个大市镇上，某药剂师一年所出售的全部药材，所用成本也许不超过三十或四十英镑。虽然他可以出售三百或四百英镑，或得到1000%的利润，但这往往是他把自己的合理工资加在药价上的结果，其中较大一部分表面上看来是利润，其实是隐藏在利润外衣下的工资。在小商巷里，一个小杂货商以一百英镑的资本能赚40%或50%的利润，而同一个地方的大批发商以一万英镑的资本却很少能赚80%或10%的利润。"①

所以，对这两种利润率进行区分是很重要的，有一种利润率是企业投资的年利润率，而另一种利润率则是资本每次周转所得的利润率，我们可以将它称为周转利润率。

在这里，我们所研究的是年利润率。如果把利润一词的范围缩小成前者或扩大成后者，那么它在两种情况下就都包括同类服务的报酬，小企业和大企业的正常年利润率大部分名义上的不等就会消失了。

在有些情况下，用这种普通方法来计算的话，拥有大资本的企业利润率往往会低于资本较少的小企业，但如果用正确的方法去计算，则结果刚好相反。这是因为，在同一行业竞争的两个企业中，大企业往往在原材料、规模生产等方面占据极大的优势。而小企业所占的唯一重要优势，可能就是与具体顾客比较容易接近，比较便于投顾客之所好。但这个所谓的优势，在很多行业里并不重要。特别是一些加工行业，大企业往往要比小企业获得更好的售价，从而在

---

① 参见《国富论》第二篇第四章。

▶ 苹果公司

在某些行业内，一些大型企业依靠垄断性的市场地位，往往能够获得远远高于同行业其他企业的利润。

开支较少的情况下，还能获得较多的收入。因此，在两种情况下如果利润都指的是含有相同因素的利润，那么大企业的利润率必然高于小企业。

有一种现象是经常出现的，那就是凭借较高的利润率，大企业会让小企业很难生存，进而兼并它们，然后让自己获得有限垄断的利益。但有的时候，也会因为它们彼此之间的激烈竞争而使利润率降到很低的地步。

在一些行业如纺织业、金属业和运输业当中，除非有大量资本，否则小企业是无法生存的。一开始时，对于规模不大的企业来说总是困难重重，它们在前行中尽量挣扎，以期在短时间内可能获得大量的资本。而大宗资本将提供的管理上的报酬，与资本相较虽然很低，但总额却很高。

有一些行业则需要较高的管理能力，这使管理一个大型企业和中型企业几乎同样容易。例如辗压厂，其中很多工作细节都可以视为是常规雷同的。一百万英镑的投资由一个能干的人进行管理并没有多大的困难。对于某些铁业部门来说，20% 的平均利润率也并不算很高，这是因为在工作细节上需要不断地思考和谋划。

在需要极高管理水平的行业中，利润率几乎都是很低的，拥有大宗资本和适当往来的企业，如果由勤俭而富有责任心的人来经营，则往往具有极强的生命力。所以，那些私人企业如果遇到有这样才能的人，总是会不遗余力地接纳他们进入管理层。

将上面的内容总结起来，我们可以得出结论：第一，大企业的利润率比普遍认为的要高一些，因为小企业的利润率和大企业比较以前，小企业通常算作利润的那一部分应当列入另一个项目当中去；第二，在经过这种修正以后，以通常方法计算的利润率，一般会随着企业规模的增长而减少。

7. 整个行业的利润递减

对于那些使用较多流动资本的行业而言，资本的年利润率总是要高一些的。大规模生产的优势一旦在整个行业中普及，该行业的利润率就趋向于固定不变了。每个行业都有其各自不同的特点，因此这个规律可能会出现一些例外的情况，但在其他情况不变的前提下，下面的命题却是可以正确解释各行业正常利润率的许多不相等现象。

首先，某企业所需要的管理工作，更多取决于流动资本的数量，而较少取决于固定资本的数量。所以，在一些大量使用固定资本的行业，它的利润率是比较低的，因为固定资本一经安置好，就没必要费很大的精力去管理。

就像我们所知道的那样，这些行业多为股份公司所经营，如铁路公司、自来水公司、运河、船坞和桥梁等公司，它们的董事和高级职员的工资总额在所投资本中所占的比例通常很小。

其次，如果企业的固定资本与流动资本的比例不变，那么通常而言，管理工作越繁重则利润率越高，工资总额较之原材料的成本和商品的价值也就越重要。

那些需要经营昂贵原料的行业，它们的成功多是因为运气或交易上的能力。所以恰如其分地解释影响价格的种种因素，需要有清醒的头脑，而有这种头脑的人却并不多，所以这些人往往能够获得高额报酬。

再考虑到这一点在有些行业中是如此重要，以致使某些学者把利润纯粹看作风险的报酬，看作毛利减去利息和管理报酬的余额。但是，如此解释这个名词似乎是不适合的，因为它有把管理工作和日常监督混为一谈的趋势。

在其他条件不变的情况下，除非从事有风险性工作的人所预期的利益大于其他行业，且他的可能利益超过他的可能损失发生的概率，否则他是不会涉足这个行业的。如果这种风险没有绝对的害处，那么人们将不愿向保险公司投保，因为他们知道，所付的保险费除了实际险值和巨大的广告开支和经营费用外，还提供作为净利的剩余。如没有保险，而且防止风险的种种实际困难可以克服，那么在长期内他们必须要得到相当于保险费的补偿。

还有许多人用自己的智慧和责任心能够很好地处理工作中的问题，但在巨大的风险面前却踌躇不前，因为他们自己的资本没有大到足以负担沉重损失的程度。所以，有风险性的行业多是一些不怕冒险的人在经营，当然，还有一些经营者是那些资本雄厚不怕损失的资本家。

▶ 生锈的钢筋

因为产能过剩，整个钢铁行业都陷入利润率极低的境况中。

有些企业的投机性质不是很严重，所以管理工作主要是监督，管理上的报酬以企业中所完成的工作量为基础，而工资总额可以作为该报酬的一种极其简便的尺度。在关于各行业利润相等的一般趋势所作的一切概述中，如运用的资本相等，利润每年有等于总资本百分之几和工资总额百分之几的趋势，这一概述是最不值得认同的。

一些非常精明的企业主，他们使用的方法和机器都优于竞争对手，在产品的销售方面也有妥善的安排，并能够让二者保持正常的关系。采用这种方法，他们的企业将得到更好地发展，从而获得分工和设备专门化的较大利益。这样，他将得到的是报酬递加和利润递加，因为如果他只是许多生产者中的一个，那么他所增加的产量实际上并不足以让商品价格下降，而大规模生产的经济利益几乎全部归他自己所有。如果他刚好处于该行业的垄断地位，那么他将调节他所增加的产量，使他的垄断利润增加到最大。

不过，如果这种人为的改良不仅仅局限于几个企业主，而是被整个行业所接受，那么在整个过程中，该行业的正常利润率就会低于原来的正常利润。这是因为这个行业比以前较为一致，每个企业在竞争中所要耗费的经历也比较少，也可以说因为它更适合于共同管理。由此可见，当某产业的产品数量和劳动与资本的数量相比时，它的比例增加，势必引起利润率的下降，从某种观点来看，可以把它看作用价值计算的报酬递减。

8. 习惯的周转利润率

关于年利润的研究我们已经给出，那么接下来再让我们对周转利润率做一些研究，进一步分析是什么因素决定了周转利润率。

显而易见的是，年正常利润率的变动幅度总是很小的，但在有些行业里，周转利润率的变动却与其他行业相差很大，这是因为周转利润率取决于资金周转上所需要的时间长度和工作数量。

例如，批发商一次性买卖大量的商品，这会让他们的资本周转得很快，虽然他们的平均周转利润率可能连1%都不到，但却可以赚很多的钱。尤其是在大宗股票交易里面，周转利润率往往远远低于1%，但一次性交易大量价值的股票，却有可能创造出巨大的财富。

不过，造船厂在出售船以前的长时间内，势必把劳动和原材料投入到船上，并需要为船准备一个停泊的码头，这样的话，造船商人就必须在直接或间接的开支上附加很高的利润率，才能对他的劳动和资本进行必要的回报。

▶ **大型批发市场**

批发行业的利润率往往很低，但资金的周转率却非常高，从而弥补了单一商品利润的不足。

除此之外，在纺织行业中，有的企业买进原料产出成品，而有的企业却专门从事阶段性的工作。显而易见，第一类企业的周转利润率，必须是等于其余阶段性工作企业的利润率之和。再以零售商为例，零售商所经销的商品的周转利润率，往往在5%到10%，这些商品大多数人都需要，而且不受市场变化的影响，所以销售额往往很大而必要的存货却又很少，这当中所投入的资本可以周转得很快，而且还没有风险。但是有几种零售商却不一样，如金银饰品的零售商，他们的周转利润率几乎达到100%，这是因为他们出售商品往往很慢，同时还必须备有各种各样的高价值的存货。

综上所述，我们了解到，不同行业的周转利润率没有趋于相等的总趋势，但在各行业之中却是可能有的，而且事实上也有一种被认为公平的、正常的、确定的利润率。

当然，这些利润率往往会因为贸易方法的改变而改变，但贸易方法的改变一般源于这样的一些人，他们希望做较少的生意，但每笔生意都能够多赚一些钱。也就是虽然周转利润率较普通的低，但资本的年利润率却较高。

不过，如果没有这种巨大的变动，那么照该行业的传统，对特种工作或对给该行业的同行所提供的重大服务，是要收取一定周转利润率的。这种传统多根据经验而来，它足以证明如果所收的是那种利润率，那么特定场合下所用的成本将得到补偿。除此之外，该行业还将提供正常的年利润率。

如果行业的参与者所期盼的价格能够提供的利润率远低于该周转利润率，那么他们很难有所发展，但如果他们索要的价格过高，那么顾客又会离他们而去，因为在别处可能会有更低的价格。

9. 利息和普通报酬的区别

上面的讨论中，我们的着眼点主要是经济力量在较长时期的结果，对此，我们曾经讨论过运用资本的能力在长期有使资本适应需求的趋势。并且，我们已经了解到，这种能力不断地在企业当中寻找机会，以及尝试经营各种企业的各种方法，用它为该企业提供的服务，来引起那些为满足他们的需要而能付得起相应报酬的人所重视，以致这种服务在长期内将获得很高的报酬。

每个经营者根据他能够接触到的事实对未来进行预测，并作出恰当的分析，最终评估出企业的利润。经营者的全部预期收益列入使他从事该行业的利润之中。在经营者没有向某个行业投资之前，他必定要认为那个行业是有利可图的，并且将这种对投资回报的预期，列入在长期内对于他的冒险所期待的报酬之中。

引导某人和他的父亲把资本和劳动用于培养他成为一个工匠、自由职业者或企业家的那些动机，与把资本和劳动投入到建立物质生产设备及企业组织的动机是一样的。无论在什么情况下，投资将到达一点，在该点上，追加任何投资都无利可图。因此，作为对所有这种投资的预期报酬的价格，就构成它所提供的服务的正常生产费的一部分。

不过，要使所有这些原因充分发挥作用，往往需要一段较长的时间，从而可能导致例外的成功或例外的失败出现。一方面是那些人的成功多是因为他们具有非凡的能力和运气，而这些都表现在他们投机事业的特别机遇或供企业发展的有利机会上面。另一方面是那些在精神或道德上都不能善于利用自己的技能和机会的人，他们对自己的职业没有特殊的兴趣，再加以投机上的种种不幸，或因为竞争的激烈，而最终走向失败。

虽然这些干扰原因在有关正常报酬和正常价值的讨论中是可以忽略的，但我们在讨论特定时间和特定个人收入时，它们却是必须要考虑的头等因素。因为这些干扰因素对利润和管理上报酬的影响，其方式是不同于它们对普通报酬的影响的，所以当我们讨论暂时变动或个别机遇时，需要对利润和普通报酬区别对待。

关于市场波动的种种问题，除非将货币、信用和对外贸易的理论全部放在一起考虑，否则很难得到妥善的解决。但是，即使在现阶段，我们也可以注意上面所讲的干扰因素对利润和普通报酬的影响有以下区别。

第一个区别在于，企业主的利润首先受他的资本、劳动和雇佣劳动的产品价格变动的影响。因为有这方面的规律，所以企业主的利润变动，一般在他们工资变动以前就开始了，而且变动的幅度也较大。因为，在其他条件不变的情况下，他的产品所能出售的价格稍有上涨的趋势，便可以让他的利润增加许多倍，或使他从亏本变为赚钱。

价格的上涨会让企业主急于获得他所能获得的高价格所带来的利益，所以他将担心雇工辞职或拒绝工作，因此他是愿意增加工资的，因而工资也趋于上涨。但经验又表明，工资的上涨很少与价格的上涨成比例，因此，工资的上涨也几乎不能和利润的增加成比例。

这一事实的另一个方面在于，在行业不景气的时候，雇工充其量一无所得，无从维持自己和家庭的开支，但企业主的开支则势必超过他人，在这种情况下，他管理上的总报酬甚至都变成了负数。在生意特别萧条的时候，绝大多数的企业家都是如此的，那些比别人的运气较劣、能力较差和较不适合于所在行业的企业家更是如此。

第二个区别在于，成功的企业在社会总企业或总人数中的比例是很小的。在那些成功者的手上，他们积聚了大量别人的财富，这些财富甚至比自己的都要多几倍。这里所谓的别人就是那些拥有自己储蓄或继承他人的储蓄，但最终却在经营过程中失败而失去了财富的人。

所以，我们如果想知道一个行业的平均利润，那么就绝不能以成功者的人数除以他们所获利润的总额，甚至也不能以成功者和失败者的人数去除以该行业的利润总额，而是首先从成功者的利润总额中减去失败的那些人的损失总额，再用成功者和失败者的总人数去除所剩下的差额，这才是该行业的平均利润。

这就导致一种情况，那就是管理上的总报酬会超过利息的差额，但平均算起来，会发现连我们平常所估计的企业利润的二分之一都不到，而就某些风险比较大的行业来看，有些甚至不到十分之一。不过，我们也会了解到，认为企业风险大体上有减无增是有理由的。

第三个区别在于，利润变动和普通报酬的变动是不同的。我们已经了解到，在将资本或劳动用来培养工匠或自由职业者的技能之前，得自它们的预期收入具有利润的性质，而所需要的利润率往往是比较高的。

造成这种局面的原因是：第一，投资者自己往往不能获得大部分报酬，这类人往往生活拮据，除非有非常简朴的习惯，否则他不能为了未来报酬而做这样的投资。我们也了解，工匠或自由职业者一旦具备了工作技能之后，他的一部分报酬其实是所付出的资本与劳动的未来收益，而这种资本和劳动使他能够胜任自己的工作，也就是获得了立业的机会、商业往来的机会和施展自己才能的机会，收入中只有其余部分是劳动的真正报酬，但它一般要占全部收入的较大部分，这就是区别所在。因为对企业主的利润做同样的分析时，各份额比例的大小却有所不同。

▶ **画家**

画家可以作为自由职业者的代表，他们的收入往往与劳动不成正比。

大规模企业的经营者，他们获得了大量的投资收益，以至于他们很少想到，自己在这方面的劳动也是应该有报酬的。有些企业是盈利的，那么他会将企业所有的盈利都看成纯收益，一般来说，他很少会从这种收益当中减去自己劳动的价值。这些经营者对他额外劳动所获得的报酬的看法，与工匠对加班所得的额外报酬的看法是截然不同的。

如果工匠或自由职业者具有特殊的才能，而这种才能既不是人自己造成的，也不是牺牲现在以成就将来的结果，那么它能使人获得剩余收入，即超过那些为培养个人才能投下资本和劳动的普通人从相同劳动所能预期收入的剩余，这种剩余具有地租的性质。

但是让我们再回到之前提到的那一点，具有特殊才能的人，在企业家中往往要占多数。因为除了天生就是该阶层的那些人以外，这个阶层还吸纳了很多出身于较低职业阶层的人，这些人之所以能够爬上来，靠的就是特殊的天才。

因此，用在教育上的资本利润，是自由职业者阶层收入当中一种十分重要的因素，如果我们把企业家当作个人的话，那么稀有天才的租金，也可以看成企业家收入中的一种特别重要的因素。

不过这个规律也有例外之处，一个平凡的人依靠继承成了一个企业家，他没有太大的经营天赋，因此使企业仅仅能够维持经营，但即便这样他也能获得大笔的收入，在这些收入当中所含有的天才的租金是可以忽略不计的。相反，非常有成就的律师、作家、画家、歌手等的收入，大部分都可以列为稀有天才的租金。

特定企业的收入，往往受到它所在的行业环境和机会变动的影响。而由各种工人的技巧所获得的特殊收入，也受同样的影响。例如，在澳洲和美洲发现了富饶的铜矿，会导致克尔尼矿工的技巧产生收入的能力降低，而新地区富矿的每次发现，都会提高已迁往该区的那些矿工的技巧产生收入的能力。此外，看戏嗜好的增长，在提高演员的正常报酬和使演技提升的同时，也提高已从事戏曲行业的人的演技产生收入的能力，其中大部分收入应该算作来自稀有天才的生产者的剩余。

10. 同行业工人之间的关系

最后，再让我们来讨论一下同行业中各个不同阶级的劳动者之间的相互利害关系。

如果无论任何商品，对它的几种生产要素的需求都是连带需求的话，那么这些劳动者之间的利害关系就会是一致的。但现实是，这种情况往往只是一个特例。

事实上，从事住宅建造、纺织或生产其他商品的各个不同阶级，他们的特定资本和专门技巧所得的收入一般要取决于该行业的共同繁荣。如果事实如此，那么该收入在短期内可以看作全行业混合收入或共同收入的一部分。

当收入总额因为效率的提高或其他外部原因而有所增加时，那么每个阶级的收入都会趋于增加。但是，在收入总额不变时，任何一个阶级的收入增加，必然有其他阶级的收入减少作为补偿。这适用于从事某个行业的全体成员，从特殊的意义上来说，也适用于在同一个企业中共同工作了许多年的那些人。

从企业家的角度来看，有利于企业的报酬是各种报酬的总额。这些报酬包括：第一，他的能力的报酬；第二，生产设备及其他物质资本的报酬；第三，信誉或企业组织和商业往来的报酬。但实际上，企业报酬的内容比这些还宽泛。

因为企业家的效率部分取决于他从事于该特定企业，如果他以合理价格把企业转让给他人而去做别的工作，那么他的收入也许会有较大程度的减少。商业往来对于他的全部价值是机遇价值最显著的一例，这种价值虽然有时候要靠运气来决定，但更主要的是能力和劳动的结果。其中可转移并可以由私人或大联合企业购买的部分，自然应该算作他们的成本，从某种意义上来说是一种机遇成本。

但是企业主的观点并不能包括企业的全部收益，因为有的收益和他的雇工有关。在某些情况下为了某些目的，几乎企业的全部收入都算作准地租，也就是在短时间内由它的商品市场状况所决定的收入和制造该商品所需要的各种物品的成本与从事于该行业的人的费用无关。

换句话说，它也可以说是一种混合准地租，可通过讨价还价以及习惯和公平观念分配给该行业的每一个人。而这种结果是由一定的原因造成的，它类似于文明初期分配那些来自土地的生产者剩余，生产者剩余几乎常属于垦殖集体，而不属于个人。

例如，一个企业中的管理者依靠对行业内部情况的熟悉，在某些情况下，可以选择以更高的工资跳槽到其他企业。但在另一些情况下，除了他所在的企业，他不具有任何价值，从而导致一种情况，那就是他一旦离开岗位，他所在企业的损失要高过他工资的数倍，而他在别处得到的工资却还不及原所在企业的损失的一半，从而导致一个双输的结果。

需要我们重视的是，这种雇工的地位和其他雇工的地位往往是不同的，后者对大行业中任何企业的价值几乎都是一样的。在后者的收入中，一部分是对一段时间内工作疲劳的报酬，另一部分则是对他专长和特殊能力的准租金。假定在竞争完全有效的情况下，那么这种准租金是由企业主按照一段时期内商品的市场状况对他的工作所愿意支付的价格来决定的。对于一定种类的工作所必须支付的价格，既然是由商业上的一般状况所决定的，那么这类价格就应该列入直接开支，而这种开支必须从它总报酬中减去，才能计算出某个企业当期的准租金是多少。但是，该准租金的变动与雇工本身是无关的。不过有趣的是，现实当中的竞争并不总是完全有效的。

因此，差不多在所有企业和雇工之间，都存在事实上的某种损益共享。这种损益共享也许能够达到最高形式，就如同企业中同事的利害关系一样，虽然没有契约的规定，但也是确实存在的。不过这种情况并不多见，通常使企业主和雇工的关系在经济上和道德上有所增进的方法是分红制，当它被看作趋于更高而更难的真正合作制水平的第一步时，情形更是如此。

在某个行业中，如果企业主团结一致，而雇工也团结一致，那么工资问题是很难说会怎么解决的。只有通过协议来决定短时间内企业主和雇工在该行业纯收入中所应分得的数额。除正在淘汰的行业之外，工资的降低绝不能永远符合企业主的利益，因为它迫使许多熟练工人流入其他劳动市场中，甚至从事无所谓技巧上的特殊报酬的其他行业。因此，一个行业想要发展，在平均年限内，工资必须高得足以吸引青年人从事这个行业才行。

这样一来，就等于是制度性的规定了工资的下限，而工资的上限则由资本与经营能力的供给来决定。不过，对于下限的位置到底在什么地方，则需要劳资双方共同协商。

上面的问题在实践中甚至更为复杂，因为各行业中的雇工多半会有自己的工会，且工会总是各行其是的人们，与企业主的谈判只起缓冲作用，某个团地的雇工罢工，要求增加工资，实际上会耗尽其他雇工的工资，所耗的数目基本上就等于企业主的利润。

商人与企业主以及企业主与雇工之间的各种联合组织和商业同盟，对于他们出现的原因和造成的影响，我们这里不便加以研究。但它们表现出各种生动的事实和奇异的变化，却足以引起我们的注意，这些似乎在表明，社会的变革即将来临。

就目前来看，这些组织的重要性诚然是很大的，而且随着时间的推移会越来越大。但是，在很多时候似乎并没有我们想象得那么厉害。因为其中大部分只不过是进步过程中的一丝涟漪而已，虽然它们比以前的规模更大，来势更凶猛，但是现在和以前一样，运动的主流取决于正常分配和交换的趋势。这些趋势是“看不见的”，但它们却能驾驭那些“看得见的”的插曲的进程，因为即使在调解与仲裁方面，主要的困难在于发现什么是正常水平，让仲裁当局能够根据这种“正常”来办事，以免失去任何一方的信任。

第四节
土地收入

1. 地租

像我们在前面所指出的那样，在经济学中所指的地租并不是一种独有的事实，而是各类经济现象中占主要地位的一类。地租理论也不是孤立的经济学理论，而是一般供求理论中特定的一种主要应用。

对于地租，我们应该可以将它划分为几个级别，这些级别从人占有的自然赐予的土地，到经过改良的土地获得的收入，再到农场、工厂等耐久物提供的收入等。

在本节中，我们研究的主要是土地的纯收入，研究的内容可以分为两部分。一部分关于土地纯收入或生产者剩余的总额，另一部分则关于该收入分配给予土地有关系的那些人的方式。不论土地是以何种形式被占有的，一般的收入总是第一种，而我们的讨论就将从这种收入开始，并假设土地由所有者自己种植。

▶ **在土地上耕作的人**

土地的所有者投资于土地上的金钱和精力，往往还要受天气、阳光等自然因素的影响。

与此同时，我们需要记住的是，土地有来

自自然的“固有的”收入，它们是阳光、雨露、空气和气候等，这些都不是人力所能加以影响的。至于地理位置上的因素，其中有许多并不是人们所能够驾驭的，而只有少数是土地所有者个人投资与劳力于土地的直接结果。以上这些就是土地的基本属性，它的供给不以个人的意志为转移，并不会因该劳作的报酬增加而增加。

另外，土壤肥力所主要凭借的那些化学性质和物理性质，是可以由人力增进的，而在一些极端的情况下，人力甚至可以改变土壤的肥力。但是，对土地改良的收入所征收的税，在短时间内是不会影响改良供给的，因此，也不会影响由于改良而改变的农产品供给。

从这个角度来看，土地的税收主要是由土地的所有者承担的。租赁他人土地的人，在短时间内也可以看成所有者。不过在长期内，税收会减少改良的供给，提高农产品的正常供给价格，从而将这种成本转嫁到消费者头上。

现在，让我们再重申一遍之前我们对于农业报酬递减趋势的研究，我们仍假设土地是被其所有者耕种的，因此，我们的推理可以是一般的推理，而不受土地占有特殊形式的影响。

我们曾了解，在资本和劳动的连续投资中，虽然最初几次投资的报酬是可以增加的，但当土地耕作得已经很完善时，这种投资的报酬便会开始减少。耕种者继续追加资本与劳动直到报酬与开始完全相等的一点为止。无论是对优等还是劣等土地进行投资，都将是对耕种边际的一次投资，需要有和该投资的报酬相等的一个数量，且足以补偿以前的每一次投资，而总产量超过这个数量的余额，便是生产者的剩余。

土地的所有者是尽量向远看的，但是又很少能够看得太远。在任何既定的时间里，他把得自永久改良的土地肥力的提升视为当然，而得自永久改良的收入和由于土地原始性质的收入则是他的生产者剩余或地租。此后新的投资的创造收入，才表现为所得和利润，他将新投资一直进行到有利的边际为止。

他的生产者剩余或地租，是改良土地的总收入超过他每年所投资本与劳动所需要的数额的余额。这种剩余首先取决于土地的肥沃程度，其次取决于他必须买进和卖出的那些物品的相对价值。

像我们所知道的那样，土地的肥沃程度是不能量化的，因为它会随着种植物的性质和耕作的方法与强度的变化而改变。假设有两块土地，由同一个人采用相等的资本和相同的方式进行耕种，其结果一定能够一样。

此外，农耕业所需要物品的价格及其产品所能出售的价格，都取决于农业之外的商业环境。商业环境的改变不断地改变着各种作物的相对价值，从而，改变着位置不同的土地的相对价值。

最后，我们再假定耕种者都是具有正常能力的。这里所谓的正常指的是，他们都能够担任农业工作，并和普通农耕者具有同样的效率。如果他的能力低于正常能力，那么他的实际总产品将少于土地的正常总产量，土地所给他提供的价值将少于它的真正生产者的剩余。反过来，如果他的能力高于正常能力，那么他除了能够获得土地上生产者的剩余外，还能够获得稀有能力上的生产者剩余。

2. 土地产品的价值

在之前，我们曾详细地研究过农产品价值上涨使土地生产者剩余增加的情况。我们也了解到，农产品价格上涨对于提高劣质土地的价值往往是更有利的。换句话说，如果有人预计农产品价格会上涨，那么他应该先用一定数量的资本按当前的价格购买劣等土地，以期获得未来大于优等土地的投资收入。

除此之外，生产者剩余的实际价值，也就是用一般购买力计算的价值，将和产品价值按同一比例增加。也就是说，产品价值的增加会让生产者剩余的价值也随之增加。

不过问题在于，产品的“实际价值”这个名词的词义比较含糊，从历史上来看，它往往指的是对消费者的实际价值。但这样解释是不全面的，因为在有些场合，先从生产者的观点来考虑实际价值其实更加合适。

注意到这点时，我们可以用“劳动价值”这个词来表示该产品即将购买的某种劳动的数量，而“实际价值”则指的是一定数量的产品将能够换取的生活必需品、安逸品的数量。

农产品劳动价值的增加，可以意味着人口对于生活资料的压力日益增加，而这种原因所造成的生产者剩余的增加，和人民生活条件的恶化是齐头并进的，同时也是它的一种尺度。不过在另一个方面，如果农产品的实际价值的增加是因为农业以外的生产技术的进步所造成的，那么其结果很可能会提升工资的购买力。

3. 改良对地租的影响

上面我们所阐述的是来自土地的生产者剩余，而并非自然界的巨大赐予，如重农学派和亚当·斯密所主张的，是由于自然界的吝啬。但是，绝不应当忘记，就市场的销路来说，所处的位置不相等和绝对生产力不相等一样，是造成生产者剩余不相等的重要原因。

这个道理及其主要结果最初是由李嘉图阐述的，他乐于论证在自然界赐予无限供给的前提下，人们自由占有它们是不会产生剩余的，特别是在土地的肥力相等、地理位置相同，且没有边界、用之不竭的前提下，土地是绝不会提供剩余的。

后来，李嘉图进一步发展了自己的论点，并证明它同样适用于一切土地的改良，在一定范围内，减少谷物剩余总量，差不多一定会减少供给一定人口以农产品的土地的真正剩余总量。李嘉图也指出，如果改良所影响的主要是那些原本最富饶的土地，那么是可以增加剩余总量的，但是如果它所影响的主要是较贫瘠的一类土地，则剩余总量必将因此而减少。

▶ 用石灰改良土地

土地的改良往往会带给土地所有者较大的利益，但有些时候，这种改良活动也是在土地使用者的主导下进行的。

有一种观点和李嘉图的观点是一致的，这种观点认为，英国农业改良土地耕作技术，会导致土地所提供的剩余总量的增加，因为它能够增加农产品产量，而不至于使它的价格实质上有所降低，除非向英国输出农产品的那些国家也跟着采用相同的改良，或用同样的措施增加他们本国农产品的产量，并改善国际的交通运输状况。

就像李嘉图所说的那样，如果供应同一市场的所有土地都得到同样的改良，那么这种改良将给予人口以极大的刺激，同时使我们有可能用更少的劳动来耕种更为贫瘠的土地，最后，给地主阶级带去极大的利益。

一个有趣的实验是，用科学的头脑从土地的价值中区别出哪一部分属于人的劳动所致，哪一部分属于自然的原始性质所致。

土地的一部分价值是来自国家为一般目的而非专为农业所修的公路和所做的其他改良。根据这点，一些经济学者如李斯特等都认为，把原始土地改造成当下土地所花费的开支超过了现有土地的全部价值。所以他们断言，土地的全部价值是由人的劳动创造的。这些经济学家所引用的事实是值得加以讨论的，但是，他们说的这些事实其实和他们的结论一点关系都没有。他们所要论证的是，土地的当前价值不应当超过把原始土地改造成像现在那样适于耕种的土地所需的真正农业上的开销。

许多适用于农业的传统方法早已不堪使用，其中有许多改良的方法，不仅不能增加土地的价值，反而会让土地的价值减少。此外，在这方面的费用还必须是纯费用，即加上逐年开支的利息减去历年因为改良而额外增加的产量的总价值。在人口比较稠密的地区，土地的价值一般比这种费用大得多，因而改良是很值得进行的。

4. 土地租佃

自土地被个人所占有之后，租赁便开始出现。早期的租赁一般是建立在合伙的基础上，而原始合伙的条件往往是由习惯而不是由契约所决定的。

而在土地租赁之后，地主这个名词也就相应地诞生了，早期所谓的地主，一般是隐名合伙人。在封建时期，隐名合伙人大多是国君，因为他占有着最多的土地，而有的时候又是享有为国君征收田赋的权利的个人。不过，随着时间的推移，隐形合伙人不知不觉的多少有些确定、绝对的地主权利。如果地主仍然需要向国君缴纳贡物，那么这个时候就有三个合伙人存在了，其中两个合伙人是隐名合伙人。

对于合伙人来说，它缴纳的就不是地租，而是由合伙企业的组织条例规定他缴的固定数额或总收益的一部分。假如规定这种报酬的法律或习惯一成不变，那么地租理论便很少有直接应用的空间。

不过就像英国近代史所证明的那样，习惯比表面上显得更富有伸缩性。我们必须谨慎地将李嘉图的分析运用到现代英国土地问题和早期租佃制度上面，因为在这些问题上，合伙条件往往具有很强的伸缩性，且在许多方面可以被不知不觉地加以修改。

但事实上习惯所规定的各种税赋，往往带有十分不确定的性质，而留传下来的记载也多是不够精确。甚至到了今天，我们仍然很难找到清晰明确的地租和佃农之间的契约。这是因为，土地租赁的契约往往借助于习惯来解释，而这种习惯为了适应历代的不同需要而不停地变化。我们改变我们的习惯比我们的前辈要快得多，而且对于这种改变较为自觉，并更愿把我们的习惯用法律固定下来，以使它们保持一致。

但不幸的是，即便现在立法已经很详细，且政府示范出的契约也很认真，但地主在维持和扩大农场建筑物及其他改良上所投资本的数量仍有很大的伸缩性。

在这方面，就像在他和佃农所发生的直接货币关系一样，地主往往显得非常慷慨。

而对本节一般论证有重要影响的是，地主和佃农所分担的农场经营费用的调整，如货币地租的变动一样，往往可以让佃农所缴纳的真正纯地租也发生变动。例如，有些拥有土地的大地主往往乐于让佃农年年照旧经营，并不企图使货币地租随着土地的真正承租价值的改变而改变。有许多不是租借的农场，它们的地租在1874年农产品价格极速上升之后的衰退期间，其名义上仍保持不变。但是在早期，农场主知道他的地租很低，不便迫使地主出资修建排水道或新的农场建筑物，甚或进行修理，在计划和其他方面便不得不对地主有所迁就。而现在地主有了固定的佃农，为了保护固定的收益，契约上没有规定的许多事情地主也会主动去做。因此，货币地租没变，而实际地租却有所改变。

以上的事实是下面一般命题的重要例证，即经济学上的地租理论，有时叫作李嘉图理论，如不在形式和内容上进行修正和限制的话，就不适用于英国的土地租佃制。把这些修正和限制进一步扩大，将使它适用于中世纪和东方各国任何私有制下的一切租佃制，其中区别只是程度上的差别而已。

不过，这种程度上的差别也是很大的。其中一部分原因是，在比较原始的国家里，习惯的影响力仍然很大；另一部分原因是，在没有科学的历史条件下，人因为寿命的短暂无法察觉习惯的改变。不过总结起来，主要原因还是因为合伙的条件定得不确切，往往难以量化。

因为合伙企业中地位较高的合伙人，也就是我们通俗所说的地主，他们所获得的收益份额，一般要包括有佃农的无偿劳役、税赋以及一些其他的赠予。而这几项收入对于地主来说，也总是在不断发生变化的，现实生活中有大量的不确定性因素，最后都有可能反映在地主的收益上面。

不过，这些不确定的可变因素一般只在全部地租中占据很小的一部分，而在那些并不十分罕见的情况下，货币地租在很长的时期内还是固定不变的，佃农曾占有土地的一部分利润，其原因一方面是因为土地纯价值上涨时他得到地主慷慨的赠予，另一方面则是因为习惯和舆论力量对弱势者的支持。同样，地主的法律权利，长期以来是藏在暗处的，但每当遇到巨大的经济变革时期，却往往会突然发挥其作用。

5. 分成制

在英国和印度的情况是，佃农使用土地所付的代价是用货币来计算还是用实物来计算是值得研究的。不过，这里我们先搁置这个问题，先来研究一下英国的地租制和美国的分成制以及欧洲的分益农业之间的区别。

在欧陆大部分的拉丁民族国家[①]里，土地都被分割成很多块，佃农用自己和

① 拉丁语是源自意大利中部拉提姆地方的方言，后随着罗马帝国的扩张向外传播，在19世纪，被认为是拉丁国家的欧洲国家有西班牙、葡萄牙、意大利、罗马尼亚等。

家人的劳动来耕种他的佃地，有的时候也需要雇用少数的帮工。而地主提供给佃农的是房屋、耕牛，有时甚至还包括农具。

但是在美国，这种租佃制却很少见，那里仅有的出租地中有三分之二是小块租田，租给白人当中的低级阶层或被解放了的黑人，根据租赁制度，劳动者和资本持有者共分产品。

美国制度的好处在于，能够让本身没有资本的人去使用资本，且使用资本的代价比在其他条件下要低一些。与此同时，佃农对土地的责任心，要远远超过他当一个雇工时所表现出来的那样。因此，这种制度具有合作制、分红制和计件工资制这三种现行制度的许多共同优点。但有趣的是，分益农民虽然让雇工有更多的自由，但是与英国农民相比，自由反而显得更少。

分益农民的地主往往要监督他的工作，并在这里消耗掉很多的时间和精力，因此，他必须要得到一笔费用作为补偿，无论这笔费用是以什么形式支付的，其实质其实是管理上的报酬。因为当佃农必须把他每次投资于土地的资本和劳动收益的一部分交给地主时，如果投资的总收益少于作为他的报酬之数的两倍，那么对他来说毫无疑问是不利的，聪明的佃农就绝不从事这种投资。

如果放任他自由耕种，那么他耕作的集约化程度远比英国租佃制度下的更低。佃农所投入的资本和劳动以能给他两倍多的报酬为限，所以地主在该报酬中所得的份额，比在固定报酬制下还要少一些。

▶ 佃农

在不同的租佃制度下，佃农对于土地的责任心是不同的。

以上是欧洲许多国家所采用的制度，在这种制度下，佃农实际上有固定的租佃权利，从而只有通过经常性的干预，地主才能让佃农在他的农场上保持一定数量的劳动，并制止他用耕牛从事田间作业以外的工作。因为后者的报酬归佃农所有，地主无权过问。

不过，即使是在那些最守旧

的地区，习惯上规定地主所供给的农具的数量和质量，也总是在无形中改变着，因为只有改变才能适应变化着的供求关系。如果佃农没有固定的租佃权利，那么地主可以任意安排佃农所供给的劳动和资本的数量与他本身所供给的资本数量，以适应各种特殊场合的需要。

讲到这里读者应该已经了解到，如果佃地面积很小，佃农很穷，地主对于许多琐事又能够不厌其烦的话，分益农业的优点还是很多的。但它并不适合那些大得足以发挥有才能的、负责的佃农所具有的责任心的土地。这通常是和小土地所有制相联系的，而这是我们立即要讲的内容。

小土地所有者的地位具有很大的吸引力，因为他既不用受地主的干扰，也不怕自己的劳动成果为他人所得。土地所有权给予这些人以自尊心和坚定的性格，并促使他们勤俭持家。这些勤奋的人几乎不会让自己空闲，而且很少把自己的工作视作苦役，这一切都是为了他所心爱的土地。

不过，如果这些小土地所有者不把自己的视野局限在成为小土地所有者的范围里，那么他们或许会有更大的成就。人们常说，“土地是劳动者的最好的储蓄银行”，但有时它却处于最好中的次要地位，而首要地位是他和他的子女的能力。

小土地所有者对他们的土地是如此专注，以至于往往不去估计其他的事情。他们中间许多最富的人，甚至懂得精打细算，生活中也省吃俭用。这些不幸的人忘记了，财富的效用只是谋求真正幸福的手段，但他们却为了手段而牺牲了目的。

我们不应该忘记，英国劳动者代表了英国制度的失败而不是成功。英国的劳动者是那些在几代时间里都没有利用机会获得地位提升的人的后代，有些机会曾使那些精明强干而富于冒险性的人飞黄腾达，但广大的劳动者还是只能站在一旁羡慕别人。

英国民族成为新世界的主人的原因[①]很多，其中最重要的原因是那种进取心，这种进取心曾让一个富得足以成为小土地所有者的人，不满足于农民单调

---

① 18世纪到19世纪，英国依靠海外扩张在全世界攫取了大量的殖民地，英国人“理所应当”地认为他们已经成了世界的主人，这种观念直到20世纪初才被打破。

的生活和微薄的收入。推动这种进取心的原因很多，其中最重要的莫过于不受某种诱惑之害，这种诱惑就是等待小遗产，或为了财产而不通过自由恋爱结婚。这种诱惑往往使那些小土地所有制占优势的地方的青年在能力发展上受到限制。

可能是因为由于缺乏这种诱惑，因此美国农民虽然也是劳动者阶级，他们也都是用自己的双手耕种自己的土地，但和“小土地所有者”却不同，他们在发展本身和自己子女的能力上所用的收入很多，且选择更为明智。而这种能力就构成他们资本的主要部分，因为他们的土地只具有很小的价值。

那些美国人的思想往往很敏锐，虽然他们中间很多人都缺乏农业技术知识，但是他们的敏锐和极致使他们有可能善于解决他们所面临的问题。

一般来说，问题在于农业上所得的产量和所消耗的劳动相比时较多，但和他们所拥有的大量土地相比却较少。不过，在美国的某些地区，土地正在开始获得稀有价值，而靠近有利市场的地方，将小块的耕地聚拢起来形成大面积的田地也逐渐有利可图，耕作和租佃方法正在按照英国的方式改变着。近几年来，美国人有把西部的农场交给来自欧洲的新移民来经营，正像他们把东部的农场也交给他们一样，已经成了一种趋势。

6. 英国的租佃制度

这里，再让我们来讨论一下英国的租佃制度，这种苛刻的制度在许多方面其实都是有缺陷的。不过，对于佃农来说，它却可以刺激他们的责任心和精力，再加上英国特有的地理优势，从而让英国的工业、殖民事业和农业迅速成长为世界第一。

在农业上，英国能够吸取很多国家的经验，尤其是荷兰，不过总的来说，英国农业带给世界的经验探索，是要比从其他国家那里学到得多。目前，除了荷兰以外，世界上再没有一个国家在肥地的亩产量方面比得过英国。也没有一个国家，相对于在土地上消耗的劳动来说，能获得像英国这样高的报酬。

英国租佃制度的第一个优点在于，让地主有可能对一部分而且只对那一部分财产负责，这部分财产的管理，既不耗费自己的很多精力，也不给佃农带来

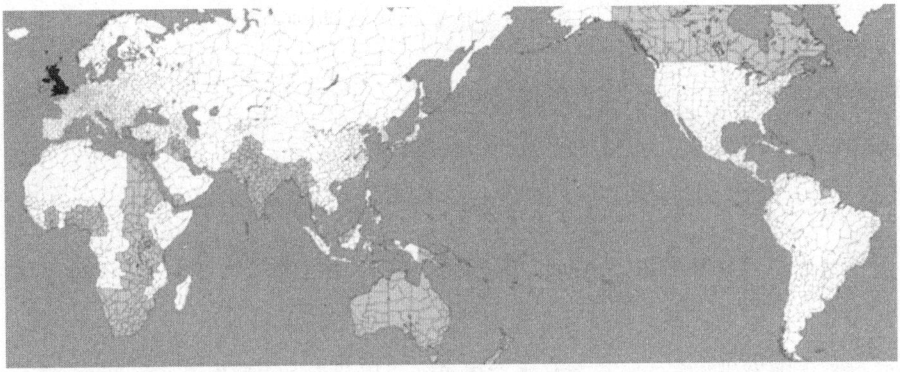

▶ 19世纪的英国地图

因为土地等领域的改良，让英国具备了强大的实力，在19世纪的上半叶，英国在全世界占有了广大的殖民地，号称“日不落帝国”。

更多的麻烦。对土地的投资虽然需要责任心和判断力，但无须在细节上加以频繁的管理，而这一部分就是土地、建筑物和永久的改良土地的设备，这些东西在英国等于农户所必须自备的资本的平均值的五倍。

地主们愿意把这样大量的资本当作自己的股份放在土地上，因而他们得到的纯地租，很少有达到资本利率的3%。在土地之外，没有任何行业的任何投资方式，能够用如此低的利率借到资本。我们能够看到的是，分益农业所借贷的资本往往比这还要多，但所要付出的利息也要比这高很多。

英国租佃制度的第二个优点是由第一个优点引起的，那就是这种制度让地主有很大的自由能够选择有能力且富有责任心的佃农。

就和土地所有权不同的土地经营来说，英国对出身的重视远不及欧洲其他国家。但我们已经知道，即使在当代的英国，在获得各种企业中的主要职位和参加自由职业甚或工艺行业中，出身也是非常重要的。而在英国农业当中，这种风气则有过之而无不及，因为地主的优势和劣势结合起来，使他们无法按严格的商业原则去选择佃农，也不能经常性地更换佃农。

因为农业各部门在一般性质上的差别不如其他行业那么大，所以一旦有一种新的方式出现，那么农业的部门就会迅速采用，进而让它得到普遍的传播，这就使很多人都可以推进农业的进步。不过反过来说，正因为人人都能够参与，所以农业的进步总是比较缓慢。

这是因为大多数从事农业而有进取心的人，他们往往更趋向于到城市里生活，而愿意留在农村的人总是少数的。而且，因为自然淘汰和教育水平的关系，这些人往往不像城市人那么会动脑筋，所以对于新方法往往是持被动接受的态度。

除此之外，农业并不像工业那么保险，企业家在采用他的同行业行之有效的方法时，往往是万无一失的，但农户却不是这样。因为几乎每个地域的农场都有各自不同的特点，盲目采取他人行之有效的方法，势必会让农业竞相失败，而这种失败发生得多了，就会让人产生墨守成规乃为上策的想法。

而且，农业上的各种细节都是非常烦琐的，这使对农业的计量始终很难做到精确。这当中有许多连带产品和许多副产品，以至于一个普通的农户很难确定自己在农业上的投入和产出的比例。如农夫可以相当精确地知道一片麦田的直接成本，但他却很少知道它的真正总成本，这就增加了及时吸取经验教训从而借助它来取得农业上的进步的困难。

此外，在竞争方式上，农业和工业也有着截然不同的一面。如果某工业企业主的能力薄弱，那么别人是可以取而代之的。但是，如果地主不能按最好的方法来发展土地资源的话，那么他人除非发挥报酬递减趋势的作用，是不能亲自来弥补这种缺点的。

所以，农业从业者缺乏才智和责任心，就会让边际供给价格较高。但工业和农业在这方面的区别，的确只是程度上的区别。因为任何工业部门的发展，都会因为从事该行业的各大企业缺乏能力和进取心而受到阻碍。农业上的主要改良，则是由地主进行的，他们往往具有比农夫更高的聪明才智，此外，农业的辅助行业的厂商也会对这种改良进行主观的推动。

7. 大土地占有制

在土地上，自然所提供的报酬会因为劳动数量的增加而增加，但报酬所增加的份额，却并不是与劳动数量的增加成比例的。不过就个人而言，无论是工业当中还是农业当中，一般都适用于报酬递减规律。不过，在这两种情况下，大规模生产的优势却是截然不同的。

首先，农业必须需要更广阔的地面。其次，农业劳动者必须按季节工作，一年四季从事同样的工作几乎是不可能的。所以，即使是在英国制度下的农业，也不能向着工业生产方法的方向快速前进。最后，农场主为适应时代变迁的需要，必须要摆脱他祖辈留下来的经验。

农场主必须领悟农业科学和实践的发展，且足以用来改良他的土地，一个农场主想要适当地进行这一切，就必须要有特殊的才智。有这种才智的农场主，他可以对几百上千亩土地进行规划管理，至于细节上面的事情，则并不是他应该关心的。

农场主应该承担的工作和大企业家所承担的工作处在同一个水平之上，这个企业家不会把他的精力消耗在琐碎的监督上，而这种监督是他很容易用雇员来做的。

能做这种高级工作的农场主，除非他所雇的许多工作队各队都有监工负责，否则让他去从事不值得他做的那种工作，对于他的精力就必然是一种浪费。不过即便是在英国，能够让人发挥这种才能的农场也不是很多，所以使真正有能力的人从事农业企业的诱惑并不大。这就导致了一个问题的出现，那就是在一个社会中，最有才能的那些人总是远离农业而进入工商业。在工商业中，具有头等能力的人有机会只做高级工作而不做低级工作，且高级工作做得很多从而获得管理上的高额报酬。

如果我们假设农场主不常和他的雇工在一起工作，也不经常到农场上去监督和鼓励他们，那么为了生产上的益处，似乎是应该给大机器农业创造机会。

但如果农场的规模不够大，农场主的才能并不高于工业中的优秀管理者，那么为了别人和自己的利益，最好的方法或许仍然是沿用旧的方法——农场主和他的雇工一起工作。

有观点认为，物竞天择的原理正在起着残酷的影响，使那些既没有才智从事脑力劳动，又不愿意从事体力劳动的农场主正在被淘汰掉。他们的地位正在由那些高于一般天赋能力的人取而代之，这些人因为受过现代教育，逐渐脱离了工人队伍。他们对于处理一个模范农场的日常工作往往能够胜任，并且他们给予农场以新的生命和精神，因为他们是和他们的雇工一道工作的。

当前，极大的农场既然已经不见了，那么英国农业最近的将来似乎仍寄托于按照上述原则经营的小农场了。小土地具有很大的优点，只要那里的作物必须加以小心保护，而机器则没有用武之地。但是，现代科学方法的应用，却使专门技术所带来的好处日益重要了。

8. 佃农对土地的改良

英国租佃制度在爱尔兰的失败，显示出了它某些固有的缺陷，但这些缺陷却没有在英国产生影响，原因是因为租佃制度和人民的习性与性格相关。租佃制度最重要的缺陷源于这样一个事实，租佃制度在本质上是一种竞争的制度，而英国的农业条件却在无形之中防止了这种激烈竞争的出现。

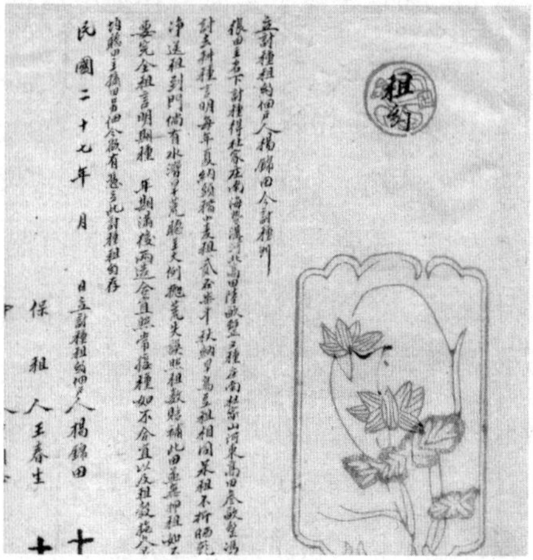

▶ 土地租约

土地租赁关系的存在，建立在地主和佃农双方自愿的基础上，这种关系一旦建立，往往能够保持相当长的时间。

首先，在确定竞争作用所必须根据的事实这方面是存在特殊困难的。就像我们在上面讲到的那样，农业方面很难做到精确的计量。此外，我们还必须估计到农场主关于使他值得负担的那种地租的评估，往往会因为难于确定正常收成和正常物价水平而受到阻碍。因为农业的成果主要受气候的影响，而气候又是如此复杂多变的，以至于必须研究很多年的积累数据，才能够得出一个比较可靠的平均数。但是在一个如此长的时间里，经济环境势必有很大的变动，遥远市场的需求，使人们有能够在遥远市场销售自己产品的便利，而本地的需求，却又使远地的竞争者获得能在本地市场出售产品的便利，而这些也是在不断变化着。

地主在决定收取多少地租的时候也会遇到类似的问题，以及另外一些因国内各地农场主的能力标准不同而产生的问题。农场的生产者剩余或地租是一个差额，这个差额是该农场生产的产品所提供的超过耕作费用的利润，其中我们假设的是，农场主的能力和责任心是正常的。而以上所讲到的困难，取决于对于“当地市场”这个名词应该如何解释，是解释其狭义的方面还是广义的方面。

显而易见的是，如果农场主的能力在他所在地区平均水平以下，他生产的总产品数量很少，他的净产品甚至同比例更少。那么在这种情况下，如果地主把农场交给一个更有能力的佃农，或许还对他更有利一些。

反过来，如果一个地区的普遍生产水平并不是很高，那么地主尽量设法从达到该标准的农场主攫取大于他所能交付的地租，从伦理的观点来看显然是站不住脚的。在长期内同地主的利益也是不相容的，即使他从能力标准较高的地区移入农场主即可获得那种地租，这事也是不妥当的。

和上面问题有很大关联的另一个问题是，佃农应该有自由发掘土地自然潜力的权利，并自愿承担这种行为的风险，这样做的好处是，如果他获得成功，那么他可以获得多于正常企业利润的收益。就各种程度不深的土地改良而言，长久租约在某种程度上满足了这个问题。关于这方面，我们可以在苏格兰看到很多，不过，它们也有自己的缺点。

就像人们常说的那样，“英国佃农，即使当他没有租权时，也总像是有租权一样”，“即便在完全英国式的租佃制度中，也有一些分益农制的痕迹”。

当年收获和市场对佃农有利时，佃农会付出全部地租，并避免向地主提出要求，而这种要求也许使他认为地租是否不应有所增加。当年收益不利时，地主一方面因为同情会减免一定的地租，另一方面也作为义务愿意承担修理费用，而这种费用通常是由佃农负担的。由此可见，在地主和佃农之间，虽然名义上地租不变，但其实有许多的互相迁就现象。

社会习俗常常让英国佃农对他所作的改良的补偿得到部分保障。政府最近在立法方面与习惯并驾齐驱，甚至在一定程度上超越社会习俗。现在，英国的佃农们实际上已经不再受由于他所做的改良的增产而增加地租的威胁了。当佃农离开土地时，他可以对改良设施没有耗尽的价值要求补偿，而法院也往往会支持这种补偿。

最后，让我们来谈一谈城中空地对私人利益和公共利益的影响。威克菲尔德和其他美国经济学家曾发表观点说，在人迹罕至的新开发地区，新来的人往往比较容易致富。反过来，在人口稠密的地方，人们却每每因为增建一所住宅或加盖一层楼房而耗费大量的财富。环境资源的匮乏，室外空间的缺乏，导致人为空间而付出极大的成本，耗尽了那些不断涌入大城市的最优秀的英国人的精力。

从负责人的角度来看，允许在空闲的地块上进行开发，似乎是一个严重的错误。因为为了一点物质财富，我们要耗费大量的财富和精力，这等于我们牺牲了那些目的而去追求了手段，因为物质财富只是达到幸福生活的一种手段而已。

第五节
分配总论

1. 前几节的摘要

在这里，我们要对前面四节的论点做一个总结，要指出的是，以上四节的内容远不能完全解决我们所面对的经济方面的问题。因为经济还要受对外贸易、信用与就业波动以及多种多样的集体作用的影响。但这并不意味着上面的内容就是没有价值的，因为上面的内容确实受到了支配、分配和交换的那些最根本、最广泛的影响。

在上一章最后的结论中，我们曾发现一条连续不断的线，它会让供求均衡的一般理论连续适用于各种不同时期。在一个较短的时期，生产成本对价值没有直接影响，到一个相当长的时期内，各种生产工具的供给可以和它们的间接需求相适应。而在本章里，我们也曾论及另一条连续不断的线，它与那条连接各个不同时期的那条线相交汇，把各种不同的生产工具都连接了起来。从外表上来看，不同生产工具似乎有着很大的差别，但这条线却使它们在根本上统一了起来。

首先，工资和其他劳动报酬与资本利息之间其实是有许多共同点的。这是因为，决定物质资本和人身资本的供给价格的因素是一致的，它促使人投资于后代教育上的动机与让他为后代积累物质财富的动机是相同的。这当中还有一种连续不断的过渡，即由上一代的工作和等待而遗留给下一代一个极富的企业，过渡到上一代的工作和等待以维持下一代的生活，使他逐步受到完善的教育，最后让他获得一份不错的工作。

在当前的社会制度下，只有上一代在发展下一代的能力上愿意付出很大的代价，而许多重要的才能之所以未被培养出来，则主要是因为具有这方面天赋的人却对这种事情没有兴趣。这种事实是至关重要的，因为它的影响是积累性的，不过也并不能让物质生产要素和人力生产要素产生根本的区别，因为它和这一事实相似，即许多土地没有被更好地开垦，其实是因为善于耕种的人在农业之外就职。

其次，因为人生的漫长，所以上一代在为下一代选择工作的时候，总是要借鉴很长时间的经验，所以劳动需求的变动总是要在很长一段时间之后才能发挥其作用。而在单纯考虑劳动的时候，如果促使供需协调的那些经济力量能够充分发挥作用的话，那么往往也是需要一段较长的时间的。所以总的来说，任何一种劳动对于雇主的货币成本，在长期内和生产该劳动的实际成本大体一致。

一边是人力生产要素的效率，另一边是物质生产要素的效率，在比较这两者之后，再将它们的货币成本比较一次。一种要素，如果它的效率相对于它的货币成本大于另一种要素，那么它总是被有限使用的。

企业的主要职能在于，让代用原则自由地发生其作用并为社会或企业的所有者获得便利，这一般是与公共利益相合的，但有的时候也会出现反作用。企业家不断地比较着机器和劳动力、熟练工人和非熟练工人，以及额外监工和经理所提供的各种服务，他们对于各种不同生产要素的使用也经常要筹谋计划、搭配组合，从而选出对他们最有利的组合。

在一个或多个生产部门中，我们几乎要比较每一类劳动的效率和其他几类的劳动效率，这种相互的比较本质上是一种纵向的竞争，因为他们是属于不同级别的，但从事的是同一个生产部门。但与此同时，横向的竞争也在时刻进行着，只不过所用的方法比较简单。

首先，因为成年人在所在行业中可以从另一个行业自由地转向他业；其次，因为上一代一般都能使子女参加到同他们那一级相近的任何行业当中。

因为纵向竞争和横向竞争是同时进行的，虽然事实上不论哪一级的劳动大部分都可以从本级劳动者和他的后代得到补充，但各级劳动所得的报酬是按他们所提供的服务得到有效而合理的调整的。由此可见，代用原则主要是间接发挥作用。

如果这里有两个盛满液体的桶，中间有胶皮管相连接，那么在较高水平的桶内靠近该管的液体，即便有黏性也将流入另一桶内。这样，即使没有液体从此桶的一端流向彼桶的另一端，那么两桶的一般水平也是要趋于一致的。再假设这里有好几个桶用胶皮管连接，那么每桶中的液体必将趋于同一水平，虽然其中有几个桶和别的桶可能并不直接相连。

同样地，代用原则不断通过间接的途径，有使所得的分配和各行业或者各工种的效率相准的趋势，而所谓各行业和各工种彼此并没有直接的接触，看起来似乎是无法彼此竞争的。

一个人从非熟练工人发展成为熟练工人，再成为监工，再成为主任，再成为大企业的总经理，进而成为股东或大私营企业主，这其实是一个连续不断的过程。而在股份公司中，由董事到承担企业的最后主要风险的普通股东，我们看到的是他们一层一层地向下。

因为代用原则在比较某一生产要素和另一生产要素时，主要是依靠它们的自觉作用的。那么对它们而言，除了相互竞争的间接影响外，代用原则似乎就没有别的媒介了。所以，代用原则有时是盲目发生作用的，且容易造成很大的浪费。代用原则迫使那些如有良好的开始就能作出极大贡献的人遭到失败，并与报酬递加趋势相结合，让强者更强，使弱者的企业落入已拥有部分垄断的那些人手中。

但是在另一方面，代用原则能打破旧的垄断，并给那些没有资本的人以出头的机会，这种趋势也是在不断增加的，而这种力量能使运用资本所需要的经营能力发挥得更淋漓尽致。

总的来说，企业管理工作的代价是低廉的，也许在将来还将更加低廉，它对生产的促进要远远大于它的报酬。所以企业家就像熟练的工匠一样，所提供的是社会所需要的服务，如没有这种服务，那么取得这种服务的效果所花费的社会成本，恐怕就要增大很多。

决定一方面是普通能力与另一方面是运用资本的能力的正常报酬的因素，它们之间相同的点并不适用于它们的当前报酬的变动。因为雇主居于缓冲地位，在购买者和劳动生产者之间起着媒介的作用。雇主取得商品的全部价格，然后将它付给劳动者，雇主的利润随着他所出售的商品价格的变动而变动，且变动的幅度往往较大。而相对来说，劳动者工资的变动则较晚，且变动幅度也相对较小。

在任何特定时间，雇主的资本和能力的所得有时很大，有时却也可能是负数，但雇工的收入永远不会是负数。雇工在失业的时候一定会遭受极大的痛苦，但这种痛苦的产生并不是因为他是赚取报酬的雇工，而是因为他手中没有劳动的积存。

某人因拥有特殊天赋能力而获得的那部分收入，是命运对他的一种赠予，从抽象的观点来看，和其他自然界恩赐所固有的属性的地租是相似的。但就正常价格而言，它应与荒地开垦者所获利润列入一类。在垦荒者中，有的人的土地比原来预期的要好些，而有的人的土地却差些。

律师、工程师或商人因为天赋而获得高额的收入，非与许多其他人的失败相比较不可；而失败的人在青年时却往往和成功者没有分别，他们所获得的教育和就业都是一致的。但是，他对生产所提供的服务，相对于该服务的成本却比成功者的要小些。

最有能力的企业家一般都是那些获利最多的人，而同时他们所做的工作反而是非常廉价的。如果社会把这种工作交给能力较差、要求报酬更低的人来做，则可以被看成一种浪费，这就像是把一块贵重的钻石交给一个工资很低而技术恶劣的人来加工一样。

2. 不同生产要素的竞争

回顾本章早期的一些论点，我们应该铭记于心的是，各种不同生产要素彼此保持着两重关系。一方面，它们往往为得到被使用而相互竞争，任何一种要素，如果它的效率成本比值比另一种要素更大时，那么都会有代替后者的趋势，从而限制前者的需求价格。另一方面，所有要素都为彼此提供了雇用的可能，任何一种要素，除非其他要素给它提供了被使用的机会，否则是不太可能被单独使用的。一切生产要素所共同创造的，并随着各要素供给的增加而增加的国民收入，也是其中各要素需求的唯一来源。

所以说，物质资本的增加为它开辟了新的用武之地，虽然在进行新的投资时，它可以减少一些行业当中手工劳动的雇用可能，但就整体而言，它会大大增加对手工劳动和其他生产要素的需求。因为它将增加作为一切要素需求的共同来源的国民收入，由于资本雇用竞争的增加，利率势必有所降低，从而导致资本和劳动所共同创造的那部分国民收入将在比以前更有利于劳动的条件下进行分配。

对劳动的这种新的需求，一部分是因为经济的发展带来了新行业的出现，这种行业是以前无法抵偿其所投资的成本的。而另一部分则是因为新的需求，这是由于制造昂贵的新机器需要工人。因为当人们说以机器来替代工人时，指的是以与大量等待相结合的劳动去替代和少量等待相结合的劳动，如果仅仅根据这个理由，是不可能以资本来代替一般

▶ IT从业者

30年前，IT还是一个大多数人都陌生的行业，但现在，IT从业者已经形成了一个庞大的人群；一个新行业的出现，往往会创造出大量的就业岗位。

劳动的，除非是一个领域能够从其他领域输入资本。

不过，资本的增加带给劳动者的主要利益，并不是因为它让劳动者得到了新的就业机会，而是因为增加了土地、劳动和资本的共同产品，以及减少了任何既定资本数量在该产品中当作自己报酬所能要求的那个份额。

3. 工人之间的博弈

在讨论任何一组劳动者的工作供给量的变动对其他各种劳动者就业所发生的影响时，我们没有必要追问这种工作量的增加是从何而来的，是因为增加了该组工人的人数，还是因为该组工人提高了效率，这都不重要。因为，这个问题同其他问题都没有什么直接关联。

无论在哪一种情况下，劳动供给量的增加对国民收入的增加都相等，无论哪一种情况下，竞争将迫使人们不得不在相同程度上，选择放弃边际效用较小的用途，从而在相同程度上减少他们在共同产品中所能得的份额，以作为某种工作的一定工作量的报酬。

对于总体经济没有影响，但这个问题对于所讨论范围内的劳动者却有着极大的影响。这是因为，如果这种变动能够让劳动者的平均效率提高十分之一，那么他们每十个人中，所获得的总收入就将等于人数增加十分之一而效率不变的十一个人的总收入。

每组劳动者的报酬是根据那里的人数和工作效率而定的，这是通例中的一个特例，即环境在决定一个人工资所接近的纯产品，至少与他的精力和能力起同等的作用。

▶ **繁荣发达的社会**

社会财富的合理分配，往往能够创造整个社会层面的繁荣和发达。

任何一组劳动者的报酬所接近的那种纯产品必须以下述假设为计算的标准，这个假设是：生产达到了这样的一点，在该点上的产量仅能够带来正常利润，而不是更多的利润。同时它必须是对具有正常效率的劳动者的计算，劳动者增加的产品，只能是正常下的利润，而不是更多的利润，而计算所选择的时间，也必须是正常的时间段，在这个时间段里，各种劳动都有比较合适的供给。

例如，建筑业在衰败或繁荣期内，或建筑业的发展因为泥瓦匠和木匠的劳动供给不足而受到阻碍，而与此同时，其他建筑业劳动者的供给却有过剩，那么，在这种情况下就不适合估计砖匠或木匠的正常工资和纯产品之间的关系。